(唐)房玄齡 注

宋本管子

第三册

國家圖書館出版社

第三册目録

管子卷第十七

唐司空房　玄齡　注

七臣七主第五十二　禁藏第五十三

七臣七主第五十二　雜篇三

或以平虛請論七主之過謂平意虛心也七主據下唯有六者皆過主能無此六者過則爲一是主也過主六是主一故曰七主也得六過一是以還自鏡以知得失得六過則爲一是以自鑒得失可知也以繩七臣得六過一是呼嗚美哉成事疾疾美也繩謂彈正也言以六過繩六臣令臣無六過是故爲一君臣咸有一德故能成美也申主任勢守數以爲常申謂陳用法令周聽近遠以續明遠近之事周而聽之則其明不絕皆要審則法令固賞罰必則下服度事皆得要而詳審則法令固賞罰必而下皆服其法度也不備待而得和則民反素也謂以道德理世之君至仁感物得和自此而至故人皆反於朴素令中主不能然故以爲過也惠主豐賞厚賜以竭藏赦姦縱過以傷法藏竭則主權衰法傷則姦門闓故曰泰則反敗矣謂爲惠太過故反成敗也侵主好惡反法以自傷越法行事謂之侵所好所惡皆反於法故自傷喜決難知以塞

明（彼難知則理不當故明塞也）從狙而好小察（狙伺也謂既任臣有所爲必從而伺之）事無常而法令申不啎則國失勢（啎古伍字謂偶合也言雖申布法令於事不合法既不行所以失勢也）芒主目伸五色耳常五聲（芒謂芒然不曉識之貌伸謂放恣也）四鄰不計（四鄰與已爲隣不計度而知之也）司聲不聽（司聲之官隨君所好不爲聽其理亂之音也）則臣下恣行而國權大傾不啎則所惡及身（所爲既不合理故惡還及身）勞主不明分職上下相干（言失任臣之理勞而無功故曰勞主）臣主同則刑振以豐豐振以刻（臣主同勢則俱奮威權故刑罰大振而且豐多刑豐而又妄振非刻而何）去之而亂臨之而殆則後世何得（權臣振主君欲去之必爲亂任而臨之必危殆既亂且危敗亡必及故後代無得也）振主喜怒無度嚴誅無赦（動發威嚴謂之振也）臣下振怒不知所錯則人反其故（故謂先君之理）不啎則法數日衰而國失固（舉措既不合理故數衰而國失固）芒主通人情以質疑故臣下無信盡自治其事則事多（既不自曉故下通人情以問所疑則臣下無所取信皆自任胷臆以理其事人人生事故事多也）多則昏昏則緩急俱植（植立也既昏而不明故緩急之事俱可立）不啎則見所不善（所爲既不合理故其所見之事皆不善）餘力自失

而罰尚有執權餘力已不自責乃遷怒而罰之故主虞而安虞度也主能度宜而行故安但主能度而安則致下數事吏肅而嚴民樸而親官無邪吏朝無姦臣下無侵爭世無刑民凡此皆主虞而安故也故一人之治亂在其心在其心之邪正一國之存亡在其主在其主之智愚天下得失道一人出道從也一人爲主也明主得闇主失主好本則民好墾草萊本謂農桑也主好貨則人賈市主好宮室則工匠巧主好文采則女工靡夫楚王好小腰而美人省食吴王好劍而國士輕死死與不食者天下之所共惡也然而爲之者何也從主之所欲也而況愉樂音聲之化乎夫男不田女不緇緇謂黑繒工技力於無用謂勤力於無用之器物也而欲土地之毛毛謂嘉苗倉庫滿實不可得也土地不毛則人不足人不足則逆氣生不足則怨怒故逆上之氣生逆氣生則令不行然彊敵發而起雖善者不能存謂善爲計謀何以効其然也曰昔者桀紂是也誅賢忠近讒賊之士而貴婦人好殺而不

勇好富而忘貧馳獵無窮鼓樂無厭瑤臺玉餔不足處（玉餔猶玉食）馳車千駟不足乘材女樂三千人（謂有材能之女樂也）鍾石絲竹之音不絕百姓罷乏君子無死（言不爲君致死）卒莫有人人有反心遇周武王遂爲周氏之禽（爲周所禽獲也）此營於物而失其情者也（物謂臺榭車馬以所爲侈靡者）愉於淫樂而忘後患者也故設用無度國家踣（踣謂散亡）舉爭不時必受其菑夫倉庫非虛空也（必侈費無度故空）商宦非虛壞也（必弃本逐末故壞也）法令非虛亂也（必上替下陵故亂）國家非虛亡也（必倒道背理故亡也）彼時有春秋歲有敗凶政有急緩政有急緩故物有輕重（政急物輕政緩物重）歲有敗凶故民有義不足（歲既敗凶雖有義事不足以行其禮）時有春秋故穀有貴賤（春穀貴秋穀賤）而上不調淫故游商得以什伯其本也（淫過也謂穀物過於貴賤則上當收散以調之此之不爲故游商得什百之贏以弃其本也）百姓之不田貧富之不訾皆用此作（訾言限也皆從不調淫而作也）城郭不守兵士不用皆道此始（道從

夫亡國踣家者非無壤土也其所事者非其功也夫凶歲雷旱非無雨露也其燥濕非其時也亂世煩政非無法令也其所誅賞者非其人也暴主迷君非無心腹也其所取舍非其術也故明主有六務四禁六務者何也一曰節用二曰賢佐三曰法度四曰必誅五曰天時六曰地宜四禁者何也春無殺伐無割大陵（割謂掘徙之也）倮大衍（倮謂焚燒令蕩然俱盡）伐大木斬大山行大火誅大臣收穀賦（凡此春之禁也）夏無遏水達名川（謂偃塞小水合大水）塞大谷動土功射鳥獸（凡此夏之禁）秋毋赦過釋罪緩刑冬無賦爵賞祿傷伐五藏（五穀之藏）故春政不禁則百長不生夏政不禁則五穀不成秋政不禁則姦邪不勝冬政不禁則地氣不藏四者俱犯則陰陽不和風雨不時大水漂州流邑（漂流謂滿溢於堤防故漂流城邑）大風漂屋折樹火暴焚地燋草（旱甚則草燋）天冬雷地冬霆（霆震）草木夏

落而秋榮蟄蟲不藏宜死者生宜蟄者鳴苴多螣蟇（苴謂草之翳薈）山多蟲蟁（蟁即蚉）六畜不蕃民多夭死國貧法亂逆氣下生故臼臺榭相望者亡國之廡也馳車充國者追寇之馬也（追猶召也言馳車所以召寇）羽劒珠飾者斬生之斧也文采纂組者燔功之窯也明王知其然故遠而不近也能去此取彼則人主道備矣（此謂珠飾等物彼謂節用愛民）夫法者所以興功懼暴也律者所以定分止爭也令者所以令人知事也法律政令者吏民規矩繩墨也夫矩不正不可以求方繩不信（信音申）不可以求直法令者君臣之所共立也權勢者人主之所獨守也故人主失守則危臣吏失守則亂罪決於吏則治（有罪者吏必能決決之故理）權斷於主則威民信其法則親是故明王審法慎權下上有分（下慎罰上執權各有其分也）夫凡私之所起必生於主（主不好本則私生）夫上好本則端正之士在前（本謂道德之政）

上好利則毀譽之士在側好利則傾巧故毀譽之士在側上多喜善賞不隨其
功則士不爲用雖曰好善及其有功則不能賞故曰士不爲用數出重法而不克其罪則
姦不爲止克謂勝伏明王知其然故見必然之政立必勝之罰故民
知所必就而知所必去推則往召則來如隊重於高如瀆水
於地以譬言招來之易也故法不煩而吏不勞民無犯禁故有百姓無怨
於上上亦法臣法言亦爲臣立法斷名決無誹譽依名而斷決則理當而事愜故無誹譽故君
法則主位安臣法則貨賂止而民無姦嗚呼美哉名斷言澤
依名而斷則其言順而澤飾臣克親貴以爲名虛名求實之飾克勝也謂不求親貴以自克勝持此爲名恬爵
祿以爲高任棄爵祿以自安恬以此爲高好名則無實美名外揚內實必喪爲高則不御恬爵
祿者君不能御也故記曰無實則無勢勢必以實生失轡則馬焉制制馬必以轡制臣必
以祿侵臣事小察以折法令枉法行事謂之侵好佼反而行私請佼謂佼詐也背
理爲反故私道行則法度侵不侵法度則無以成其私刑法繁則姦不禁主嚴

誅則先民心亂臣多則造鍾鼓衆飾婦女以惛上故上惛則隟不計而司聲直祿 上既惛暗雖有危亡之隟不能計度而知之其司聲之官直得祿而已不憂其職務也 是以諂臣貴而法臣賤此之謂微孤 諂貴法賤則危亡日至故其君衰微而孤獨 愚臣深罪厚罰以爲行 深文入罪厚致其罰此愚臣之行 重賦斂多兊道以爲上 兊悦也謂多賦斂以悦道於君 使身見憎而主受其謗 厚罰多斂人必憎之 故記稱之曰愚忠讒賊此之謂也 愚臣雖有損於主乃比之讒賊 姦臣痛言人情以驚主 痛甚極之辭 開罪黨以爲讎 開引罪黨上聞於君與之爲讎 除讎則罪不辜 彼但讎耳未必皆有罪今而除之則罪不辜之人也 罪不辜則與讎居 既殺不辜則人皆讎已故所與居者莫非讎也 故善言可惡以自信而主失親 好言可惡之事以告於君此求君之信已也君果信之則失其所親也 亂臣自爲辭功祿明爲下請厚賞 已有功當得祿則佯辭之以爲以其下未必當賞則明然爲之請以求志心也 居爲非毋動爲善棟 其居也與衆犯者爲毋其動以佯爲善者之棟梁也 以非買名以是傷上 其所以買名者用非道雖曰爲之必傷於上 而衆人不知之謂微攻 言爲僞善漸攻於君

禁藏第五十三　　雜篇四

禁藏於胷脅之內而禍避於萬里之外能以此制彼者唯能以巳知人者也言度巳以察彼則無隱情故姦謀藏於胷脅姦藏禍息故遠避於萬里之外彼不能興姦生禍則我能制之凡此皆以巳知人故也夫冬日之不濫非愛冰也濫謂泛冰於水以求寒所謂濫漿夏日之不煬非愛火也爲不適於身便於體也冬之冰夏之火皆於身體不適便夫明王不美宮室非喜小也不聽鍾鼓非惡樂也爲其傷於本事而妨於教也美宮室聽鍾鼓則傷事而妨教故先慎於巳而後彼官亦慎內而後外內則本務外則末業君慎之則臣効民亦務本而去末官慎之則主效也居民於其所樂居其所樂則敦土而不遷事之於其所利事其所利則不勸而自勵賞之於其所善賞其所善則皆悅而立功罰之於其所惡罰其所惡則忌慎而無犯信之於其所餘財君人者莫不有餘財期賞而必故曰信功之於其所無誅必勝殘息誅然後可以爲成功於下無誅者必誅者也有罪必誅故能息所謂以刑止刑以殺止殺也有誅者不必誅者也有罪不必誅故誅不息也以有刑至無刑者其法易

而民全刑茲無赦人不敢犯故曰以有刑至無刑若此者其法簡易而民完全以無刑至有刑者其刑煩而姦多緩誅宥死人則輕而犯之故曰無刑至有刑若此者其刑繁漫而姦人多夫先易者後難無刑至有刑故曰先易而後難先難而後易有刑至無刑故曰先難而後易萬物盡然皆同之於用法明王知其然故必誅而不赦必賞而不遷者非喜予而樂其殺也所以爲人致利除害也賞不遷非喜與誅不赦非樂殺然必其誅賞則爲人致利除害故也於以養老長弱完活萬民莫明焉言養老活人無明於必誅賞夫不法法則治言不法者必以法正之故治法者天下之儀也儀謂表也所以決疑而明是非也百姓所縣命也刑罰一差人無所措手足故曰縣命故明王愼之不爲親戚故貴易其法故謂恩舊吏不敢以長官威嚴危其命危謂毀敗民不以珠玉重寶犯其禁所謂君無欲焉雖貴之不竊故主上視法嚴於親戚不爲親戚易法故法嚴吏之舉令敬於師長不爲師長危令故令敬也民之承教重於神寶不爲重寶犯禁故教重夫寶有靈故曰神寶故法立而不用刑設而不行也無犯之人則無所用其刑法夫施功而不鈞位雖

高爲用者少施功謂施恩於有功者施恩不鈞則有功者怨故雖有高位人不爲用赦罪而不一德雖厚不譽者多赦罪不一則毒流不辜雖有厚德人誰譽之舉事而不時力雖盡其功不成方冬植禾雖勤似后稷不能成以嘉苗刑賞不當斷斬雖多其暴不禁夫公之所加罪雖重下無怨氣私之所加賞雖多士不爲歡行法不道衆民不能順有道之人必順於道舉錯不當衆民不能成衆尚不成況無衆乎不攻不備夫設備者必防攻也當今爲愚人故聖人之制事也能節宮室適車輿以實藏不費於宮室車輿則庫藏自實也則國必富位必尊能適衣服去玩好以奉本本謂農桑而用必贍身必安矣能移無益之事無補之費通幣行禮而黨必多交必親矣移無益無補之費而行禮故黨多交親也夫衆人者多營於物而苦其力勞其心故困而不贍營物過分故勞而不贍大者以失其國小者以危其身凡人之情得所欲則樂逢所惡則憂此貴賤之所同有也近之不能勿欲謂所好之物遠之不能勿忘人

情皆然而好惡不同各行所欲（各以所欲行之）而安危異焉（適理而欲則安，背理而欲則危）然后賢不肖之形見也夫物有多寡而情不能等（賢者欲寡，不肖者欲多也）事有成敗而意不能同（賢者意多成，不肖者意多敗也）行有進退而力不能兩也（賢者能進，不肖者唯退也）故立身於中（謂多寡成敗進退之中也）養有節宮室足以避燥濕食飲足以和血氣衣服足以適寒温禮儀足以別貴賤游虞足以發歡欣棺槨足以朽骨衣衾足以朽肉墳墓足以道記（道識其處，各有記也）不作無補之功（雖曰有功，於身無補）不為無益之事故意定而不營氣情氣情不營則耳目穀（穀善也，謂聰明不虧）衣食足耳目穀衣食足則侵爭不生怨怒無有上下相親兵刃不用矣故適身行義儉約恭敬其唯無福禍亦不來矣（禍福兩來，乃善之至）驕傲侈泰離度絕理其唯無禍福亦不至矣（禍福兩有，乃禍之至）是故君子上觀絕理者以自恐也（觀絕理者致禍，故恐）下觀不及者以自隱也（隱度也，度已有不及之事當故之也）故曰譽不虛出〔必出於行善〕而患不獨生〔必生於爲惡〕福不擇家〔雖賤家行善福亦來矣〕禍不索人〔雖貴人行惡禍亦至矣〕此之謂也〔凡此欲令脩己以致福無恃貴以招禍〕能以所聞瞻察則事必明矣〔謂耳所聞目所瞻則能審察其是非如此則無事不明矣〕故凡治亂之情皆道上始〔道從也事明則理反是則亂也〕故善者圉之以害牽之以利〔有害則圉有利則牽〕能利害者財多而過寡矣〔利害由己則避害而取利取利則財多避害故過寡矣〕夫凡人之情見利莫能勿就見害莫能勿避其商人通賈倍道兼行夜以續日千里而不遠者利在前也〔疾至則得利故速行而不倦也〕漁人之入海海深萬仞就彼逆流〔謂海潮起則水逆流〕乘危百里宿夜不出者利在水也故利之所在雖千仞之山無所不上深源之下無所不入焉故善者勢利之在而民自美安〔勢利在身則人美而安之〕不推而往不引而來不煩不擾而民自富〔凡此皆勢利之所致〕如鳥之覆卵無形無聲而唯見其成〔夫勢利致人若鳥之覆卵焉雖無形聲餓見其成也〕夫爲國之本得天之時而爲經〔經所以本之也〕

得人之心而為紀則所以紀之也法令為維綱維綱所以張也吏為網罟網罟所以苞之
什伍以為行列行列所以閭其之也賞誅為文武賞則文誅則武繕農具當器械
農具既繕則器械可脩也耕農當攻戰耕農之不怠若攻戰之不退也推引銚耨以當劍戟用銚
鎒者必推引之若劍戟擊刺被蓑以當鎧鑐蓑雨衣被著之所懼雨露若武備之有鎧鑐著甲周身若褐炙故曰鑐菹笠
以當盾櫓取菹澤草以為芸若武備之有盾櫓也故耕器具則戰器備具耕器則備戰用也農
事習則功戰巧矣習農則當功戰當春三月萩室熯造熯謂以火乾也三月之時陽氣
盛發易生溫疫椒木鬱臭以辟毒氣故燒之於新造之室以禳被鑽燧易火杼井易水所以去茲毒
也四時易火至春則取榆柳之火春時之井又當復杼之以易其水凡此皆去時滋長之毒舉春祭塞久禱以魚為
牲以糱為酒相召久禱而未報者當享塞之相召謂因此時召親賓所以屬親戚也毋殺
畜生毋拊卵拊謂擊剝之也毋伐木毋夭英英為草木之初生也毋拊竿竿箏之初
生也所以息百長也所以生息百物之長賜鰥寡振孤獨貸無種與無賦
所以勸弱民謂勸勉貧弱之人也發五正正謂五官正也赦薄罪出拘民解仇

讎仇讎者和讎令反去所以建時功施生穀也謂及時亊農功施力為生穀凡此皆春令夏賞五
德五德謂五常之德滿爵祿遷官位禮孝弟復賢力所以勸功也賢而
有功賞復除之此皆夏令秋行五刑誅大罪所以禁淫邪止盜賊凡此皆秋令冬收
五藏五穀之藏最萬物最聚所以內作民也凡此皆冬作四時事備而民功
百倍矣於四時事皆備故人有百倍之功故春仁夏忠秋急冬閉生者仁也長者忠也收當急也
藏當閉也順天之時約地之宜忠人之和忠猶稱一事稱人理則和故風雨時五穀
實草木美多六畜蕃息國富兵彊民材而令行人多材藝而順上命故令
行也內無煩擾之政外無彊敵之患也夫動靜順然后和也不
失其時然後富不失其法然后治故國不虛富必不失財然後富也民不虛治
必不失法然後治不治而昌不亂而亡者自古至今未嘗有也昌必國理亡必國亂反是者古
令所未有故國多私勇者其兵弱私勇則怯於公戰故兵弱吏多私智者其法亂
私智則營己而背公故多亂民多私利者其國貧私則利積之於家故國貧故德莫若博厚

使民死之博厚則感人深故死之也賞罰莫若必成使民信之夫善牧民者
非以城郭也輔之以什司之以伍謂什長伍長伍無非其人雖伍長亦選能者爲之也
人無非其里謂無客寄里無非其家言不離居他人家其非之故奔亡者無所匿
遷徙者無所容有什伍司之不容他寄也不求而約不召而來亡徙無所容匿故不求召而自來故
民無流亡之意吏無備追之憂人謀不亡何所備而追之故主政可往於民
民心可繫於主謂繫屬於主夫法之制民也猶陶之於埴冶之於
金也人之從法若埴金之從陶冶也故審利害之所在民之去就如火之於燥濕
水之於高下火水之就燥下猶人之就利夫民之所生衣與食也食之所生水
與土也所以富民有要食民有率率三十畝而足於卒歲
兼美惡畝取一石則人有三十石果蓏素食當十石果蓏不以火化而食故曰
素食糠粃六畜當十石則人有五十石布帛麻絲旁入奇利未
在其中也苛餘言不在五十石之中也故國有餘藏民有餘食毋年人有五十石故藏皆經也

夫斂鈞者所以多寡也斂鈞謂斂比其鈞平權衡者所以視重輕也戶籍田結者所以知貧富之不訾也謂每戶置籍每田結其多少則貧富不依訾限者可知也故善者必先知其田乃知其人田多則人多田少則人少田備然后民可足也凡有天下者以情伐者帝謂深知敵之內情而伐者帝也以事伐者王見其於事有失而伐者王以政伐者霸見其政有失而伐其霸而謀有功者五謂計謀可以成功一曰視其所愛以分其威今敵國之所愛者各權則其威分也一人兩心其內必衰也威分則每人各懷二心二則力不齊故內衰也臣不用其國可危臣既不爲君用力故其國可危二曰視其陰所憎厚其貨賂得情可深視敵所憎者多與賂令以國情告已故深得其情身內情外其國可知謂所憎者身在國內情乃告外其國可知也三曰聽其淫樂以廣其心使之聽淫樂心廣於嗜欲遺以竽瑟美人以塞其內耽於竽瑟美女則心惑亂故其內閉塞也遺以諂臣文馬以蔽其外耳惑於諂臣目惑於文馬則耳目喪矣故其外蔽也外內蔽塞可以成敗內外蔽塞則理擁而見惑故之敗之莫不開四曰必深親之如典之同生典常也若常與之同生也陰內辯士使圖其計私使辯士令與敵國圖計內

勇士使高其氣(彼得勇士則恃而氣高也)內人他國使倍其約絶其使拂其意(更納人於他國令背絶使兩國之意相違也)是必士鬬兩國相敵必承其弊(亦既相疑其士必鬬兩國敵則小傷大國以承其弊乃有一舉兩獲之功也)五曰深察其謀(欲知其謀得失也)謹其忠臣(欲知其臣之用不)揆其所使(欲知其所使賢不肖)令內不信使有離意(內既不信相疑則使其君臣之意絶)離氣不能令必內自賊(君臣意離別不可使令既不命則自相殘殺)忠臣已死故政可奪(人之云亡邦國殄瘁故其政可奪)此五者謀功之道也

管子卷第十七

管子卷第十八　唐司空房　玄齡　注

入國第五十四　九守第五十五

桓公問第五十六　度地第五十七

雜篇五

入國第五十四（謂始有國入而行化）

入國四旬五行九惠之教（旬即巡也謂四面五方行而施九惠之教）一曰老老（以養老之禮養老者）二曰慈幼三曰恤孤四曰養疾五曰合獨六曰問疾七曰通窮八曰振困九曰接絶所謂老老者凡國都皆有掌老（謂置掌老之官）年七十已上一子無征（不預國之征役）三月有饋肉（謂官饋之肉）八十已上二子無征月有饋肉九十以上盡家無征日有酒肉死上共棺槨勸子弟精膳食問所欲求所嗜（問老者何所欲求訪其所以者欲而供也）此之謂老老所謂慈幼者凡國都皆有掌幼士民有子子有幼弱不勝養爲累者（勝堪也謂不堪自養食故爲累）有三幼者無婦征四幼者盡家無征五幼又

子之葆（葆今之敎母）受二人之食（官給二人之食）能事而后止（幼者漸長能自營事然後止其養）此之謂慈幼所謂恤孤者凡國都皆有掌孤士人死子孤幼無父母所養（既無父母又無所養之親也）不能自生者屬之其鄉黨知識故人養一孤者一子無征養二孤者二子無征養三孤者盡家無征掌孤數行問之必知其食飲飢寒身之膌胜而哀憐之（膌瘦也胜肥也）此之謂恤孤所謂養疾者凡國都皆有掌養疾聾盲喑啞跛躄偏枯握遞（遞著也謂兩手相拱著而不甲者謂之握遞）不耐自生者上收而養之疾（既養之又與療疾）官而衣食之（謂官給之衣食）殊身而后止（殊猶離也疾離身而後止其養）此之謂養疾所謂合獨者凡國都皆有掌媒丈夫無妻曰鰥婦人無夫曰寡取鰥寡而合和之予田宅而家室之三年然后事之（事謂供國之職役也）此之謂合獨所謂問疾者凡國都皆有掌病士人有病者掌病以上令問之九十以上日一問八十已上二日一問七十以

上三日一問衆庶五日一問疾甚者以告上身問之掌病行於國中以問病爲事此之謂問病所謂通窮者凡國都皆有通窮若有窮夫婦無居處窮賓客絕粮食居其鄉黨以聞者有賞不以聞者有罰此之謂通窮所謂振困者歲凶庸人訾厲訾言疾也厲病也多死喪弛刑罰赦有罪散倉粟以食之此之謂振困所謂接絕者士民死上事死戰事使其知識故人受資於上資謂財用而祠之此之謂接絕也

九守第五十五 主位 主明 主聽 主賞 主問 主因 主則 主叅 督名 雜篇六

安徐而靜人居位當安徐而又靜默柔節先定以和柔爲節先能定已然後可定人虛心平意以待須虛其心平其意以待臣之諫說須亦待也

右主位人主居位當如此

目貴明耳貴聰心貴智以天下之目視則無不見也以天下之

耳聽則無不聞也以天下之心慮則無不知也輻湊並進則明不塞矣（言聖人不自用其聰明思慮而任之天下故明者爲之視聽聰者爲之聽智者爲之謀輻湊並進不亦宜乎故曰明不可塞）

右主明（主明在於用天下耳目視聽之）

聽之術曰勿望而距勿望而許（聽言之術必須審察不可望風則有所距有所許也）許之則失守距之則閉塞（既未審察輙有距而許之故或失守或閉塞）高山仰之不可極也深淵度之不可測也（不審察者常爲彼所知故戒之當如高山深淵不可極而側之）神明之德正靜其極也（既如山淵則其德配神明而正且靜如此者其有窮極矣）

右主聽

用賞者貴誠用刑者貴必刑賞信必於耳目之所見則其所不見莫不闇化矣誠暢乎天地通於神明見姦僞也（既暢天地通神明故有姦僞必能見之）

右主賞

一曰天之二曰地之三曰人之（言三才之道幽邃深遠必問於賢者而後行之）四曰上下左

右前後（凡此皆有逆順之宜故須問之）熒惑其處安在（又須知法星所在也）

右主問

心不爲九竅九竅治（心任九竅九竅自治）君不爲五官五官治（君任五官故五官自治之）爲善者君予之賞爲非者君予之罰君因其所以來因而予之則不勞矣（自來而又得賞何勞之有）聖人因之故能掌之（掌主也因來而賞物皆屬已故能主之）因之修理故能長久

右主因

人主不可不周（周謂謹密也）人主不周則羣臣下亂（不周則泄其機事故臣下交爭而亂也）寂乎其無端也（慎密者當如是）外内不通安知所怨（外内不通則事不泄故無怨）關閉不開善否無原（既不開其關開故善之與不善不得知其原哉）

右主周

一曰長目二曰飛耳三曰樹明明知千里之外隱微之中曰動姦姦動則變更矣姦在隱微其理將動姦既動矣自然變更

右主參

脩名而督實按實而定名名實相生反相爲情名實當則治不當則亂名生於實實生於德德生於理理生於智智生於當

右督名

桓公問第五十六　雜篇七

齊桓公問管子曰吾念有而勿失得而勿忘爲之有道乎對曰勿創勿作時至而隨毋以私好惡害公正察民所惡以自爲戒人有所惡已行之非黃帝立明臺之議者上觀於賢也堯有衢室之問者下聽於人也舜有告善之旌而主不蔽也禹立建鼓於朝而備訊唉訊問也唉驚問也湯有總街之庭以觀人誹也武王

有靈臺之復而賢者進也（復謂白也）此古聖帝明王所以有而勿失得而勿忘者也桓公曰吾欲效而爲之其名云何對曰名曰嘖室之議（謂議論者言語謹嘖）曰法簡而易行刑審而不犯事約而易從求寡而易足人有非上之所過謂之正士（見上有過而非之可謂正士）內於嘖室之議（納正士之言著爲嘖室之議）有司執事者咸以厭事奉職而不忘爲此嘖室之事也請以東郭牙爲之此人能以正事爭於君前者也桓公曰善

度地第五十七　　雜篇八

昔者桓公問管仲曰寡人請問度地形而爲國者其何如而可管仲對曰夷吾之所聞能爲霸王者蓋天子聖人也故聖人之處國者必於不傾之地（言其處深厚岡原復壯者謂之不傾）而擇地形之肥饒者鄉山左右經水若澤（其國都或在山左或向山右及緣之澤然後建）內爲落渠之寫因

大川而注焉謂於都内更爲洛水之渠以注於大川乃以其天材地之所生利養其人以育六畜天材謂五穀之屬因天時而植者也天下之人皆歸其德而惠其義惠順乃别制斷之乃分别其地制之斷之州者謂之術地數充爲州者爲之術不滿術者謂之里不成術而餘者謂之里故百家爲里里十爲術術十爲州州十爲都都十爲霸國不如霸國者國也不成於霸國者諸侯之國也以奉天子霸國率諸侯以奉天子也天子有萬諸侯也其中有公侯伯子男焉天子中而處此謂因天之固所處之地自然不傾故曰因之歸地之利内爲之城城外爲之郭郭外爲之土閬閬謂隍地高則溝之下則堤之命之曰金城樹以荆棘上相穡著者所以爲固也穡鉤也謂荆棘利條相鉤連也歲脩增而毋已時脩增而無已福及孫子此謂人命萬世無窮之利人君之葆守也謹置國都繕脩城郭此人君所保全而守臣服之以盡忠於君君體有之以臨天下故能爲天下之民先也此宰之任則臣之義也宰謂執君之政者也故善爲國者

必先除其五害人乃終身無患害而孝慈焉桓公曰願聞五害之說管仲對曰水一害也旱一害也風霧雹霜一害也厲一害也蟲一害也（厲疾病也）此謂五害五害之屬水最爲大五害已除人乃可治桓公曰願聞水害管仲對曰水有大小又有遠近水之出於山而流入於海者命曰經水（言爲衆水之經）水別於他水（謂從他水分流若江別爲沱）入於大水及海者命曰枝水（言爲之枝）山之溝一有水一毋水者命曰谷水水之出於他水溝流於大水及海者命曰川水出地而不流者命曰淵水此五水者因其利而往之可也（謂因地之勢乃疏引以溉灌）因而扼之可也（扼塞也恐其泛溢而塞之亦可也）而不久常有危殆矣（謂卒有暴溢或能漂没居人故危殆也）桓公曰水可扼而使東西南北及高乎管仲對曰可夫水之性以高走下則疾至於漂石（謂能漂浮於石）而下向高即留而不行故高其上領瓴之尺有十分之三里滿四十

九者水可走也（上謂水從來處高高之者欲注下取勢也瓴謂瓴甗也言欲令水上高必大爲瓴甗私空其中使前後相受以尺爲分每領而有十尺即長一丈也分之於三閒之每里滿此九如此則水可走上矣）乃迂其道而遠之以勢行之（行曲也謂下曲水道遠張其勢而以行水）水之性行至曲必留退滿則後推前（謂水至處必流而卻退其處既滿則後水推前水令去）地下則平行地高即控（控謂頓也言水頓挫而卻）杜曲則擣毀（杜猶衝也擣觸也言水行至曲則衝而觸有所毀傷）杜曲激則躍躍則倚（倚排也謂前後相排也）倚則環環則中（前後相排則圓流生空若環之中所謂齊）中則涵（圓流無所通則相涵激也）涵則塞塞則移移則控（塞亦控也）空則水妄行水妄行則傷人傷人則困困則輕法輕法則難治難治則不孝不孝則不臣矣故五害之屬傷殺之類禍福同矣知備此五者人君天地矣（所謂與天地合其德）桓公曰請問備五害之道管子對曰請除五害之說以水爲始請爲置水官令習水者爲吏大夫大夫佐各一人率部校長官佐各財足（財謂其祿稟）乃取水左右各一人使爲都匠水工（爲水工之都匠）

令之行水道城郭堤川溝池官府寺舍及州中當繕治者給
卒財足卒謂所當治水者財其粮用也令曰常以秋歲末之時閱其民閱謂省視案
家人比地定什伍口數案人比地有十口五口之數當受地若干別男女大小其不爲用
者輒免之謂其幼小不任役者則免之有錮病不可作者疾之著其名於疾者之數有以賙恤
之也可省作者半事之謂疾者雖不任役可以省視作者取其半功并行以定甲士當
被兵之數上其都因力役之際并行視之強壯者預定之以爲甲士而被兵之數既而上其名籍於國都也都以臨
下視有餘不足之處輒下水官水官亦以甲士當被兵之數
都既臨下視其兵不足之處即甲士下之於水官水官既得甲士還以備兵數也與三老里有司伍長行里因
父母案行閱具備水之器謂水官與三老五長等行視其里因其家之父母與之閱其備水之器以冬無
事之時籠臿板築各什六謂什人共貯六具下準此土車什一雨輂什二車輂
所以禦雨故曰雨輂食器兩具每人兩具人有之錮藏里中以給喪器謂人既有貯器當錮
藏於里中兼得給凶喪之用後常令水官吏與都匠因三老里有司伍長案

行之常以朔日始出閱具之取完堅補弊久去苦惡其器既補弊而久有苦惡者除去之常以冬少事之時令甲士以更次益薪積之水旁州大夫將之雖毋後時謂將領之無得後時其積薪也以事之已已畢也農事既畢然後益薪其作土也以事未起謂春事未起天地和調日有長久以此觀之其利百倍故常以毋事具器毋事用之水常可制而使毋敗此謂素有備而豫具者也桓公曰當何時作之管子曰春三月天地乾燥水糾列之時也山川涸落天氣下地氣上萬物交通故事已新事未起草木荑生可食寒暑調日夜分分之後夜日益短晝日益長利以作土功之事土乃益剛令甲士作堤大水之旁大其下小其上隨水而行地有不生草者必爲之囊大者爲之堤小者爲之防夾水四道禾稼不傷歲埤增之樹以荊棘以固其地雜之以栢楊以備決水民得其饒是謂流

賞令下貧守之往往而爲界可以毋敗當夏三月天地氣壯大暑至萬物榮華利以疾薅殺草薉使令不欲擾命曰不長不利作土功之事放農焉利皆耗十分之五土功不成當秋三月山川百泉踊降雨下山水出海路距雨露屬天地湊汐利以疾作收斂毋留一日把百日餔民毋男女皆行於野不利作土功之事濡濕日生土弱難成利耗什分之六土工之事亦不立當冬三月天地閉藏暑雨止大寒起萬物實熟利以填塞空郄繕邊城塗郭術平度量正權衡虛牢獄實廥倉君修樂與神明相望凡一年之事畢矣舉有功賞賢罰有罪遷有司之吏而第之不利作土功之事利耗什分之七土剛不立晝日益短而夜日益長利以作室不利以作堂四時以得四害皆服桓公曰寡人悖不知四害之服奈何管仲對曰冬作土

功發地藏則夏多暴雨秋霖不止春不收枯骨朽脊伐枯木而去之則夏旱至矣夏有大露原煙噎下百草人采食之傷人人多疾病而不止民乃恐殆君令五官之吏與三老里有司伍長行里順之令之家起火爲温其田及宫中皆蓋井毋令毒下及食器將飲傷人有下蟲傷禾稼凡天菑害之下也君子謹避之故不八九死也大寒大暑大風大雨其至不時者此謂四刑或遇以死或遇以生君子避之是亦傷人故吏者所以教順也三老里有司伍長者所以爲率也五者已具民無願者願其畢也故常以冬日順三老里有司伍長以冬賞罰使各應其賞而服其罰五者不可害則君之法犯矣此示民而易見故民不比也

桓公曰凡一年之中十二月作土功有時則爲之非其時而

敗將何以待之管仲對曰常令水官之吏冬時行堤防可治者章而上之都都以春少事作之已作之後常案行堤有毀作大雨各葆其所可治者趣治以徒隸給大雨堤防可衣者衣之衝水可據者據之終歲以毋敗爲故此謂備之常時禍何從來所以然者獨水蒙壞自塞而行者江河之謂也歲高其堤所以不沒也春冬取土於中秋夏取土於外濁水入之不能爲敗桓公善仲父之語寡人畢矣然則寡人何事乎哉亟爲寡人教側臣

管子卷第十八

管子卷第十九　　唐司空房玄齡注

地員第五十八　弟子職第五十九

地員第五十八　員地也土地高下水泉深淺各有其位　雜篇九

夫管仲之匡天下也其施七尺施者大尺之名也其長十尺瀆田悉徙瀆田謂穿溝瀆而溉田悉徙謂其地每年皆須更易也五種無不宜其立后而手實謂立君以主之手常握此地之實數也其木宜蚖菕與杜松蚖菕二木名也其草宜楚棘見是土也命之曰五施五七三十五尺而至於泉謂其地深五施每施七尺故五七三十五而至於泉也呼音中角謂此地號呼之聲其音中角其水倉其民彊赤壚歷彊肥歷踈也彊堅也五種無不宜其麻白其布黃其草宜白茅與雚其木宜赤棠見是土也命之曰四施四七二十八尺而至於泉呼音中商其水白而甘其民壽黃唐無宜也唐虛脃也唯宜黍秫也宜縣澤常宜縣涯而澤行廧音牆落土既虛脃不堪板築故爲行廧及籬落也地潤數毀難以立邑置

廧（其地遇潤則斂頽毀故不可立邑置廧也）其草宜黍秫與茅其木宜櫄擾桑（櫄木名擾柔又曰柔桑也）見是土也命之曰三施三七二十一尺而至於泉呼音中宮其泉黃而糗流徙（謂水糗精之氣其泉居地中而流故曰流徙也）斥埴宜大菽與麥其草宜蓂雚其木宜杞（杞木名也）見是土也命之曰再施二七十四尺而至於泉呼音中羽其泉鹹水流徙黑埴宜稻麥其草宜苹蓨（苹蓨草名也）其木宜白棠見是土也命之曰一施七尺而至於泉呼音中徵其水黑而苦

凡聽徵如負猪豕覺而駭凡聽羽如鳴馬在野凡聽宮如牛鳴窌中凡聽商如離羣羊凡聽角如雉登木以鳴音疾以清凡將起五音凡首（凡首謂音之摠先也）先主一而三之四開以合九九（一而三之即四也以是四開合於五音九也又凡九九之為八十一也）以是生黃鍾小素之首以成宮（素本宮八十一數生黃鍾之宮而為五音之本）三分而益之以一為百有八為徵（黃鍾之數本八十一益以三分之一二十七

通前爲百有八是爲徵之數不無有三分而去其乘適足以是生商不無有即有也乘亦三分之一也三分百八而去一餘七十二是商之數也有三分而復於其所以是成羽三分七十二而益其一分二十四合爲九十六是羽之數有三分去其乘適足以是成角三分九十六去其一分餘六十四是角之數

墳延者六施六七四十二尺而至於泉墳延地名下皆此類陝之芳七施七七四十九尺而至於泉祀陝八施七八五十六尺而至於泉杜陵九施七九六十三尺而至於泉延陵十施七十尺而至於泉環陵十一施七十七尺而至於泉蔓山十二施八十四尺而至於泉付山十三施九十一尺而至於泉付山白徒十四施九十八尺而至於泉中陵十五施百五尺而至於泉青山十六施百一十二尺而至於泉青龍之所居庚泥不可得泉庚續其處既有青龍居又沙泥相續故不可得泉也赤壤勢山十七施百一十九尺而至於泉其下青商不可得泉青商神怪之名陘山白壤十八施百二十六尺而至於泉其下

騂石不可得泉（言有石騂密故不可得泉）徙山十九施百三十三尺而至於
泉其下有灰壤不可得泉高陵土山二十施百四十尺而至
於泉山之上命之曰縣泉其地不乾其草如茅與走（如茅走皆草名）
其木乃樠（樠木名）鑿之二尺乃至於泉山之上命曰復呂其草魚
腸與蕕其木乃柳鑿之三尺而至於泉山之上命之曰泉英
其草蘄白昌其木乃楊鑿之五尺而至於泉山之村（村猶旁也）其
草兢與薔（音嗇草名）其木乃格鑿之二七十四尺而至於泉山之
側其草葍與蔞其木乃品榆鑿之三七二十一尺而至於泉
凡草土之道各有穀造（謂此地生某草宜某穀造成也）或高或下各有草土
葉下於鬱（葉亦草名唯生葉無莖在鬱之下鬱即欝也莊周所謂欝西也）鬱下於莧莧下於
蒲蒲下於葦葦下於雚雚下於蔞蔞下於荓荓下於蕭
蕭下於薜薜下於萑萑下於茅凡彼草物有十二衰（衰謂草上下相

（重文也）各有所歸（謂短者生於高者之下）九州之土爲九十物每州有常而物有次羣土之長是唯五粟五粟之物或赤或青或白或黑或黃五粟五章五粟之狀淖而不肕剛而不觳（觳薄）不濘車輪（濘泥）不汙手足其種大重細重白莖白秀無不宜也五粟之土若在陵在山在隫在衍其陰其陽盡宜桐柞莫不秀長其榆其柳其檿其桑其柘其櫟其槐其楊羣木蕃滋數大條直以長其澤則多魚牧則宜牛羊其地其樊俱宜竹箭藻龜楢檀五臭生之薜荔白芷蘪蕪椒連五臭所校（校謂聲實烈之銳）寡疾難老士女皆好其民工巧其泉黃白其人夷姤（夷平也姤好也言均善也）五粟之土乾而不挌（挌謂堅禦亦也）湛而不澤無高下葆澤以處（言常潤也）是謂粟土粟土之次曰五沃五沃之物或赤或青或黃或白或黑五沃五物各有異則五沃之狀剽忞橐土蟲易全處（剽堅也忞密也橐土謂其土多竅穴若橐

多竅故蟲處之易全忞剽不白下乃以澤既堅密故常潤濕而不乾白此乃蓧澤之地也其種大苗
細苗赨音形莖黑秀箭長赨即赤也箭長謂若箭竹之長也五沃之土若在丘在
山在陵在岡若在陬陵之陽其左其右宜彼羣木桐柞枎櫄
及彼白梓其梅其杏其桃其李其秀生莖起其棘其棠其槐
其楊其榆其桑其杞其枋羣木數大條直以長其陰則生之
楂藜其陽則安樹之五麻若高若下不擇疇所其麻大者如箭
如葦大長以美其細者如雚如蒸欲有與各大者不類欲有施與則以
麻之大而類也小者則治揣而藏之若衆練絲言細麻既治揣而藏故若練絲五臭疇
生疇隴也謂爲隴而種也蓮與蘪蕪藁本白芷其澤則多魚牧則宜
牛羊其泉白青其人堅勁寡有疥騷終無痟酲痟首疾也酲酒病也五
沃之土乾而不斥斥舃鹵湛而不澤無高下葆澤以處是謂沃
土沃土之次曰五位五位之物五色雜英各有異章五位之狀

不堨不灰（堨謂堅不相著）青忞以菭（音菩）及（謂色青而細密和菭以相及也）其種大葦無
細葦無赨莖白秀五位之土若在岡在陵在隫在衍在丘在
山皆宜竹箭求黽（求黽亦竹類也）楢檀其山之淺有蘢與斥（蘢斥並古草名）羣
木安逐條長數大（安和易逐競長數謂速長）其桑其松其杞其茸（茸木名）種木
胥容榆桃柳楝（音煉）羣藥安生薑與桔梗小辛大蒙（大蒙藥名）其
山之梟（梟猶顚也）多桔符榆其山之末有箭與苑其山之旁有彼
黃䖟及彼白昌山藜葦芷羣藥安聚以圍民殃其林其漉其
槐其楝其柞其穀羣木安逐鳥獸安施（施謂有以爲生）既有麋麃又
且多鹿其泉青黑其人輕直省事少食（言其性麋省事少食）無高下葆澤
以處是謂位土位土之次曰五蘟五蘟之狀黑土黑菭（菭地衣也）青
怵以肥芬然若灰（芬然壤起貌）其種櫑葛赨莖黃秀恚目（恚目謂殼實慤
開也）其葉若苑（苑謂蘊結）以蓄殖果木不若三土（三土謂五粟五沃五位）以十分

之二（言於三土十分已不如其二分餘放此）是謂蘟土蘟土之次曰五壤五壤之狀芬然若澤若屯土（言其土得澤則墳起爲堆故曰屯土也）其種大水腸細水腸赨莖黃秀以慈忍水旱無不宜也（耐忍）蓄殖果木不若土以十分之二是謂壤土壤土之次曰五浮五浮之狀捍然如米（捍堅貌其土屑碎如米）以葆澤不離不坼其種忍蘟（忍蘟草名）忍葉如藿葉以長狐茸（草之狀若狐也）黃莖黑莖黑秀其粟大無不宜也蓄殖果木不如三土以十分之二凡上土三十物種十二物中土曰五忞五忞之狀廪焉如壏（壏猶彊也）潤濕以處其種大稯細稯赨莖黃秀慈忍水旱細粟如麻（其穀亦美若麻也）蓄殖果木不若三土以十分之三忞土之次曰五纑（音盧）五纑之狀彊力剛堅其種大邯鄲細邯鄲（草名）莖葉如枎櫄（枝櫄亦草名）其粟大（言其粒大）蓄殖果木不若三土以十分之三纑土之次曰五壏五壏之狀芬焉若糠以肥（謂其

壚色黃而虛其種大葝細葝青莖黃秀蕃殖果木不若三土以十分之三墟土之次曰五剽五剽之狀華然如芬以脤謂其地色青紫若脤然也其種大秬細秬秬黑黍黑莖青秀蕃殖果木不若三土以十分之四剽土之次曰五沙五沙之狀粟焉如屑塵厲言其地粟碎故若屑塵之厲厲踊起也其種大萯細萯萯草名白莖青秀以蔓蕃殖果木不如三土以十分之四沙土之次曰五塥五塥之狀累然如僕累僕附也言其地附著而重累也不忍水旱其種大穋杞細穋杞水名黑莖黑秀蕃殖果木不若三土以十分之四凡中土三十物種十二物下土曰五猶五猶之狀如糞其種大華細華草名白莖黑秀蕃殖果木不如三土以十分之五猶土之次曰五弘五弘之狀如鼠肝其種青粱黑莖黑秀蕃殖果木不如三土以十分之五弘土之次曰五殖五殖之狀甚澤以疏離坼以臞塉其種鴈膳草名黑實

未跗黃實（跗花足也）蓄殖果木不如三土以十分之六五殖之次曰五觳五觳之狀婁婁然（婁婁然也）不忍水旱其種大菽細菽多白實蓄殖果木不如三土以十分之六觳土之次曰五鳧五鳧之狀堅而不骼（雖堅不同骨之骼也）其種陵稻（陵稻謂陸生稻）黑鵝馬夫（皆草名也）蓄殖果木不如三土以十分之七鳧土之次曰五桀五桀之狀甚鹹以苦其物爲下其種白稻長狹（謂稻之形長而狹也）蓄殖果木不如三土以十分之七凡下土三十物其種十二物凡土物九十其種三十六

弟子職第五十九　　雜篇十

先生施教弟子是則温恭自虛（必虛其心然後有所容也）所受是極（極謂盡其本原）見善從之聞義則服温柔孝悌毋驕恃力（驕而恃力則羝羊觸藩）志毋虛邪（虛謂虛僞）行必正直游居有常必就有德顏色整齊中心

必式式法夙興夜寐衣帶必飭朝益暮習小心翼翼一此不解是
謂學則
少者之事夜寐蚤作既拚盥漱掃席前曰拚盥絜手漱滌口執事有恪攝
衣共盥謂供先生之盥器也先生乃作沃盥徹盥謂既盥而徹盥器也汎拚正席
汎拚謂汎水而拚之先生乃坐出入恭敬如見賓客危坐鄉師顔色毋怍
怍謂變其容貟受業之紀必由長始先從長者教也一周則然其餘則否謂始教一周則
從長始一周之外則不然始誦必作其次則已始誦而作以敬事端也至於次誦則不然
凡言與行思中以爲紀思合中和以爲綱紀古之將興者必由此始必先中和然後可興
後至就席狹坐則起狹坐之人見後至者則當起若有賓客弟子駿作駿迅起也
對客無讓對客而讓則有不足故敬心應且遂行趨進受命受先生命所求雖
不在必以反命求雖不得必當反白反坐復業若有所疑捧手問之師
出皆起至於食時先生將食弟子饌饋饌謂選具在食攝衽盥漱

跪坐而饋置醬錯食陳膳毋悖凡置彼食鳥獸魚鼈必先菜羹（先菜後肉食之次也）羹胾中別（胾謂肉而細切）胾在醬前（遠胾近醬食之便也）其設要方（其陳設食器要令成方也）飯是爲卒（既飯而食則卒也）左酒右醬（左酒右醬陰陽也）告具而退捧手而立三飯二斗（三飯食必二斗也）左執虛豆右執挾匕（匕者所以載鼎實故曰挾匕也）周還而貳（貳謂再益）唯嗛之視（食盡曰嗛）同嗛以齒（齒類也謂食者則以其所盡之類而進）周則有始柄尺不跪是謂貳紀（豆有柄長尺則立而進之此已是再益之綱紀也）先生已食弟子乃徹趨走進漱拚前斂祭（既食畢掃席前并捜斂所祭也）先生有命弟子乃食以齒相要坐必盡席（所謂食坐盡前）飯必捧擥羹不以手（當以挾也）亦有據膝毋有隱肘（隱肘則大伏也）既食乃飽循咡覆手（咡口覆手而循之所以拭其不絜也）振袵掃席（謂振其底袵以拂席之汙）已食者作摳衣而降旋而鄉席各徹其餽如於賓客（賓客食畢亦自徹也）既徹并器乃還而立（并謂藏去也）凡拚之道實水于盤（汲用泛灑）攘袂及肘（恐濕其袂且不便於事也）堂上

則播灑室中握手堂上寬故播散而灑室中隘故握手爲掬以滿執箕膺揲厥中有帚揲舌也既灑水將掃之故執箕以舌自當置帚於箕中也入戶而立其儀不貸執帚下箕倚于戶側謂倚箕於戶側也凡拚之紀必由奧始西南隅也俯仰磬折拚毋有徹徹動也不得觸動他物也拚前而退謂從前掃而却退也聚於戶內謂聚其所掃之穢壤於戶內也坐板排之板箕時以手排之也以葉適己適己猶向己也實帚于箕先生若作乃興而辭以拚未畢故辭之令止也坐執而立坐執謂坐執箕也遂出弃之既拚反立是協是稽協合也稽考也謂合考書義也暮食復禮謂復朝之禮也昏將舉火執燭隅坐錯總之法橫于坐所總設燭之東也櫛之遠近乃承厥火櫛謂燭盡察其將盡之遠近乃更以燭承取火也居句如矩句謂著燭處言居燭於句如前燭之法矩法也蒸間容蒸然者處下蒸細薪著蒸之間必令容蒸然燭者必處下以焚也捧椀以爲緒緒然燭燼也椀所以貯緒也右手執燭左手正櫛有墮代燭燒燭者有墮即令其交代之也交坐毋倍尊者乃取厥櫛遂出是去先生將息弟子皆起敬奉枕席問所何趾俶衽則請有常

則否廢其衽席則當問其所趾若有常處則不請也先生既息各就其友相切相磋各長其儀周則復始是謂第子之紀

言昭第六十亡　雜篇十一

脩身第六十一亡　雜篇十二

問霸第六十二亡　雜篇十三

牧民解第六十三亡　管子解一

管子卷第十九

管子卷第二十　唐司空房玄齡注

形勢解第六十四　管子解二

形勢解第六十四

山者物之高者也惠者主之高行也慈者父母之高行也忠者臣之高行也孝者子婦之高行也故山高而不崩則祈羊至主惠而不解則民奉養父母慈而不解則子婦順臣下忠而不解則爵祿至子婦孝而不解則美名附故節高而不解則所欲得矣解則不得故曰山高而不崩則祈羊至矣

淵者衆物之所生也能深而不涸則沈玉至主者人之所仰而生也能寬裕純厚而不苛忮則民人附父母者子婦之所受教也能慈仁教訓而不失理則子婦孝臣下者主之所用也能盡力事上則當於主子婦者親之所以安也能孝弟順

親則當於親故淵涸而無水則沈玉不至圭苛而無厚則萬
民不附父母暴而無恩則子婦不親臣下墮而不忠則卑辱
困窮子婦不安親則禍憂至故淵不涸則所欲者至涸則不
至故曰淵深而不涸則沈玉極
天覆萬物制寒暑行日月次星辰天之常也治之以理終而
復始主牧萬民治天下莅百官主之常也治之以法終而復
始和子孫屬親戚父母之常也治之以義終而復始敦敬忠
信臣下之常也以事其主終而復始愛親善養思敬奉教子
婦之常也以事其親終而復始故天不失其常則寒暑得其
時日月星辰得其序主不失其常則羣臣得其義百官守其
事父母不失其常則子孫和順親戚相驩臣下不失其常則
事無過失而官職政治子婦不夫其常則長幼理而親疎和

故用常者治失常者亂天未嘗變其所以治也故曰天不變
其常
地生養萬物地之則也治安百姓主之則也教護家事父母
之則也正諫死節臣下之則也盡力共養子婦之則也地不
易其則故萬物生焉主不易其利故百姓安焉父母不易其
則故家事辦焉臣下不易其則故主無過失子婦不易其則
故親養備具故用則者安不用則者危地未嘗易其所以安
也故曰地不易其則
春者陽氣始上故萬物生夏者陽氣畢上故萬物長秋者陰
氣始下故萬物收冬者陰氣畢下故萬物藏故春夏生長秋
冬收藏四時之節也賞賜刑罰主之節也四時未嘗不生殺
也主未嘗不賞罰也故曰春秋冬夏不更其節也

天覆萬物而制之地載萬物而養之四時生長萬物而收藏之古以至今不更其道故曰古今一也蛟龍水蟲之神者也乘於水則神立失於水則神廢人主天下之有威者也得民則威立失民則威廢蛟龍待得水而后立其神人主待得民而后成其威故曰蛟龍得水而神可立也

虎豹獸之猛者也居深林廣澤之中則人畏其威而載之人主天下之有勢者也深居則人畏其勢故虎豹去其幽而近於人則人得之而易其威人主去其門而迫於民則民輕之而傲其勢故曰虎豹託幽而威可載也

風漂物者也風之所漂不避貴賤美惡雨濡物者也雨之所墮不避小大強弱風雨至公而無私所行無常鄉人雖遇漂濡而莫之怨也故曰風雨無鄉而怨怒不及也

人主之所以令則行禁則止者必令於民之所好而禁於民之所惡也民之情莫不欲生而惡死莫不欲利而惡害故上令於生利人則令行禁於殺害人則禁止令之所以行者必民樂其政也而令乃行故曰貴有以行令也

人主之所以使下盡力而親上者必爲天下致利除害也故德澤加於天下惠施厚於萬物父子得以安羣生得以育故萬民驩盡其力而樂爲上用入則務本疾作以實倉廩出則盡節死敵以安社稷雖勞苦卑辱而不敢告也此賤人之所以亡其卑也故曰賤有以亡卑

起居時飲食節寒暑適則身利而壽命益起居不時飲食不節寒暑不適則形體累而壽命損人惰而侈則貧力而儉則富夫物莫虛至必有以也故曰壽夭貧富無徒歸也法立

而民樂之令出而民銜之法令之合於民心如符節之相得也
則主尊顯故曰銜令者君之尊也
人主出言順於理合於民情則民受其辭民受其辭則名聲
章故曰受辭者名之運也明主之治天下也靜其民而不擾佚
其民而不勞不擾則民自循不勞則民自試故曰上無事而
民自試
人主立其度量陳其分職明其法式以莅其民而不以言先之
則民循正所謂抱蜀者祠器也故曰抱蜀不言而廟堂既脩
將將鴻鵠貌之美者也貌美故民歌之德義者行之美者也
德義美故民樂之民之所歌樂者美行德義也而明主鴻鵠
有之故曰鴻鵠將將維民歌之
濟濟者誠莊事斷也多士者多長者也周文王誠莊事斷故

國治其羣臣明理以佐主故主明主明而國治竟內被其利澤殷民舉首而望文王願爲文王臣故曰濟濟多士殷民化之紂之爲主也勞民力奪民財危民死冤暴之令加於百姓憯毒之使施於天下故大臣不親小民疾怨天下畔之而願爲文王臣者紂自取之也故曰紂之失也無儀法程式蜚搖而無所定謂之蜚蓬之問蜚蓬之問明主不聽也無度之言明主不許也故曰蜚蓬之問不在所賓

道行則君臣親父子安諸生育故明主之務務在行道不顧小物燕爵物之小者也故曰燕爵之集道行不顧

明主之動靜得理義號令順民心誅殺當其罪賞賜當其功故雖不用犧牲珪璧禱於鬼神鬼神助之天地與之舉事而有福亂主之動作失義理號令逆民心誅殺不當其罪賞賜

不當其功故雖用犧牲珪璧禱於鬼神鬼神不助天地不與
舉事而有禍故曰犧牲珪璧不足以享鬼
主之所以爲功者富強也故國富兵強則諸侯服其政鄰敵
畏其威雖不用寶幣事諸侯諸侯不敢犯也主之所以爲罪
者貧弱也故國貧兵弱戰則不勝守則不固雖出名器重寶
以事鄰敵不免於死亡之患故曰主功有素寶幣奚爲
羿古之善射者也調和其弓矢而堅守之其操弓也審其高下有
必中之道故能多發而多中明主猶羿也平和其法審其廢
置而堅守之有必治之道故能多舉而多當道者羿之所以必
中也主之所以必治也射者弓弦發矢也故曰羿之道非射也
造父善馭馬者也善視其馬節其飲食度量馬力審其足走
故能取遠道而馬不罷明主猶造父也善治其民度量其力

審其技能故立功而民不困傷故術者造父之所以取遠道也主之所以立功名也馭者操轡也故曰造父之術非馭也奚仲之爲車器也方圜曲直皆中規矩鉤繩故機旋相得用之牢利成器堅固明主猶奚仲也言辭動作皆中術數故衆理相當上下相親巧者奚仲之所以爲器也主之所以爲治也斲削者斤刀也故曰奚仲之巧非斲削也

民利之則來害之則去民之從利也如水之走下於四方無擇也故欲來民者先起其利雖不召而民自至設其所惡雖召之而民不來也故曰召遠者使無爲焉

莅民如父母則民親愛之道之純厚遇之有實雖不言曰吾親民而民親矣莅民如仇讎則民疏之道之不厚遇之無實詐僞並起雖言曰吾親民民不親也故曰親近者言無事焉

明主之使遠者來而近者親也爲之在心所謂夜行者心行也能心行德則天下莫能與之爭矣故曰唯夜行者獨有之乎

爲主而賊爲父母而暴爲臣下而不忠爲子婦而不孝四者人之大失也大失在身雖有小善不得爲賢所謂平原者下澤也雖有小封不得爲高故曰平原之隰奚有於高

爲主而惠爲父母而慈爲臣下而忠爲子婦而孝四者人之高行也高行在身雖有小過不爲不肖所謂大山者山之高者也雖有小隈不以爲深故曰大山之隈奚有於深

毀訾賢者之謂訾推譽不肖之謂讆（爲劌切）訾讆之人得用則人主之明蔽而毀譽之言起任之大事則事不成而禍患至故曰訾讆之人勿與任大

明主之慮事也爲天下計者謂之譕臣譕臣則海內被其澤

澤布於天下後世享其功久遠而利愈多故曰譕臣者可與遠舉

聖人擇可言而后言擇可行而后行偷得利而后有害偷得樂而后有憂者聖人不爲也故聖人擇言必顧其累擇行必顧其憂故曰顧憂者可與致道

小人者枉道而取容適主意而偷說備利而偷得如此者其得之雖速禍患之至亦急故聖人去而不用也故曰其計也速而憂在近者往而勿召也

舉一而爲天下長利者謂之舉長舉長則被其利者衆而德義之所見遠故曰舉長者可遠見也

天之裁大故能兼覆萬物地之裁大故能兼載萬物人主之裁大故容物多而衆人得比焉故曰裁大者衆之所比也

貴富尊顯民歸樂之人主莫不欲也故欲民之懷樂己者必服道德而勿猒也而民懷樂之故曰美人之懷定服而勿猒也

聖人之求事也先論其理義計其可否故義則求之不義則止可則求之不可則止故其所得事者常爲身寶小人之求事也不論其理義不計其可否不義亦求之不可亦求之故其所得事者未甞爲賴也故曰必得之事不足賴也

聖人之諾已也先論其理義計其可否義則諾不義則已可則諾不可則已故其諾未甞不信也小人不義亦諾不可亦諾言而必諾故其諾未必信也故曰必諾之言不足信也

謹於一家則立於一家謹於一鄉則立於一鄉謹於一國則立於一國謹於天下則立於天下是故其所謹者小則其所立亦小其所謹者大則其所立亦大故曰小謹者不大立

海不辭水故能成其大山不辭土石故能成其高明主不猒人故能成其衆士不猒學故能成其聖飺疾移切嫌食皃者多所惡也諫者所以安主也食者所以肥體也主惡諫則不安人飺食則不肥故曰飺食者不肥體也

言而語道德忠信孝弟者此言無棄者天公平而無私故美惡莫不覆地公平而無私故小大莫不載無棄之言公平而無私故賢不肖莫不用故無棄之言者參伍於天地之無私也故曰有無棄之言者必參之於天地矣

明主之官物也任其所長不任其所短故事無不成而功無不立亂主不知物之各有所長所短也而責必備夫慮事定物辯明禮義人之所長而蝚蝯上如由切下于元切之所短也緣高出險蝚蝯之所長而人之所短也以蝚蝯之所長責人故其令廢而

責不塞故曰墜岸三仞人之所大難也而蝚蝯飲焉
明主之舉事也任聖人之慮用衆人之力而不自與焉故事成而福生亂主自智也而不因聖人之慮矜奮自功而不因衆人之力專用己而不聽正諫故事敗而禍生故曰伐矜好專舉事之禍也
馬者所乘以行野也故雖不行於野其養食馬也未嘗解惰也民者所以守戰也故雖不守戰其治養民也未嘗解惰也故曰不行其野不違其馬
天生四時地生萬財以養萬物而無取焉明主配天地者也教民以時勸之以耕織以厚民養而不伐其功不私其利故曰能予而無取者天地之配也
解惰簡慢以之事主則不忠以之事父母則不孝以之起事

則不成故曰怠倦者不及也
以規矩爲方圜則成以尺寸量短長則得以法數治民則安
故事不廣於理者其成若神故曰無廣者疑神
事主而不盡力則有刑事父母而不盡力則不親受業問學
而不加務則不成故朝不勉力務進夕無見功故曰朝忘其
事夕失其功
中情信誠則名譽美矣脩行謹敬則尊顯附矣中無情實則
名聲惡矣脩行慢易則汙辱生矣故曰邪氣襲内正色乃衰也
爲人君而不明君臣之義以正其臣則臣不知於爲臣之理以
事其主矣故曰君不君則臣不臣
爲人父而不明父子之義以教其子而整齊之則子不知爲
人子之道以事其父矣故曰父不父子不子

君臣親上下和萬民輯故主有令則民行之上有禁則民不犯君臣不親上下不和萬民不輯故令則不行禁則不止故曰上下不和令乃不行

言辭信動作莊衣冠正則臣下肅言辭慢動作虧衣冠惰則臣下輕之故曰衣冠不正則賓者不肅

儀者萬物之程式也法度者萬民之儀表也禮義者尊卑之儀表也故動有儀則令行無儀則令不行故曰進退無儀則政令不行

人主者溫良寬厚則民愛之整齊嚴莊則民畏之故民愛之則親畏之則用夫民親而爲用主之所急也故曰且懷且威則君道備矣

人主能安其民則事其主如事其父母故主有憂則憂之有

難則死之主視民如土則民不爲用主有憂則不憂有難則不死故曰莫樂之則莫哀之莫生之則莫死之民之所以守戰至死而不衰者上之所以加施於民者厚也故上施厚則民之報上亦厚上施薄則民之報上亦薄故薄施而厚責君不能得之於臣父不能得之於子故曰往者不至來者不極

道者扶持衆物使得生育而各終其性命者也故或以治鄉或以治國或以治天下故曰道之所言者一也而用之者異聞道而以治一鄉親其父子順其兄弟正其習俗使民樂其上安其土爲一鄉主幹者鄉之人也故曰有聞道而好爲鄉者一鄉之人也

民之從有道也如飢之先食也如寒之先衣也如暑之先陰

也故有道則民歸之無道則民去之故曰道往者其人莫來
道來者其人莫往
道者所以變化身而之正理者也故道在身則言自順行自
正事君自忠事父自孝遇人自理故曰道之所設身之化也
天之道滿而不溢盛而不衰明主法象天道故貴而不驕
富而不奢行理而不惰故能長守貴富久有天下而不失也
故曰持滿者與天
明主救天下之禍安天下之危者也夫救禍安危者必待萬
民之爲用也而后能爲之故曰安危者與人
地大國富民衆兵強此盛滿之國也雖已盛滿無德厚以安
之無度數以治之則國非其國而民無其民也故曰失天之
度雖滿必涸

臣不親其主百姓不信其吏上下離而不和故雖自安必且
危之故曰上下不和雖安必危
主有天道以禦其民則民一心而奉其上故能貴富而久王
天下失天之道則民離畔而不聽從故主危而不得久王天
下故曰欲王天下而失天之道天下不可得而王也
人主務學術數務行正理則化變日進至於大功而愚人不
知也亂主淫佚邪枉日爲無道至於滅亡而不自知也故曰
莫知其爲之其功既成莫知其舍之也藏之而無形
古者三王五伯皆人主之利天下者也故身貴顯而子孫被
其澤桀紂幽厲皆人主之害天下者也故身困傷而子孫蒙
其禍故曰疑今者察之古不知來者視之往
神農教耕生穀以致民利禹身決瀆斬高橋下以致民利湯

武征伐無道誅殺暴亂以致民利故明王之動作雖異其利民同也故曰萬事之任也異起而同歸古今一也

棟生橈不勝任則屋覆而人不怨者其理然也弱子慈母之所愛也不以其理衍下瓦則必母笞之故以其理動者雖覆屋不爲怨不以其理動者下瓦必笞故曰生棟覆屋怨怒不及弱子下瓦慈母操箠

行天道出公理則遠者自親廢天道行私爲則子母相怨故曰天道之極遠者自親人事之起近親造怨

古者武王地方不過百里戰卒之衆不過萬人然能戰勝攻取立爲天子而世謂之聖王者知爲之之術也桀紂貴爲天子富有海内地方甚大戰卒甚衆而身死國亡爲天下僇者不知爲之之術也故能爲之則小可爲大賤可爲貴不能爲

之則雖爲天子人猶奪之也故曰巧者有餘而拙者不足也明主上不逆天下不壙地故天予之時地生之財亂主上逆天道下絕地理故天不予時地不生財故曰其功順天者天助之其功逆天者天違之

古者武王天之所助也故雖地小而民少猶之爲天子也桀紂天之所違也故雖地大民衆猶之困辱而死亡也故曰天之所助雖小必大天之所違雖大必削與人交多詐僞無情實偷取一切謂之烏集之交烏集之交初雖相驩後必相咄故曰烏集之交雖善不親

聖人之與人約結也上觀其事君也內觀其事親也必有可知之理然後約結約結而不襲於理後必相倍故曰不重之結雖固必解道之用也貴其重也

明主與聖人謀故其謀得與之舉事故其事成亂主與不肖者謀故其計失與之舉事故其事敗夫計失而事敗此與不可之罪故曰毋與不可

明主度量人力之所能爲而后使焉故令於人之所能爲則令行使於人之所能爲則事成亂主不量人力令於人之所不能爲故其令廢使於人之所不能爲故其事敗夫令出而廢舉事而敗此强不能之罪也故曰毋强不能

狂惑之人告之以君臣之義父子之理貴賤之分不信聖人之言也而反害傷之故聖人不告也故曰毋告不知

與不肖者舉事則事敗使於人之所不能爲則令廢告狂惑之人則身害故曰與不可强不能告不知謂之勞而無功

常以言翹明其與人也其愛人也其有德於人也以此爲友

則不親以此爲交則不結以此有德於人則不報故曰見與之
友幾於不親見愛之交幾於不結見施之德幾於不報四方
之所歸心行者也
明主不用其智而任聖人之智不用其力而任衆人之力故
以聖人之智思慮者無不知也以衆人之力起事者無不成
也能自去而因天下之智力起則身逸而福多亂主獨用其
智而不任聖人之智獨用其力而不任衆人之力故其身勞
而禍多故曰獨任之國勞而多禍
明主內行其法度外行其理義故鄰國親之與國信之有患
則鄰國憂之有難則鄰國救之亂主內失其百姓外不信於
鄰國故有患則莫之憂也有難則莫之救也外內皆失孤特
而無黨故國弱而主辱故曰獨國之君卑而不威

明主之治天下也必用聖人而后天下治婦人之求夫家也必用媒而后家事成故治天下而不用聖人則天下乖亂而民不親也求夫家而不用媒則醜恥而人不信也故曰自媒之女醜而不信

明主者人未之見而有親心焉者有使民親之之道也故其位安而民往之故曰未之見而親焉可以往矣

堯舜古之明主也天下推之而不倦譽之而不猒久遠而不忘者有使民不忘之道也故其位安而民來之故曰久而不忘焉可以來矣

日月昭察萬物者也天多雲氣蔽蓋者衆則日月不明人主猶日月也羣臣多姦立私以擁蔽主則主不得昭察其臣下臣下之情不得上通故姦邪日多而人主愈蔽故曰日月不明

天不易也
山物之高者也地險穢不平易則山不得見人主猶山也左右多黨比周以壅其主則主不得見故曰山高而不見地不易也
人主出言不逆於民心不悖於理義其所言足以安天下者也人唯恐其不復言也出言而離父子之親踈君臣之道害天下之衆此言之不可復者也故明主不言也故曰言而不可復者君不言也
人主身行方正使人有理遇人有禮行發於身而爲天下法式者人唯恐其不復行也身行不正使人暴虐遇人不信行發於身而爲天下笑者此不可復之行故明主不行也故曰行而不可再者君不行也

言之不可復者其言不信也行之不可再者其行賊暴也故言而不信則民不附行而賊暴則天下怨民不附天下怨此滅亡之所從生也故明主禁之故曰凡言之不可復行之不可再者有國者之大禁也

管子卷第二十

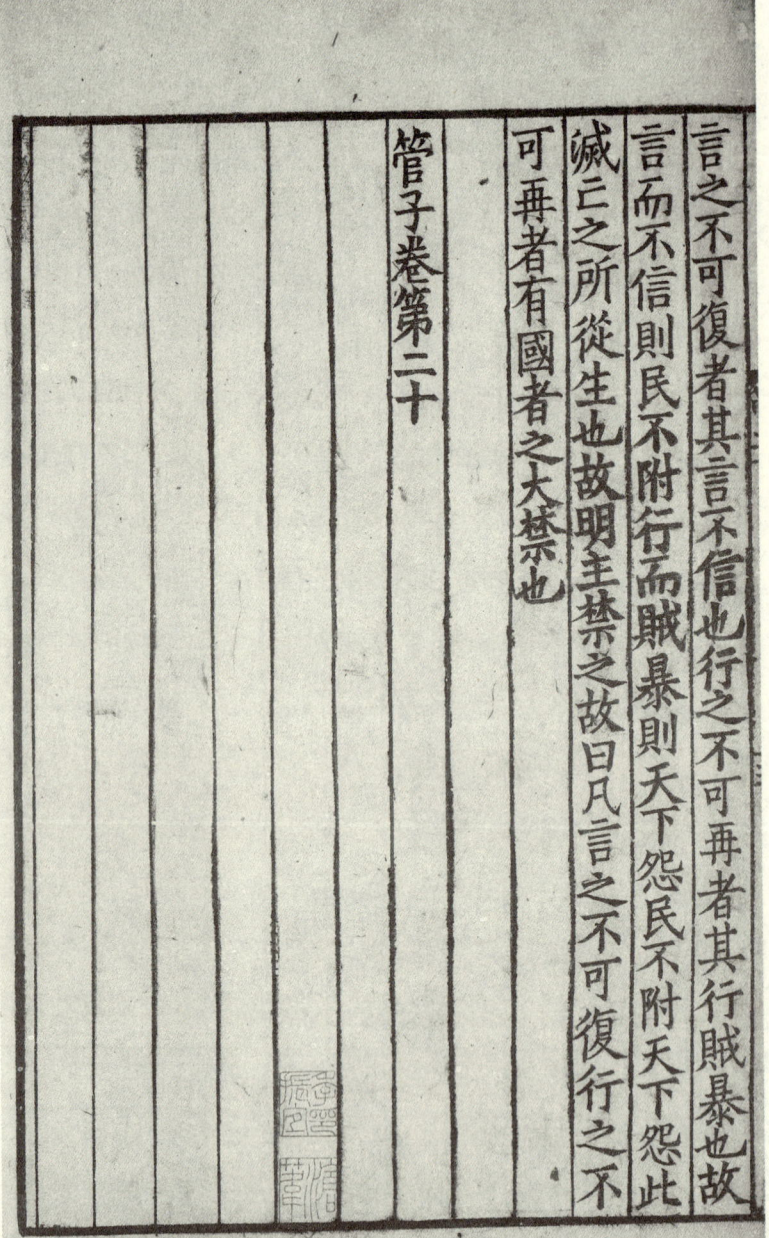

管子卷第二十一　唐司空房　玄齡　注

立政九敗解第六十五　版法解第六十六

明法解第六十七　臣乘馬第六十八

乘馬數第六十九　問乘馬第七十

立政九敗解第六十五　管子解三

人君唯毋聽寢兵則羣臣賓客莫敢言兵然則内之不知國之治亂外之不知諸侯強弱如是則城郭毀壞莫之築補甲弊兵彫莫之脩繕如是則守圉之備毀矣遼遠之地謀邊竟之士脩百姓無圉敵之心故曰寢兵之説勝則險阻不守

人君唯毋聽兼愛之説則視天下之民如其民視國如吾國如是則無并兼攘奪之心無覆軍敗將之事然則射御勇力之士不厚祿覆軍殺將之臣不貴爵如是則射御勇力之士

出在外矣我能毋攻人可也不能令人毋攻我彼求地而予之非吾所欲也不予而與戰必不勝也彼以教士我以敺衆彼以良將我以無能其敗必覆軍殺將故曰兼愛之說勝則士卒不戰

人君唯無好全生則羣臣皆全其生而生又養生養何也曰滋味也聲色也然後爲養生然則從欲妄行男女無別反於禽獸然則禮義廉恥不立人君無以自守也故曰全生之說勝則廉恥不立

人君唯無聽私議自貴則民退靜隱伏窟穴就山非世間上輕爵祿而賤有司然則令不行禁不止故曰私議自貴之說勝則上令不行

人君唯無好金玉貨財必欲得其所好然則必有以易之所

以易之者何也大官尊位不然則尊爵重祿也如是則不肖者在上位矣然則賢者不爲下智者不爲謀信者不爲約勇者不爲死如是則毆國而捐之也故曰金玉貨財之說勝則爵服下流

人君唯毋聽羣徒比周則羣臣朋黨蔽美揚惡然則國之情僞不見於上如是則朋黨者處前寡黨者處後夫朋黨者處前賢不肖不分則爭奪之亂起而君在危殆之中矣故曰羣徒比周之說勝則賢不肖不分

人君唯毋聽觀樂玩好則敗凡觀樂者宮室臺池珠玉聲樂也此皆費財盡力傷國之道也而以此事君者皆姦人也而人君聽之焉得毋敗然則府倉虛蓄積竭且姦人在上則壅遏賢者而不進也然則國適有患則優倡侏儒起而議國事

矣是敺國而捐之也故曰觀樂玩好之說勝則姦人在上位

人君唯毋聽請謁任譽則羣臣皆相爲請然則請謁得於上黨與成於鄉如是則貨財行於國法制毀於官羣臣務佼而求用然則無爵而貴無祿而富故曰請謁任譽之說勝則繩墨不正

人君唯無聽諂諛飾過之言則敗奚以知其然也夫諂臣者常使其主不悔其過不更其失者也故主惑而不自知也如是則謀臣死而諂臣尊矣故曰諂讒飾過之說勝則巧佞者用

版法解第六十六　　管子解四

版法者法天地之位象四時之行以治天下四時之行有寒有暑聖人法之故有文有武天地之位有前有後有左有右聖人法之以建經紀春生於左秋殺於右夏長於前冬藏於後

生長之事文也收藏之事武也是故文事在左武事在右聖人法之以行法令以治事理凡法事者操持不可以不正操持不正則聽治不公聽治不公則治不盡理事不盡應治不盡理則跡遠微賤者無所告訴事不盡應則功利不盡舉功利不盡舉則國貧踈遠微賤者無所告訴則下饑故曰凡將立事正彼天植天植者心也天植正則不私近親不孽踈遠不私近親不孽踈遠則無遺利無隱治無遺利無隱治則事無不舉物無遺者欲見天心明以風雨故曰風雨無違遠近高下各得其嗣

萬物尊天而貴風雨所以尊天者爲其莫不受命焉也所以貴風雨者爲其莫不待風而動待雨而濡也若使萬物釋天而更有所受命釋風而更有所仰動釋雨而更有所仰濡則

無爲尊天而貴風雨矣今人君之所尊安者爲其威立而令行也其所以能立威行令者爲其威利之操莫不在君也若使威利之操不專在君而有所分散則君日益輕而威利日衰侵暴之道也故曰三經既飭君乃有國

乘夏方長審治刑賞必明經紀陳義設法斷事以理虛氣平心乃去怒喜若倍法棄令而行怒喜禍亂乃生上位乃殆故曰喜無以賞怒無以殺喜以賞怒以殺怨乃起令乃廢驟令而不行民心乃外外之有徒禍乃始牙衆之所忽寡不能圖

冬既閉藏百事盡止往事畢登來事未起方冬無事愼觀終始審察事理事有先易而後難者有始不足見而終不可及者此常利之所以不舉事之所以困者也事之先易者人輕行之人輕行之則必困難成之事始不足見者人輕棄之人

輕棄之則必失不可及之功夫數困難成之事而時失不可
及之功衰耗之道也是故明君審察事理愼觀終始爲必知
其所成成必知其所用用必知其所利害爲而不知所成成
而不知所用用而不知所利害謂之妄舉妄舉者其事不成
其功不立故曰舉所美必觀其所終廢所惡必計其所窮凡
人君者欲民之有禮義也夫民無禮義則上下亂而貴賤爭
故曰慶勉敦敬以顯之富祿有功以勸之爵貴有名以休之
凡人君者欲衆之親上鄉意也欲其從事之勝任也而衆者
不愛則不親不親則不明不教順則不鄉意是故明君兼愛
以親之明教順以道之便其勢利其備愛其力而勿奪其時
以利之如此則衆親上鄉意從事勝任矣故曰兼愛無遺是
謂君心必先順教萬民鄉風且暮利之衆乃勝任治之本二

一曰人二曰事人欲必用事欲必工人有逆順事有稱量人心逆則人不用失稱量則事不工事不工則傷人不用則怨故曰取人以已成事以質成事以質者用稱量也取人以已者度恕而行也度恕者度之於已也已之所不安勿施於人故曰審用財愼施報察稱量故用財不可以嗇用力不可以苦用財嗇則費用力苦則勞矣奚以知其然也用力苦則事不工事不工而數復之故曰勞矣用財嗇則不當人心不當人心則怨起用財而生怨故曰費怨起而不復反衆勞而不得息則必有崩阤堵壞之心故曰民不足令乃辱民苦殃令不行施報不得禍乃始昌禍昌而不悟民乃自圖

凡國無法則衆不知所爲無度則事無機有法不正有度不直則治辟治辟則國亂故曰正法直度罪殺不赦殺僇必信

民畏而懼武威既明令不再行
凡民者莫不惡罰而畏罪是以人君嚴教以示之明刑罰以
致之故曰頓卒台倦以辱之罰罪有過以懲之殺僇犯禁以
振之
治國有三器亂國有六攻明君能勝六攻而立三器則國治
不肖之君不能勝六攻而立三器故國不治三器者何也曰號
令也斧鉞也祿賞也六攻者何也親也貴也貨也色也巧佞
也玩好也三器之用何也曰非號令無以使下非斧鉞無以畏
衆非祿賞無以勸民六攻之敗何也曰雖不聽而可以得存
雖犯禁而可以得免雖無功而可以得富夫國有不聽而可
以得存者則號令不足以使下有犯禁而可以得免者則斧
鉞不足以畏衆有無功而可以得富者則祿賞不足以勸民

號令不足以使下斧鉞不足以畏衆祿賞不足以勸民則人
君無以自守也然則明君柰何明君不爲六者變更號令不
爲六者疑錯斧鉞不爲六者益損祿賞故曰植固而不動奇
邪乃恐奇革邪化令往民移
凡人君者覆載萬民而兼有之燭臨萬族而事使之是故以
天地日月四時爲主爲質以治天下天覆而無外也其德無
所不在地載而無棄也安固而不動故莫不生殖聖人法之
以覆載萬民故莫不得其職姓得其職姓則莫不爲用故曰
法天合德象地無親日月之明無私故莫不得光聖人法之以
燭萬民故能審察則無遺善無隱姦無遺善無隱姦則刑
賞信必刑賞信必則善勸而姦止故曰參於日月四時之行信
必而著明聖人法之以事萬民故不失時功故曰伍於四時

凡衆者愛之則親利之則至是故明君設利以致之明愛以親之徒利而不愛則衆至而不親徒愛而不利則衆親而不至愛施俱行則說君臣說朋友說兄弟說父子愛施所設四固不能守故曰四說在愛施

凡君所以有衆者愛施之德也愛有所移利有所并則不能盡有故曰有衆在廢私

愛施之德雖行而無私内行不脩則不能朝遠方之君是故正君臣上下之義飾父子兄弟夫妻之義飾男女之別別踈數之差使君德臣忠父慈子孝兄愛弟敬禮義章明如此則近者親之遠者歸之故曰召遠在脩近閉禍在除怨非有怨乃除之所事之地常無怨也

凡禍亂之所生生於怨咎怨咎所生生於非理是以明君之

事衆也必經使之必道施報必當出言必得刑罰必理如此
則衆無鬱怨之心無憾恨之意如此則禍亂不生上位不殆故
曰閉禍在除怨也
凡人君所以尊安者賢佐也佐賢則君尊國安民治無佐則
君卑國危民亂故曰備長存乎在賢
凡人者莫不欲利而惡害是故與天下同利者天下持之擅
天下之利者天下謀之天下所謀雖立必墮天下所持雖高不
危故曰安高在乎同利凡所謂能以所不利利人者舜是也
舜耕歷山陶河濱漁雷澤不取其利以教百姓百姓舉利之
此所謂能以所不利利人者也所謂能以所不有予人者武
王是也　武王伐紂士卒往者人有書社入殷之日決鉅橋
之粟散鹿臺之錢殷民大說此所謂能以所不有予人者也

桓公謂管子曰今子教寡人法天合德合德長久合德而兼覆之則萬物受命象地無親無親安固無親而兼載之則諸生皆殖繇於日月無私葆光無私而兼照之則美惡不隱然則君子之爲身無好無惡然已乎管子對曰不然夫學者所以自化所以自撫故君子惡稱人之惡惡不忠而怨妬惡不公議而名當稱惡不位下而位上惡不親外而內放此五者君子之所恐行而小人之所以亡況人君乎

明法解第六十七　　管子解五

明主者有術數而不可欺也審於法禁而不可犯也察於分職而不可亂也故羣臣不敢行其私貴臣不得蔽賤近者不得塞遠孤寡老弱不失其所職竟內明辨而不相踰越此之謂治國故明法曰所謂治國者主道明也

明主者上之所以一民使下也私術者下之所以侵上亂主也
故法廢而私行則人主孤特而獨立人臣群黨而成朋如此
則主弱而臣強此之謂亂國故明法曰所謂亂國者臣術勝也
明主在上位有必治之勢則羣臣不敢爲非是故群臣之不
敢欺主者非愛主也以畏主之威勢也百姓之爭用非以愛
主也以畏主之法令也故明主操必勝之數以治必用之民
處必尊之勢以制必服之臣故令行禁止主尊而臣卑故明
法曰尊君卑臣非計親也以勢勝也
明主之治也縣爵禄以勸其民民有利於上故主有以使之
立刑罰以威其下下有畏於上故主有以牧之故無爵禄則
主無以勸民無刑罰則主無以威衆故人臣之行理奉命者
非以愛主也且以就利而避害也百官之奉法無姦者非以

愛主也欲以愛爵祿而避罰也故明法曰百官論職非惠也
刑罰必也
人主者擅生殺處威勢操令行禁止之柄以御其群臣此主
道也人臣者處卑賤奉主令守本任治分職此臣道也故主
行臣道則亂臣行主道則危故上下無分君臣共道亂之本
也故明法曰君臣共道則亂
人臣之所以畏恐而謹事主者以欲生而惡死也使人不欲生
不惡死則不可得而制也夫生殺之柄專在大臣而主不危
者未嘗有也故治亂不以法斷而決於重臣生殺之柄不制
於主而在群下此寄生之主也故人主專以其威勢予人則
必有劫殺之患專以其法制予人則必有亂亡之禍如此者
亡王之道也故明法曰專授則失

凡爲主而不得行其令廢法而恣羣臣威嚴已廢權勢已奪令不得出群臣弗爲用百姓弗爲使竟内之衆不制則國非其國而民非其民如此者滅主之道也故明法曰令本不出謂之滅

明主之道卑賤不待尊貴而見大臣不因左右而進百官條通羣臣顯見有罰者主見其罪有賞者主知其功見知不悖賞罰不差有不蔽之術故無壅遏之患亂主則不然法令不得至於民疏遠鬲閉而不得聞如此者壅遏之道也故明法曰令出而留謂之壅

人臣之所以乘而爲姦者擅主也臣有擅主者則主令不得行而下情不上通人臣之力能鬲君臣之閒而使美惡之情不揚聞禍福之事不通徹人主迷惑而無從悟如此者塞主

之道也故明法曰下情不上通謂之塞

明主者兼聽獨斷多其門戶羣臣之道下得明上賤得言貴故姦人不敢欺亂主則不然聽無術數斷事不以叅伍故無能之士上通邪枉之臣專國主明蔽而聰塞忠臣之欲謀諫者不得進如此者侵主之道也故明法曰下情上而道止謂之侵

人主之治國也莫不有法令賞罰具故其法令明而賞罰之所立者當則主尊顯而姦不生其法令逆而賞罰之所立者不當則羣臣立私而壅塞之朋黨而劫殺之故明法曰滅塞侵壅之所生從法之不立也法度者主之所以制天下而禁姦邪也所以牧領海內而奉宗廟也私意者所以生亂長姦而害公正也所以壅蔽失正而危亡也故法度行則國治私意

行則國亂明主雖心之所愛而無功者不賞也雖心之所憎而無罪者弗罰也案法式而驗得失非法度不留意焉故明法曰先王之治國也不淫意於法之外

明主之治國也案其當宜行其正理故其當賞者羣臣不得辭也其當罰者羣臣不敢避也夫賞功誅罪所以爲天下致利除害也草茅弗去則害禾穀盜賊弗誅則傷良民夫舍公法而行私惠則是利姦邪而長暴亂也行私惠而賞無功則是使民偷幸而望於上也行私惠而赦有罪則是使民輕上而易爲非也夫舍公法用私意明主不爲也故明法曰不爲惠於法之内

凡人主莫不欲其民之用也使民用者必法立而令行也故治國使衆莫如法禁淫止暴莫如刑故貧者非不欲奪富者

財也然而不敢者法不使也強者非不能暴弱也然而不敢者畏法誅也故百官之事案之以法則姦不生暴慢之人誅之以刑則禍不起羣臣竝進筴之以數則私無所立故明法曰動無非法者所以禁過而外私也

人主之所以制臣下者威勢也故威勢在下則主制於臣威勢在上則臣制於主夫蔽主者非塞其門守其戶也然而令不行禁不止所欲不得者失其威勢也故威勢獨在於主則羣臣畏敬法政獨出於主則天下服德故威勢分於臣則令不行法政出於臣則民不聽故明主之治天下也威勢獨在於主而不與臣共法政獨制於主而不從臣出故明法曰威不兩錯政不二門

明主者一度量立表儀而堅守之故令下而民從法者天下

之程式也萬事之儀表也吏者民之所懸命也故明主之治
也當於法者誅之故以法誅罪則民就死而不怨以法量功
則民受賞而無德也此以法舉錯之功也故明法曰以法治國
則舉錯而已明主者有法度之制故羣臣皆出於方正之治
而不敢爲姦百姓知主之從事於法也故吏之所使者有法
則民從之無法則止民以法與吏相距下以法與上從事故
詐僞之人不得欺其主嫉妬之人不得用其賊心讒諛之人不
得施其巧千里之外不敢擅爲非故明法曰有法度之制者
不可巧以詐僞
權衡者所以起輕重之數也然而人不事者非心惡利也權
不能爲之多少其數而衡不能爲之輕重其量也人知事權
衡之無益故不事也故明主在上位則官不得枉法吏不得

爲私民知事吏之無益故財貨不行於吏權衡平正而待物故姦詐之人不得行其私故明法曰有權衡之稱者不可欺以輕重

尺寸尋丈者所以得短長之情也故以尺寸量短長則萬舉而萬不失矣是故尺寸之度雖富貴衆強不爲益長雖貧賤卑辱不爲損短公平而無所偏故姦詐之人不能誤也故明法曰有尋丈之數者不可差以長短

國之所以亂者廢事情而任非譽也故明主之聽也言者責之以其實譽人者試之以其官言而無實者誅吏而亂官者誅是故虛言不敢進不肖者不敢受官亂主則不然聽言而不督其實故羣臣以虛譽進其黨任官而不責其功故愚汙之吏在庭如此則羣臣相推以美名相假以功伐務多其佼而

不爲主用故明法曰主釋法以譽進能則臣離上而下比周矣以黨舉官則民務交而不求用矣
亂主不察臣之功勞譽衆者則賞之不審其罪過毀衆者則罰之如此者則邪臣無功而得賞忠正無罪而有罰故功多而無賞則臣不務盡力行正而有罰則賢聖無從竭能行貨財而得爵祿則汙辱之人在官寄託之人不肖而位尊則民倍公法而趨有勢如此則慤愿之人失其職而廉潔之吏失其治故明法曰官之失其治也是主以譽爲賞而以毀爲罰也
平吏之治官也行法而無私則姦臣不得其利焉此姦臣之所務傷也人主不參驗其罪過以無實之言誅之則姦臣不能無事貴重而求推譽以避刑罰而受祿賞焉故明法曰喜賞惡罰之人離公道而行私術矣

姦臣之敗其主也積漸積微使主迷惑而不自知也上則相爲候望於主下則買譽於民譽其黨而使主尊之毀不譽者而使主廢之其所利害者主聽而行之如此則羣臣皆忘主而趨私佼矣故明法曰比周以相爲慝是故忘主死佼以進其譽主無術數則羣臣易欺之國無明法則百姓輕爲非是故姦邪之人用國事則羣臣仰利害也如此則姦人爲之視聽者多矣雖有大義主無從知之故明法曰佼衆譽多外內朋黨雖有大姦其蔽主多矣

凡所謂忠臣者務明法術日夜佐主明於度數之理以治天下者也姦邪之臣知法術明之必治也治則姦臣困而法術之士顯是故邪之所務事者使法無明主無悟而巳得所欲也故方正之臣得用則姦邪之臣困傷矣是方正之與姦邪

不兩進之勢也姦邪在主之側者不能勿惡也惟惡之則必候主閒而日夜危之人主不察而用其言則忠臣無罪而困死姦臣無功而富貴故明法曰忠臣死於非罪而邪臣起於非功

富貴尊顯久有天下人主莫不欲也令行禁止海內無敵人主莫不欲也蔽欺侵凌人主莫不惡也失天下滅宗廟人主莫不惡也忠臣之欲明法術以致主之所欲而除主之所惡者姦臣之擅主者有以私危之則忠臣無從進其公正之數矣故明法曰所死者非罪所起者非功然則爲人臣者重私而輕公矣

亂主之行爵祿也不以法令案功勞其行刑罰也不以法令案罪過而聽重臣之所言故臣有所欲賞主爲賞之臣欲有

所罰主爲罰之廢其公法專聽重臣如此故羣臣皆務其黨重臣而忘其主趨重臣之門而不庭故明法曰十至於私人之門不一至於庭

明主之治也明於分職而督其成事勝其任者處官不勝其任者廢免故羣臣皆竭能盡力以治其事亂主則不然故群臣處官位受厚祿莫務治國者期於管國之重而擅其利牧漁其民以富其家故明法曰百慮其家不一圖國

明主在上位則竟內之衆盡力以奉其主百官分職致治以安國家亂主則不然雖有勇力之士大臣私之而非以奉其主也雖有聖智之士大臣私之非以治其國也故屬數雖衆不得進也百官雖具不得制也如此者有人主之名而無其實故明法曰屬數雖衆非以尊君也百官雖具非以任國也此

之謂國無人

明主者使下盡力而守法分故羣臣務尊主而不敢顧其家臣主之分明上下之位審故大臣各處其位而不敢相貴亂主則不然法制廢而不行故羣臣得務益其家君臣無分上下無別故羣臣得務相貴如此者非朝臣少也衆不爲用也故明法曰國無人者非朝臣衰也家與家務相益不務尊君也大臣務相貴而不任國也

人主之張官置吏也非徒尊其身厚奉之而已也使之奉主之法行主之令以治百姓而誅盜賊也是故其所任官者大則爵尊而禄厚其所任官者小則爵卑而禄薄爵禄者人主之所以使吏治官也亂主之治也處尊位受奉禄養所與佼而不以官爲務如此者則官失其能矣故明法曰小臣持禄

養佼不以官爲事故官失職

明主之擇賢人也言勇者試之以軍言智者試之以官試於軍而有功者則舉之試於官而事治者則用之故以戰功之事定勇怯以官職之治定愚智故勇怯愚智之見也如白黑之分亂主則不然聽言而不試故妄言者得用任人而不言故不肖者不困故明主以法案其言而求其實以官任其身而課其功專任法不自舉焉故明法曰先王之治國也使法擇人不自舉也

凡所謂功者安主上利萬民者也夫破軍殺將戰勝攻取使主無危亡之憂而百姓無死虜之患此軍士之所以爲功者也奉主法治竟內使強不凌弱衆不暴寡萬民驩盡其力而奉養其主此吏之所以爲功也匡主之過救主之失明理義以

道其主主無邪辟之行蔽欺之患此臣之所以爲功也故明主之治也明分職而課功勞有功者賞亂治者誅誅賞之所加各得其宜而主不自與焉故明法曰使法量功不自度也

明主之治也審是非察事情以度量案之合於法則行不合於法則止功充其言則賞不充其言則誅故言智能者必有見功而後舉之言惡敗者必有見過而後廢之如此則士上通而莫之能妬不肖者困廢而莫之能舉故明法曰能不可蔽而敗不可飾也

明主之道立民所欲以求其功故爲爵祿以勸之立民所惡以禁其邪故爲刑罰以畏之故案其功而行賞案其罪而行罰如此則羣臣之舉無功者不敢進也毀無罪者不能退也故明法曰譽者不能進而誹者不能退也

制羣臣擅生殺主之分也縣令仰制臣之分也威勢尊顯主之分也卑賤畏敬臣之分也令行禁止主之分也奉法聽從臣之分也故君臣相與高下之處也如天之與地也其分畫之不同也如白之與黑也故君臣之間明別則主尊臣卑如此則下之從上也如響之應聲臣之法主也如景之隨形故上令而下應主行而臣從以令則行以禁則止以求則得此之謂易治故明法曰君臣之間明別則易治

明主操術任臣下使群臣効其智能進其長技故智者効其計能者進其功以前言督後事所効當則賞之不當則誅之張官任吏治民案法試課成功守法而法之身無煩勞而分職故明法曰主雖不身下爲而守法爲之可也

巨乘馬第六十八　　管子輕重一

桓公問管子曰請問乘馬管子對曰國無儲在令桓公曰何謂國無儲在令管子對曰一農之量壤百畝也春事二十五日之内桓公曰何謂春事二十五日之内管子對曰日至六十日而陽凍釋七十日而陰凍釋陰凍釋而秇稷百日不秇稷故春事二十五日之内耳也今君立扶臺五衢之衆皆作君過春而不止民失其二十五日則五衢之内阻棄之地也起一人之繇百畝不舉起十人之繇千畝不舉起百人之繇萬畝不舉起千人之繇十萬畝不舉春已失二十五日而尚有起夏作是春失其地夏失其苗秋起繇而無止此之謂穀地數亡穀失於時君之衡藉而無止民食十伍之穀則君已藉九矣有衡求幣焉此盜暴之所以起刑罰之所以衆也隨之以暴謂之内戰桓公曰善哉筴乘馬之數求盡也彼王者不

奪民時故五穀興豐五穀興豐則士輕祿民簡賞彼善爲國者使農夫寒耕暑耘力歸於上女勤於織微而織歸於府者非怨民心傷民意高下之筴不得不然之理也桓公曰爲之柰何管子曰虞國得筴乘馬之數矣桓公曰何謂筴乘馬之數管子曰百畝之夫予之筴率二十七日爲子之春事資子之幣春秋子穀大登國穀之重去分謂農夫曰幣之在子者以爲穀而廩之州里國穀之分在上國穀之重再十倍謂遠近之縣里邑百官皆當奉器械備曰國無幣以穀准幣國穀之櫎一切什九還穀而應穀國器皆資無藉於民此有虞之筴乘馬也

乘馬數第六十九　　管子輕重二

桓公問管子曰有虞筴乘馬已行矣吾欲立筴乘馬爲之柰何

管子對曰戰國脩其城池之功故其國常失其地用王國則以時行也桓公曰何謂以時行管子對曰出准之令守地用人筴故開闔皆在上無求於民朝國守分上分下游於分之間而用足王國守始國用一不足則加一焉國用二不足則加二焉國用三不足則加三焉國用四不足則加四焉國用五不足則加五焉國用六不足則加六焉國用七不足則加七焉國用八不足則加八焉國用九不足則加九焉國用十不足則加十焉人君之守高下歲藏三分十年則必有五年之餘若歲凶旱水泆民失本則脩宮室臺榭以前無狗後無彘者為庸故脩宮室臺榭非麗其樂也以平國筴也今至於其亡筴乘馬之君春秋冬夏不知時終始作功起衆立宮室臺榭民失其本事君不知其失諸春筴又失諸夏秋之筴數也民

無饘賣子數也猛毅之人淫暴貧病之民乞請君行律度焉則民被刑僇而不從於主上此筴乘馬之數亡也乘馬之准與天下齊准彼物輕則見泄重則見射此鬬國相泄輕重之家相奪也至於王國則持流而止矣桓公曰何謂持流管子對曰有一人耕而五人食者有一人耕而四人食者有一人耕而三人食者有一人耕而二人食者此齊力而功地田筴相員此國筴之時守也君不守以筴則民且守於上此國筴流已桓公曰乘馬之數盡於此乎管子對曰布織財物皆立其貲財物之貲與幣高下穀獨貴獨賤桓公曰何謂獨貴獨賤管子對曰穀重而萬物輕穀輕而萬物重公曰賤筴乘馬之數奈何管子對曰郡縣上臾之壤守之若干閒壤守之若干下壤守之若干故相壤定籍而民不移振貧補不足下樂上故以上

壤之滿補下壤之衆章四時守諸開闔民之不移也如廢方

於地此之謂筴乘馬之數也

問乘馬第七十　管子輕重三

管子卷第二十一

管子卷第二十二　唐司空房　玄齡　注

事語第七十一　海王第七十二
國蓄第七十三　山國軌第七十四
山權數第七十五　山至數第七十六

事語第七十一　管子輕重四

桓公問管子曰事之至數可聞乎管子對曰何謂至數桓公曰秦奢教我曰帷蓋不脩衣服不衆則女事不泰俎豆之禮不致牲諸侯太牢大夫少牢不若此則六畜不育非高其臺榭美其宫室則羣材不散此言何如管子曰非數也桓公曰何謂非數管子對曰此定壤之數也彼天子之制壤方千里齊諸侯方百里負海子七十里男五十里若胷臂之相使也故准徐疾贏不足雖在下也不爲君憂彼壤狹而欲舉與大

國爭者農夫寒耕暑芸力歸於上女勤於緝績徽織功歸於府者非怨民心傷民意也非有積蓄不可以用人非有積財無以勸下泰奢之數不可用於危隘之國桓公曰善

桓公又問管子曰佚田謂寡人曰善者用非其有使非其人何不因諸侯權以制天下管子對曰佚田之言非也彼善爲國者壤辟舉則民留處倉廩實則知禮節且無委致圍城肥致衝夫不定內不可以持天下佚田之言非也管子曰歲藏一十年而十也歲藏二五年而十也穀十而守五綈素滿之五在上故視歲而藏縣時積歲國有十年之蓄富勝貧勇勝怯智勝愚微勝不微有義勝無義練士勝敺衆凡十勝者盡有之故發如風雨動如雷霆獨出獨入莫之能禁止不待權與故佚田之言非也桓公曰善

海王第七十二　　管子輕重五

桓公問於管子曰吾欲藉於臺雉何如管子對曰此毁成也吾欲藉於樹木管子對曰此伐生也吾欲藉於六畜管子對曰此殺生也吾欲藉於人何如管子對曰此隱情也桓公曰然則吾何以爲國管子對曰唯官山海爲可耳桓公曰何謂官山海管子對曰海王之國謹正鹽筴（海王言以負海之利而王其業）桓公曰何謂正鹽筴（正稅也）管子對曰十口之家十人食鹽百口之家百人食鹽終月大男食鹽五升少半大女食鹽三升少半（少半猶劣薄也）吾子食鹽二升少半（吾子謂小男小女也）此其大曆也（曆數）鹽百升而釜（鹽十二兩七銖一黍十分之一爲升當米六合四勺也百升之鹽七十六斤十二兩十九銖二累爲釜當米六斗四升）今鹽之重升加分彊釜五十也（分彊半彊也今使鹽官稅其鹽之重每一斗加半合爲彊而取之則一釜之鹽得五十合而爲之彊）升加一彊釜百也升加二彊釜二百也鍾二千（十釜之鹽七百六十八斤爲鍾鍾當米六斛四斗是）十鍾二

萬百鍾二十萬千鍾二百萬萬乘之國人數開口千萬也（舉其大數而言之也開口謂大男大女之所食鹽也）禺筴之商日二百萬（禺讀爲偶偶對也商計也對其大男大女食鹽者之口數而立筴以計所稅之鹽一日計二百萬合爲二百鍾）十日二千萬一月六千萬萬乘之正九百萬也（萬乘之國大男大女食鹽者千萬人而稅之鹽一日二百鍾十日二千鍾一月六千鍾也今又施其稅數以千萬人如九百萬人之數則所稅之鹽一日百八十鍾十日千八百鍾一月五千四百鍾）月人三十錢之籍爲錢三千萬（又變其五千四百鍾之鹽而籍其錢計一月每人人籍錢三十凡千萬人爲錢三萬萬矣以籍之數而比其常籍則當一國而有三千萬人矣）今吾非籍之諸君吾子而有二國之籍者六千萬（諸君謂老男老女也六十已上爲老男五十已上爲老女也既不籍於老男老女又不籍於小男小女乃能以千萬人而當三千萬人者蓋鹽官之利耳鹽官之利既然則鐵官之利可知也鹽官之利當一國而三萬人鐵官之利當一國而三萬人焉故能有二國之籍者六千萬人耳其常籍人之數猶在此外）使君施令曰吾將籍於諸君吾子則必囂號今夫給之鹽筴則百倍歸於上人無以避此者數也今鐵官之數曰一女必有一鍼一刀若其事立（若猶然後）耕者必有一耒一耜一銚若其事立（大鋤謂之銚羊昭反）行服連（輂名所以載作器人挽者）軺（羊昭反）輂（居玉反）者（大車駕馬）必有

一斤一鋸一錐一鑿若其事立不爾而成事者天下無有今鍼之重加一也三十鍼一人之籍（鍼之重每十分加一分爲彊而取之則一女之籍得三十鍼也矣）刀之重加六五六三十五刀一人之籍也（刀之重每十分加六分以爲彊而取之五六爲三十也則一女之籍得五刀）耜鐵之重加七三耜鐵一人之籍也（耜鐵之重每十分加七分以爲彊而取之則一農之籍得三耜鐵也）其餘輕重皆准此而行（其器彌重其加彌多）然則舉臂勝（音升）事無不服籍者

桓公曰然則國無山海不王乎管子曰因人之山海假之名有海之國（雖無海而假名有海則亦雖無山而假名有山）讎鹽於吾國（彼國有鹽而糶於吾國爲集耳）釜十五吾受而官出之以百（受取也假令彼鹽平價釜當十錢者吾又加五錢而取之所以來之也既得彼鹽則令吾國鹽官又出而糶之釜以百錢也）我未與其本事也（與用也本事本鹽也）受人之事以重相推（以重推謂加五錢之類也推猶度也）此人用之數也（彼人所有而皆爲我用之）

國蓄第七十三　管子輕重六

國有十年之蓄而民不足於食皆以其技能望君之祿也君

有山海之金而民不罪於用是皆以其事業交接於君上也故人君挾其食守其用據有餘而制不足故民無不累於上也五穀食米民之司命也黃金刀幣民之通施也故善者執其通施以御其司命故民力可得而盡也夫民者信親而死利海內皆然民予則喜奪則怒民情皆然先王知其然故見予之形不見奪之理（與可使由之不可使知之）故民愛可洽於上也（洽通也）租籍者（在工商曰租籍）所以彊（其兩反）求也租稅者所慮而請也（在農曰租稅慮猶計也請求也）王霸之君去其所以彊求廢其所慮而請故天下樂從也利出於一孔者（凡言利者不必貨利慶賞威刑皆是）其國無敵出二孔者其兵不詘（詘與屈同屈窮也）出三孔者不可以舉兵出四孔者其國必亡先王知其然故塞民之養（養利也羊向反）隘其利途故予之在君奪之在君貧之在君富之在君故民之戴上如日月親君若父母凡將爲國不

通於輕重不可爲籠以守民不能調通民利不可以語制爲大治是故萬乘之國有萬金之賈千乘之國有千金之賈然者何也國多失利則臣不盡其忠士不盡其死矣歲有凶穰故穀有貴賤令有緩急故物有輕重然而人君不能治故使蓄賈游市乘民之不給百倍其本分地若一彊者能守分財若一智者能收智者有什倍人之功（以一取什）愚者有不賡本之事（賡猶償也音庚）然而人君不能調故民有相百倍之生也夫民富則不可以祿使也貧則不可以罰威也法令之不行萬民之不治貧富之不齊也且君引錣（錣籌也丁劣反）量用耕田發草上得其數矣民人所食人有若干步畝之數矣計本量委（委積也）則足矣然而民有飢餓不食者何也穀有所藏也（言一國之内耕墾之數君悉知凡人計口授田家族多少足以自給而人之於食者謂豪富之家收藏其穀故）人君鑄錢立幣民庶之通施

也錢幣無補於飢寒之用人君所立以均制財物通交有無使人之所求各得其欲人有若干百千之數矣然而人事不及用不足者何也利有所并藏也民事謂常費也言人之所有多少各隨其分而自足君上不能均調其事則豪家富并藏財貨專擅其利是故人常費不給以致匱乏然則人君非能散積聚鈞羨餘也不足分并財利而調民事也則君雖彊本趣耕本謂務農趣讀為促而自為鑄幣而無已乃令使民下相役耳惡能以為治乎言人君若不能權其利門制其輕重雖鑄幣無限極而與人徒使豪富侵奪貧弱終不能致理也惡音烏歲適美則市糶無予而狗彘食人食歲適凶則市糴釜十繈而道有餓民然則豈壤力固不足而食固不贍也哉夫往歲之糶賤狗彘食人食故來歲之民不足也物適賤則半力而無予民事不償其本物適貴則什倍而不可得民失其用然則豈財物固寡而本委不足也哉夫民利之時失而物利之不平也故善者委施於民之所不足操事於民之所有餘夫民有餘則輕之

故人君斂之以輕，民不足則重之。故人君散之以重，斂積之以輕，散行之以重，故君必有什倍之利，而財之櫎〔古莫反〕可得而平也。凡輕重之大利，以重射輕，以賤泄平。萬物之滿虛隨財，准平而不變，衡絕則重見。人君知其然，故守之以准平，使萬室之都必有萬鍾之藏，藏繦千萬；使千室之都必有千鍾之藏，藏繦百萬。春以奉耕，夏以奉芸，耒耜械器，鍾饟粮食，畢取贍於君，故大賈蓄家不得豪奪吾民矣。然則何？君養其本謹也。春賦以斂繒帛，夏貸以收秋實，〔蓋方春蠶家闕乏而賦與之，約收其繒帛也；方夏農人闕乏亦賦與之，約取其穀實也。〕是故民無廢事而國無失利也。〔人之所乏，君悉與之，則豪家商富人不得擅其利。〕凡五穀者，萬物之主也。穀貴則萬物必賤，穀賤則萬物必貴。兩者為敵，則不俱平。故人君御穀物之秩相勝，而操事於其不平之間。〔秩，積也。食為人天，故五穀之要可與萬物為敵，其價常不俱平，所以人君視兩事之委積，可彼此相勝，輕重於其間。〕

則國利不散也故萬民無籍而國利歸於君也夫以室廡籍謂之毀成小曰室大曰廡音武是使人毀壞廬室以六畜籍謂之止生畜許救反是使人不競牧養也以田畝籍謂之禁耕是止其耕稼也以正人籍謂之離情正數之人若丁壯也離情謂離心也以正戶籍謂之養贏贏謂大賈畜家也正數之戶既避其籍則至浮浪爲大賈蓄家之所役屬增其利耳五者不可畢用故王者偏行而不盡也故天子籍於幣諸侯籍於食中歲之穀糶石十錢大男食四石月有四十之籍大女食三石月有三十之籍吾子食二石月有二十之籍歲凶穀貴糴石二十錢則大男有八十之籍大女有六十之籍吾子有四十之籍六十爲大男五十爲大女吾子謂小男小女也按古之石准今之三斗三升三合平歲每石税十錢凶歲税二十者非必税其人謂於操事輕重之間約收其利也是人君非發號令收穡而戶籍也彼人君守其本委謹而男女諸君吾子無不服籍者也嗇斂也委所委積之物也謹嚴也言人君不用下令税斂於人但嚴守利途輕重在我則無所逃其税也一人廪食十人得餘十人廪食百人得餘百人廪

食千人得餘夫物多則賤寡則貴散則輕聚則重人君知其然故視國之羨不足而御其財物穀賤則以幣予食布帛賤則以幣予衣視物之輕重而御之以准故貴賤可調而君得其利前有萬乘之國而後有千乘之國謂之抵國前有千乘之國而後有萬乘之國謂之距國壤正方四面受敵謂之衢國以百乘衢處謂之託食之君千乘衢處壤削少半萬乘衢處壤削太半何謂百乘衢處託食之君也夫以百乘衢處危懾圍阻千乘萬乘之間夫國之君不相中舉兵而相攻必以爲扞格蔽圉之用有功利不得鄉大臣死於外分壤而功列陳係纍獲虜分賞而祿是壤地盡於功賞而稅臧殫於繼孤也是特名羅於爲君耳無壤之有號有百乘之守而實無尺壤之用故謂託食之君然則大國內款小國用盡何以及

此曰百乘之國官賦軌符乘四時之朝夕御之以輕重之准然后百乘可及也千乘之國封天財之所殖械器之所出財物之所生視歲之滿虛而輕重其祿然后千乘可足也萬乘之國守歲之滿虛乘民之緩急正其號令而御其大准然后萬乘可資也玉起於禺音虞氏金起於汝漢珠起於赤野東西南北距周七千八百里水絕壤斷舟車不能通先王爲其途之遠其至之難故託用於其重以珠玉爲上幣以黃金爲中幣以刀布爲下幣三幣握之則非有補於煖也食之則非有補於飽也先王以守財物以御民事而平天下也今人君籍求於民令曰十日而具則財物之賈什去一令曰八日而具則財物之賈什去二令曰五日而具則財物之賈什去半朝令而夕具則財物之賈什去九先王知其然故不求於萬民而籍於號令也

山國軌第七十四　　管子輕重七

桓公問管子曰請問官國軌管子對曰田有軌人有軌用有軌鄉有軌人事有軌幣有軌縣有軌國有軌不通於軌數而欲爲國不可桓公曰行軌數柰何對曰某鄉田若干人事之准若干穀重若干曰某縣之人若干田若干幣若干而中用穀重若干而中幣終歲度人食其餘若干曰某鄉女勝事者終歲績其功業若干以功業直時而櫎古莫反之終歲人已衣被之後餘衣若干別群軌相壤宜桓公曰何謂別群軌相壤宜管子對曰有莞蒲之壤有竹前檀柘之壤有汜下漸澤之壤有水潦魚鼈之壤今四壤之數君皆善官而守之則籍於財物不籍於人畝十鼓之壤君不以軌守則民且守之民有過移長力不以本爲得此君失也桓公曰軌意安出管子對

曰不陰據其軌皆下制其上桓公曰此若言何謂也管子對
曰某鄉田若干食者若干某鄉之女事若干餘衣若干謹行
州里曰田若干人若干人衆田不度食若干曰田若干餘食若
干必得軌程此調之泰軌也然后調立環乘之幣田軌之有
餘於其人食者謹置公幣焉大家衆小家寡山田閒田曰終
歲其食不足於其人若干則置公幣焉以滿其准重歲豐年
五穀登謂高田之萌曰吾所寄幣於子者若干鄉穀之櫎若
干請爲子什減三穀爲上幣爲下高田撫閒田山不被穀十
倍山田以君寄幣振其不贍未淫失也高田以時撫於主上
坐長加十也女貢織帛苟合于國奉者皆置而券之以鄉櫎
市准曰上無幣有穀以穀准幣環穀而應筴國奉決穀反准
賦軌幣穀廩重有加十謂大家委貲家曰上且脩游人出若

千幣謂鄰縣見有實者皆勿左右不贍則且爲人馬假其食民鄰縣四面皆橫穀坐長而十倍上下令曰貲家假幣皆以穀准幣直幣而庚之穀爲下幣爲上百都百縣軌據穀坐長十倍環穀而應假幣國幣之九在上一在下幣重而萬物輕斂萬物應之以幣幣在下萬物皆在上萬物重十倍府官以市橫出萬物隆而止國軌布於未形據其已成乘令而進退無求於民謂之國軌桓公問於管子曰不籍而贍國爲之有道乎管子對曰軌守其時有官天財何求於民桓公曰何謂官天財管子對曰泰春民之功繇（與招反）泰夏民之令之所止令之所發（謂山澤之所禁發）泰秋民令之所止令之所發泰冬民令之所止令之所發此皆民所以時守也此物之高下之時也此民之所以相并兼之時也君守諸四務桓公曰何謂四務管

子對曰泰春民之且所用者君已廩之矣泰夏民之且所用者
君已廩之矣泰秋民之且所用者君已廩之矣泰冬民之且
所用者君廩藏也言四時人之所要皆先備之所謂耒耜器械種饟粮食必取要焉則豪人大賈不得擅其利已廩之矣
泰春功布日春縑衣夏單衣捍寵累箕勝籯屑糗若干日
之功用人若干無貲之家皆假之械器勝籯屑糗公衣功已
而歸公衣折券故力出於民而用出於上春十日不害耕事
夏十日不害芸事秋十日不害斂實冬二十日不害除田此之
謂時作桓公曰善吾欲立軌官爲之奈何管子對曰鹽鐵之
筴足以立軌官桓公曰奈何管子對曰龍夏之地布黃金九
千以幣貲金巨家以金小家以幣周岐山至於崢丘之西塞
丘者山邑之田也布幣稱貧富而調之周壽陵而東至少沙
者中田也據之以幣巨家以金小家以幣三壤已撫而國穀

弄什倍梁渭陽瑣之牛馬滿齊衍請毆之顛齒量其高壯曰
國爲師旅戰車毆就斂子之牛馬上無幣請以穀視市擴而
庚子牛馬爲上粟二家二家散其粟反准牛馬歸於上管子
曰請立貲於民有田倍之内毋有其外外皆爲貲壤被鞍之
馬千乘齊之戰車之具具於此無求於民此去丘邑之籍也
國穀之朝夕在上山林廩械器之高下在上春秋冬夏之輕
重在上行田疇田中有木者謂之穀賊宫中四榮樹其餘曰
害女功宫室械器非山無所仰然后君立三等之租於山曰
握以下者爲柴楂把以上者爲室奉三圍以上爲棺槨之奉
柴楂之租若干室奉之租若干棺槨之租若干管子曰鹽鐵
撫軌穀一廩十君常操九民衣食而繇下安無怨咎去其田
賦以租其山巨家重葬其親者服重租小家菲葬其親者服

小租巨家美脩其宮室者服重租小家爲室廬者服小租上立軌於國民之貧富如加之以繩謂之國軌

山權數第七十五　管子輕重八

桓公問管子曰請問權數管子對曰天以時爲權地以財爲權人以力爲權君以令爲權失天之權則人地之權亡桓公曰何爲失天之權則人地之權亡管子對曰湯七年旱禹五年水民之無饘賣子者湯以莊山之金鑄幣而贖民之無饘賣子者禹以歷山之金鑄幣而贖民之無饘賣子者故天權失人地之權皆失也故王者歲守十分之參三年與少半成歲三十一年而藏十一年與少半藏參之一不足以傷民而農夫敬事力作故天毀埊（古地字）凶旱水泆民無入於溝壑乞請者也此守時以待天權之道也桓公曰善吾欲行三權之數爲

之奈何管子對曰梁山之陽綪千見反絏夜石之幣天下無有管
子曰以守國穀歲守一分以行五年國穀之重什倍異日管子
曰請立幣國銅以二年之粟顧之立黔落力重與天下調彼
重則見射輕則見泄故與天下調泄者失權也見射者失筴
也不備天權下相求備准下陰相隷此刑罰之所起而亂之
之本也故平則不平民富則不如貧委積則虛矣此三權之
失也已桓公曰守三權之數奈何管子對曰大豊則藏分阨
亦藏分桓公曰阨者所以益也何以藏分管子對曰隂則易
益也一可以爲十十可以爲百以阨守豊阨之准數一上十豊
之筴數十去九則吾九爲餘於數筴豊則三權皆在君此之
謂國權桓公問於管子曰請問國制管子對曰國無制地有
量桓公曰何謂國無制地有量管子對曰高田十石閒田五石

庸田三石其餘皆屬諸萊田地量百畝一夫之力也粟賈一粟賈十粟賈三十粟賈百其在流筴者百畝從中千畝之筴也然則百乘從千乘也千乘從萬乘也故地無量國無筴桓公曰善今欲爲大國大國欲爲天下不通權筴其無能者矣桓公曰今行權奈何管子對曰君通於廣狹之數不以狹畏廣通於輕重之數不以少畏多此國筴之大者也桓公曰善蓋天下視海内長譽而無止爲之有道乎管子對曰有曰軏守其數准平其流動於未形而守事已成物一也而十是九爲用徐疾之數輕重之筴也一可以爲十十可以爲百引十之半而藏四以五操事在君之決塞桓公曰何謂決塞管子曰君不高仁則問不相被君不高慈孝則民簡其親而輕過此亂之至也則君請以國筴十分之一者樹表置高鄉之孝子聘之幣孝子兄

弟衆寡不與師旅之事樹表置高而高仁慈孝財散而輕乘輕而守之以筴則十之五有在上運五如行事如日月之終復此長有天下之道謂之准道桓公問於管子曰請問敎數管子對曰民之能明於農事者置之黃金一斤直食八石民之能蕃育六畜者置之黃金一斤直食八石民之能樹藝者置之黃金一斤直食八石民之能樹瓜瓠葷菜百果使蕃袞者置之黃金一斤直食八石民之能已民疾病者置之黃金一斤直食八石民之知時曰歲且阨曰某穀不登曰某穀豐者置之黃金一斤直食八石民之通於蠶桑使蠶不疾病者皆置之黃金一斤直食八石謹聽其言而藏之官使師旅之事無所與此國筴之者也國用相靡而足相因揲而簪然後置四限高下令之徐疾敺屏萬物守之以筴有五官技桓公

曰何謂五官技管子曰詩者所以記物也時者所以記歲也
春秋者所以記成敗也行者道民之利害也易者所以守凶
吉成敗也卜者卜凶吉利害也民之能此者皆一馬之田一金
之衣此使君不迷妄之數也六家者即見其時使豫先蚤閑
之曰受之故君無失時無失筴萬物興豐無失利遠占得失
以爲末教詩記人無失辭行殫道無失義易守禍福凶吉不
相亂此謂君棅筆永反說文與柄同
桓公問於管子曰權棅之數吾已得聞之矣守國之固柰
何曰能皆已官時皆已官得失之數萬物之終始君皆已官
之矣其餘皆以數行桓公曰何謂以數行管子對曰穀者民
之司命也智者民之輔也民智而君愚下富而君貧下貧而
君富此之謂事名二國機徐疾而已矣君道度法而已矣人

心禁繆而已矣。桓公曰：「何謂度法？何謂禁繆？」管子對曰：「度法者，量人力而舉功；禁繆者，非往而戒來。故禍不萌通而民無患咎。」桓公曰：「請聞心禁。」管子對曰：「晉有臣不忠於其君，慮殺其主，謂之公過。諸公過之家毋使得事君，此晉之過失也。齊之公過，坐立長差。惡惡乎來刑，善善乎來榮，戒也。此之謂國戒。」

桓公問管子曰：「輕重准施之矣，筴盡於此乎？」管子曰：「未也，將御神用寶。」桓公曰：「何謂御神用寶？」管子對曰：「北郭有掘闕而得龜者，（掘，穿也，求物反。穿地至泉曰闕，求月反。）此檢數百里之地也。（檢，猶比也。以此龜為用者，其數可比百里之地。）」桓公曰：「何謂得龜百里之地？」管子對曰：「北郭之得龜者，令過之平盤之中。（令，力呈反。過之，猶置之也。平盤者，大盤也。）君請起十乘之使，百金之提，（起，發也。提，裝也。使，色吏反。）命北郭得龜之家曰：『賜若服中大夫。（若，汝也。中大夫，齊爵也。）』曰：『東海之子類於龜，（東海之子，其狀類龜，假言此龜東海之子耳。東海之子者，海神之子也。）託舍

於若託舍猶寄居也賜若大夫之服以終而身而若也勞若以百金勞賜也
之龜爲無貲之是也是龜至寶而無貲也無貲無價也而藏諸泰臺泰臺高臺也一日而舋
之以四牛立寶曰無貲立龜爲寶號曰無貲還四年伐孤竹還四年後四年丁氏之
家粟丁氏齊之富人所謂丁惠也可食三軍之師行五月食音嗣下以意取行五月經五月召丁氏
而命之曰吾有無貲之寶於此吾今將有大事請以寶爲質
於子音致下皆同以假子之邑粟即家粟也丁氏北鄉再拜入粟不敢受
寶質桓公命丁氏曰寡人老矣爲子者不知此數終受吾質
丁氏歸革築室賦籍藏龜革更也賦敷也藉席也才夜反還四年伐孤竹謂
丁氏之粟中食三軍五月之食桓公立貢數文行中七年龜
中四千金黑白之子當千金凡貢制中二齊之壤筴也用貢
國危出寶國安行流桓公曰何謂流管子對曰物有豫則君
失筴而民失生矣故善爲天下者操於二豫之外桓公曰何

謂二豫之外管子對曰萬乘之國不可以無萬金之蓄飾千
乘之國不可以無千金之蓄飾百乘之國不可以無百金之
蓄飾以此與令進退此之謂乘時

山至數第七十六　管子輕重九

桓公問管子曰梁聚謂寡人曰古者輕賦稅而肥籍斂取下
無順於此者矣梁聚之言何如管子對曰梁聚之言非也彼
輕賦稅則倉廩虛肥籍斂則械器不奉而諸侯之皮幣不衣
倉廩虛則傳賤無祿外皮幣不衣於天下內國傳賤梁聚之
言非也君有山山有金以立幣以幣准穀而授祿故國穀斯
在上穀賈什倍農夫夜寢蚤起不待見使五穀什倍士半祿
而死君農夫夜寢蚤起力作而無止彼善爲國者不曰使之
使不衍得不使不曰貧之使不得不用故使民無有不得不使

者夫粱聚之言非也桓公曰善
桓公又問於管子曰有人教我謂之請士曰何不官百能管
子對曰何謂百能桓公曰使智者盡其智謀士盡其謀百工
盡其巧若此則可以爲國乎管子對曰請士之言非也祿肥
則士不死幣輕則士簡賞萬物輕則士偷幸三怠在國何數
之有彼穀十藏於上三游於下謀士盡其慮智士盡其知勇
士輕其死請士所謂妄言也不通於輕重謂之妄言
桓公問於管子曰昔者周人有天下諸侯賓服名教通於天
下而奪於其下何數也管子對曰君分壤而貢入市朝同流
黃金一筴也江陽之珠一筴也秦之明山之曾青一筴也此
謂以寡爲多以狹爲廣軌出之屬也桓公曰天下之數盡於
軌出之屬也合國穀重什倍而萬物輕大夫謂賈之子爲吾

運穀而斂財穀之重一也今九爲餘穀重而萬物輕若此則國財九在大夫矣國歲反一財物之九者皆倍重而出矣財物在下幣之九在大夫然則幣穀羡在大夫也天子以客行令以時出熟穀之人亡諸侯受而官之連朋而聚與高下萬物以合民用內則大夫自還而不盡忠外則諸侯連朋合與孰穀之人則去亡故天子失其權也桓公曰善

桓公又問管子曰終身有天下而勿失爲之有道乎管子對曰請勿施於天下獨施之於吾國桓公曰此若言何謂也管子對曰國之廣狹壤之肥墝有數終歲食餘有數彼守國者守穀而已矣曰某縣之壤廣若干某縣之壤狹若干（國之廣狹肥墝人之所食多少其數君素皆知之）則必積委幣（委蓄也各於縣州軍蓄積錢幣所謂萬室之邑必有萬鍾之藏藏繈于萬千室之邑必有千鍾之藏藏繈百萬）於是縣州里受公錢（公錢即積委之幣）泰秋國穀去參

之一（去減也丘呂反）君下令謂郡縣屬大夫里邑皆籍粟入若干穀重一也以藏於上者（一其穀價以收藏之）國穀參分則二分在上矣（言先貯幣於縣邑當秋時下令收糴也則魏李悝行平糴之法上熟糴三捨一中熟糴二捨一下熟中分之盖出於此今言去三之一者納中熟爲准耳）泰春國穀倍重數也泰夏賦穀以市櫎（古莫反）民皆受上穀以治田土泰秋田穀之存子者若干今上斂穀以幣民曰無幣以穀則民之三有歸於上矣（言當春穀貴之時計其價以穀賦與人秋則斂其幣雖設此令本意收其穀入既無幣請輸穀故歸於上）重之相因時之化舉無不爲國筴（重之相因若春時穀貴與穀也時之化舉若秋時穀賤收穀也因時之輕重無不以術權之）君用大夫之委以流歸於上君用民以時歸於君藏輕出輕以重數也則彼安有自還之大夫獨委之彼諸侯之穀十使吾國穀二十則諸侯穀歸吾國矣諸侯穀二十吾國穀十則吾國穀歸於諸侯矣故善爲天下者謹守重流（重流謂嚴守穀價不使汎散）而天下不吾洩矣（洩散也吾穀不散出）彼重之相歸如水

之就下吾國歲非凶也以幣藏之故國穀倍重故諸侯之穀
至也是藏一分以致諸侯之一分利不奪於天下大夫不得以
富侈以重藏輕國常有十國之筴也故諸侯服而無止臣櫎
從而以忠此以輕重御天下之道也謂之數應
桓公問管子曰請問國會管子對曰君失大夫爲無伍失民
爲失下故守大夫以縣之筴守一縣以一鄉之筴守一鄉以一家之
筴守家以一人之筴桓公曰其會數奈何管子對曰幣准之數
一縣必有一縣中田之筴一鄉必有一鄉中田之筴一家必有一
家直人之用故不以時守郡爲無與不以時守鄉爲無伍桓
公曰行此奈何管子對曰王者藏於民霸者藏於大夫殘國
亡家藏於篋桓公曰何謂藏於民請散棧臺之錢散諸城
陽鹿臺之布散諸濟陰君下令於百姓曰民富君無與貧民

貧君無與富故賦無錢布府無藏財貲藏於民歲豐五穀登五穀大輕穀賈去上歲之分以幣據之穀爲君幣爲下國幣盡在下幣輕穀重上分上歲之二分在下下歲之二分在上則二歲者四分在上則國穀之一分在下穀三倍重邦布之籍終歲十錢人家受食十畝加十是一家十戶也出於國穀筴而藏於幣者也以國幣之分復布百姓四減國穀三在上一在下復筴也大夫旅壤而封積實而驕上請奪之以會植公曰何謂奪之以會管子對曰粟之三分在上謂民萌皆受上粟度君藏焉五穀相靡而重去什三爲餘以國幣穀准反行大夫無什於重君以幣賦祿什在上君出穀什而去七君斂三上賦七散振不資者仁義也五穀相靡而輕數也以鄉完重而籍國數也出實財散仁義萬物輕數也乘時進退故

曰王者乘時聖人乘易桓公曰善

桓公問管子曰特命我曰天子三百領泰嗇而散大夫准此而行此如何管子曰非法家也大夫高其龍美其室此奪農事及市庸此非便國之道也民不得以織爲縿綃而貍之於地彼善爲國者乘時徐疾而已矣謂之國會

桓公問管子曰請問爭奪之事何如管子曰以戚始桓公曰何謂用戚始管子對曰君人之主弟兄十人分國爲十兄弟五人分國爲五三世則昭穆同祖十世則爲祏故伏尸滿衍兵決而無止輕重之家復游於其間故曰毋予人以壤毋授人以財財終則有始與四時廢起聖人理之以徐疾守之以決塞奪之以輕重行之以仁義故與天壤同數此王者之大轡也

桓公問管子曰請問幣乘馬管子對曰始取夫三大夫之家

方六里而一乘二十七人而奉一乘幣乘馬者方六里田之惡美若干穀之多寡若干穀之貴賤若干凡方六里用幣若干穀之重用幣若干故幣乘馬者布幣於國幣爲一國陸地之數謂之幣乘馬桓公曰行幣乘馬之數奈何即臣乘馬所謂筴乘馬者臣猶實也筴者以幣爲筴而餞重射輕管子對曰士受資以幣大夫受邑以幣人馬受食以幣則一國之穀貲在上幣貲在下國穀什倍數也萬物財物去什二筴也皮革筋角羽毛竹箭器械財物苟合于國器君用者皆有矩券於上矩券常券君實鄉州藏焉用制萬二千五百鄉二千五百家爲家爲州齊雖霸國尚用周制曰某月某日苟從責者責讀爲債鄉決州決故曰就庸一日而決國筴出於穀軌國之筴貨幣乘馬者也貲價也言應合受公家之所給皆與之幣則穀之價君上權之其幣在下故穀倍重其有皮革之類堪於所用者所在鄉州有其數君今官曹簿帳人有負公家之債若禾稈種糧之類者官司如要器用若皮革之類者則與其准納如要功庸者令就役一日除其簿書耳此蓋君上一切權

之也詳輕重之本旨摧抑富商兼并之家隘塞利門則與奪貧富悉由號令然可易爲理也今刀布藏於官府巧幣萬物輕重皆在賈之彼幣重而萬物輕幣輕而萬物重彼穀重而穀輕人君操穀幣金衡而天下可定也此守天下之數也

桓公問於管子曰准衡輕重國會吾得聞之矣請問縣數

管子對曰狼牡以至於馮會之日龍夏以北至于海莊禽獸羊牛之地也何不以此通國筴哉桓公曰何謂通國筴管子對曰馮市門一吏書贅直事若其事唐圉牧食之人養視不失扞殂者去其都秩與其縣秩大夫不鄉贅合游者謂之無禮義大夫幽其春秋列民幽其門山之祠馮會龍夏牛羊犧牲月賈十倍異日此出諸禮義籍於無用之地因捫牢筴也謂之通

桓公問管子曰請問國勢管子對曰有山處之國有氾下多

水之國有山地分之國有水泆之國有漏壤之國此國之五
勢人君之所憂也山處之國常藏穀三分之一汜下多水之國
常操國穀三分之一山地分之國常操國穀十分之三水泉之
所傷水泆之國常操十分之二漏壤之國謹下諸侯之五穀
與工雕文梓器以下天下之五穀此准時五勢之數也
桓公問管子曰今有海内縣諸侯則國勢不用已乎管子對
曰今以諸侯爲筭公州之飾焉以乘四時行捫牢之筴以東
西南北相彼用平而准故曰爲諸侯則高下萬物以應諸侯
徧有天下則賦幣以守萬物之朝夕調而已利有足則行不
滿則有止王者鄉州以時察之故利不相傾縣死其所君守
大奉一謂之國簿

管子卷第二十二

管子卷第二十三

地數第七十七　揆度第七十八

國准第七十九　輕重第八十

地數第七十七　管子輕重十

桓公曰地數可得聞乎管子對曰地之東西二萬八千里南北二萬六千里其出水者八千里受水者八千里出銅之山四百六十七山出鐵之山三千六百九山此之所以分壤樹穀也戈矛之所發刀幣之所起也能者有餘拙者不足封於泰山禪於梁父封禪之王七十二家得失之數皆在此内是謂國用

桓公曰何謂得失之數皆在此管子對曰昔者桀霸有天下而用不足湯有七十里之薄而用有餘天非獨爲湯雨菽粟而地非獨爲湯出財物也伊尹善通移輕重開闔決塞通於

高下徐疾之筴坐起之費時也黃帝問於伯高曰吾欲陶天下而以爲一家爲之有道乎伯高對曰請刈其莞而樹之吾謹逃其蚤牙則天下可陶而爲一家黃帝曰此若言可得聞乎伯高對曰上有丹沙者下有黃金上有慈石者下有銅金上有陵石者下有鈆錫赤銅上有赭者下有鐵此山之見榮者也苟山之見其榮者君謹封而祭之距封十里而爲一壇是則使乘者下行行者趨若犯令者罪死不赦然則與折取之遠矣脩教十年而葛盧之山發而出水金從之蚩尤受而制之以爲劍鎧矛戟是歲相兼者諸侯九雍狐之山發而出水金從之蚩尤受而制之以爲雍狐之戟芮戈是歲相兼者諸侯十二故天下之君頓戟壹怒伏尸滿野此見戈之本也

桓公問於管子曰請問天財所出地利所在管子對曰山上

有赭者其下有鐵上有鉛者其下有銀一曰上有鉛者其下有鉒銀上有丹沙者其下有鉒金上有慈石者其下有銅金此山之見榮者也苟山之見榮者謹封而爲禁有動封山者罪死而不赦有犯令者左足入左足斷右足入右足斷然則其與犯之遠矣此天財地利之所在也桓公問於管子曰以天財地利立功成名於天下者誰子也管子對曰文武是也桓公曰此若言何謂也管子對曰夫玉起於牛氏邊山金起於汝漢之右洿珠起於赤野之末光此皆距周七千八百里其涂遠而至難故先王各用於其重珠玉爲上幣黃金爲中幣刀布爲下幣令疾則黃金重令徐則黃金輕先王權度其號令之徐疾高下其中幣而制下上之用則文武是也

桓公問於管子曰吾欲守國財而毋稅於天下而外因天下

可乎管子對曰可夫水激而流渠令疾而物重先王理其號令之徐疾內守國財而外因天下矣桓公問於管子曰其行事奈何管子對曰夫昔者武王有巨橋之粟貴糴之數武王既勝殷得巨橋粟欲使糴貴巨橋倉在今廣平郡曲周縣也桓公曰爲之奈何管子對曰武王立重泉之戍戍名也假設此戍名欲人憚役而競收粟也重丈恭友令曰民自有百鼓之粟者不行穀十二解也民舉所最粟舉盡也最聚也子外友以避重泉之戍而國穀二什倍巨橋之粟亦二什倍武王以巨橋之粟二什倍而市繒帛軍五歲毋籍衣於民以巨橋之粟二什倍而衡黃金百萬衡平也終身無籍於民准衡之數也

桓公問於管子曰今亦可以行此乎管子對曰可夫楚有汝漢之金齊有渠展之鹽燕有遼東之煑此三者亦可以當武王之數十口之家十人咕鹽百口之家百人咕鹽凡食鹽之數

月丈夫五升少半婦人三升少半嬰兒二升少半鹽之重
升加分耗而釜五十升加一耗而釜百升加什耗而釜千君伐
菹薪煮泲水爲鹽正而積之三萬鍾至陽春請籍於時桓公
曰何謂籍於時管子曰陽春農事方作令民毋得築垣牆毋
得繕冢墓丈夫毋得治宮室毋得立臺榭北海之衆毋得聚
庸而煮鹽然鹽之賈必四什倍君以四什之賈脩河濟之流南
輸梁趙宋衛濮陽惡食無鹽則腫守圉之本其用鹽獨重君
伐菹薪煮泲水以籍於天下然則天下不減矣
桓公問於管子曰吾欲富本而豐五穀可乎管子對曰不可
夫本富而財物衆不能守則稅於天下五穀興豐巨錢而天
下貴則稅於天下然則吾民常爲天下虜矣夫善用本者若
以身濟於大海觀風之所起天下高則高天下下則下天高

我下則財利稅於天下矣

桓公問於管子曰事盡於此乎管子對曰未也夫齊衢處之本通達所出也游子勝商之所道人求本者食吾本粟因吾本幣騏驥黃金然后出令有徐疾物有輕重然后天下之寶壹爲我用善者用非有使非人

揆度第七十八　輕重十一

齊桓公問於管子曰自燧人以來其大會可得而聞乎管子對曰燧人以來未有不以輕重爲天下也共工之王（帝共工氏繼女媧有天下）水處什之七陸處什之三乘天勢以隘制天下至於黃帝之王謹逃其爪牙不利其器（藏祕鋒芒不以示人行機權之道使人日用而不知）燒山林破增藪焚沛澤（沛大澤也一說水草兼處曰沛）逐禽獸實以益人然後天下可得而牧也至於堯舜之王所以化海內者北用禺氏之玉（禺氏西北戎名玉之所出）南貴

江漢之珠其勝禽獸之仇以大夫隨之〔勝猶益也禽獸之仇者使其逐禽獸如從仇讎也以大夫隨之者使其大夫散邑粟財物隨山澤之人求其禽獸之皮〕桓公曰何謂也管子對曰令諸侯之子將委質者〔諸國君之子若衛公子開方魯公子季友之類〕皆以雙武之皮〔雙虎之皮以爲裘〕卿大夫豹飾〔卿大夫上大夫也袖謂之飾〕列大夫豹幨〔列大夫中大夫也襟謂之幨音昌詹反〕大夫散其邑粟與其財物以市武豹之皮故山林之人刺其猛獸〔刺音七亦反〕若從親戚之仇此君冕服於朝而猛獸勝於外大夫已散其財物萬人得受其流此堯舜之數也〔言堯舜嘗用此數〕

桓公曰事名二正名五而天下治何謂事名二對曰天筴陽也壤筴陰也此謂事名二何謂正名五對曰權也衡也規也矩也准也此謂正名五其在色者青黃白黑赤也其在聲者宮商羽徵角也其在味者酸辛鹹苦甘也二五者童山竭澤人君以數制之人味者所以守民口也聲者所以守民耳也色者所

以守民目也人君失二五者亡其國大夫失二五者亡其勢民失二五者亡其家此國之至機也謂之國機

輕重之法曰自言能爲司馬不能爲司馬者殺其身以釁其鼓自言能治田土不能治田土者殺其身以釁其社自言能爲官不能爲官者劓以爲門父故無敢姦能誣祿至於君者矣故相任寅爲官都重門擊柝不能去亦隨之以法

桓公問於管子曰請問大准管子對曰大准者天下皆制我而無我焉此謂大准桓公曰何謂也管子對曰今天下起兵加我臣之能謀厲國定名者割壤而封臣之能以車兵進退成功立名者割壤而封然則是天下盡封君之臣也非君封之也天下已封君之臣十里矣天下每動重封君之民二十里君之民非富也鄰國富之鄰國每動重富君之民貧者重貧富

者重富大准之數也桓公曰何謂也管子對曰今天下起兵加我民棄其耒耜出持戈於外然則國不得耕此非天凶也此人凶也君朝令而夕求具民肆其財物與其五穀爲讎厭而去賈人受而廩之然則國財之一分在賈人師罷民反其事萬物反其重賈人出其財物國幣之少分廩於賈人若此則幣重三分財物之輕重三分賈人市於三分之間國之財物盡在賈人而君無筴焉民更相制君無有事焉此輕重之大准也管子曰人君操本民不得操末人君操始民不得操卒其在涂者籍之於衢塞其在穀者守之春秋其在萬物者立貲而行故物動則應之故豫奪其涂則民無遵君守其流則民失其高故守四方之高下國無游賈貴賤相當此謂國衡以利相守則數歸於君矣

管子曰善正商任者省有肆省有肆則市朝閒市朝閒則田野充田野充則民財足民財足則君賦歛焉不窮今則不然民重而君重重而不能輕民輕而君輕輕而不能重天下善者不然民重則君輕民輕則君重此乃財餘以滿不足之數也故凡不能調民利者不可以爲大治不察於終始不可以爲至矣動左右以重相因二十國之筴也鹽鐵二十國之筴也錫金二十國之筴也五官之數不籍於民

桓公問於管子曰輕重之數惡終管子對曰若四時之更舉無所終國有患憂輕重五穀以調用積餘臧羨以備賞天下賓服有海内以富誠信仁義之士故民高辭讓無爲奇怪者彼輕重者諸侯不服以出戰諸侯賓服以行仁義

管子曰一歲耕五歲食粟賈五倍一歲耕六歲食粟賈六倍二

年耕而十一年食夫富能奪貧能予乃可以爲天下且天下者處茲行茲若此而天下可壹也夫天下者使之不使用之不用故善爲天下者毋曰使之使不得不使毋曰用之使不得不用也

管子曰善爲國者如金石之相舉重鈞則金傾故治權則勢重治道則勢羸今穀重於吾國輕於天下則諸侯之自泄如原水之就下故物重則至輕則去有以重至而輕處者我動而錯之天下即已於我矣物臧則重發則輕散則多幣重則民死利幣輕則決而不用故輕重調於數而止

五穀者民之司命也刀幣者溝瀆也號令者徐疾也令重於寶社稷重於親戚胡謂也對曰夫城郭拔社稷不血食無生臣親沒之後無死子此社稷之所重於親戚者也故有城無

人謂之守平虛有人而無甲兵而無食謂之與禍居
桓公問管子曰吾聞海內玉幣有七筴可得而聞乎管子對
曰陰山之礝碈一筴也燕之紫山白金一筴也發朝鮮之文皮一筴
也汝漢水之右衢黃金一筴也江陽之珠一筴也秦明山之曾
青一筴也禺氏邊山之玉一筴也此謂以寡爲多以狹爲廣
天下之數盡於輕重矣
桓公問於管子曰陰山之馬具駕者千乘馬之平賈萬也金
之平賈萬也吾有伏金千斤爲此奈何管子對曰君請使與
正籍者皆以幣還於金吾至四萬此一爲四矣吾非埏埴搖鑪
橐而立黃金也今黃金之重一爲四者數也珠起於赤野之末
光黃金起於汝漢水之右衢玉起於禺氏之邊山此度去周
七千八百里其涂遠其至阨故先王度用其重而因之珠玉

爲上幣黃金爲中幣刀布爲下幣先王高下中幣利下上之
用百乘之國中而立東西南北度五十里一日定慮二日定載
三日出竟五日而反百乘之制輕重毋過五日百乘爲耕田
萬頃爲戶萬戶爲開口十萬人爲分者萬人爲輕車百乘爲
馬四百匹千乘之國中而立市東西南北度百五十餘里二
日定慮三日定載五日出竟十日而反千乘之制輕重毋過
一旬千乘爲耕田十萬頃爲戶十萬戶爲開口百萬人爲當
分者十萬人爲輕車千乘爲馬四千匹萬乘之國中而立市
東西南北度五百里三日定慮五日定載十日出竟二十日而
反萬乘之制輕重毋過二旬萬乘爲耕田百萬頃爲戶百萬戶
爲開口千萬人爲當分者百萬人爲輕車萬乘爲馬四萬匹
管子曰疋夫爲鰥匹婦爲寡老而無子者爲獨君問其若有

子弟師役而死者父母為獨上必葬之衣衾三領木必三寸鄉吏視事葬於公壤若產而無弟兄上必賜之匹馬之壤故親之殺其子以為上用不苦也君終歲行邑里其人力同而宮室美者良萌也力作者也脯二束酒一石以賜之力足蕩游不作老者譙之當壯者遣之邊戍民之無本者貸之圃彊故百事皆舉無留力失時之民此皆國筴之數也

上農挾五中農挾四下農挾三上女衣五中女衣四下女衣三農有常業女有常事一農不耕民有為之飢者一女不織民有為之寒者飢寒凍餓必起於糞土故先王謹於其始事再其本民無饘者賣其子三其本若為食四其本則鄉里給五其本則遠近通然后死得葬矣事不能再其本而上之求焉無止然則姦涂不可獨遵貨財不安於拘隨之以法則中內

摲民也輕重不調無饘之民不可責理鬻子不可得使君失其民父失其子亡國之數也管子曰神農之數曰一穀不登減一穀穀之法什倍二穀不登減二穀穀之法再什倍夷踈滿之無食者予之陳無種者貸之新故無什倍之賈無倍稱之民

國准第七十九　　輕重十二

齊桓公問於管子曰國准可得而聞乎管子對曰國准者視時而立儀桓公曰何謂視時而立儀對曰黃帝之王謹逃其爪牙有虞之王枯澤童山夏后之王燒增藪焚沛澤不益民之利殷人之王諸侯無牛馬之牢不利其器周人之王官能以備物五家之數殊而用一也桓公曰然則五家之數籍何者爲善也管子對曰燒山林破增藪焚沛澤禽獸衆也童山竭澤者君智不足也燒增藪焚沛澤不益民利逃械器閉知

能者輔已者也諸侯無牛馬之牢不利其器者曰淫器而一民心者也以人御人逃戈刃高仁義乘天國以安已也五家之數殊而用一也

桓公曰今當時之王者立何而可管子對曰請兼用五家而勿盡桓公曰何謂管子對曰立祈祥以固山澤立械器以使萬物天下皆利而謹操重筴童山竭澤益利搏流出金山立幣成菹丘立駢牢以爲民饒彼菹菜之壤非五穀之所生也麋鹿牛馬之地春秋賦生殺老立施以守五穀此以無用之壤臧民之羸五家之數皆用而勿盡

桓公曰五代之王以盡天下數矣來世之王者可得而聞乎管子對曰好譏而不亂亟變而不變時至則爲過則去王數不可豫致此五家之國准也

輕重甲第八十　輕重十三

桓公曰輕重有數乎管子對曰輕重無數物發而應之聞聲而乘之故爲國不能來天下之財致天下之民則國不可成桓公曰何謂來天下之財管子對曰昔者桀之時女樂三萬人端譟晨樂聞於三衢是無不服文繡衣裳者伊尹以薄之游女工文繡篹組一純得粟百鍾於桀之國夫桀之國者天子之國也桀無天下憂飾婦女鍾鼓之樂故伊尹得其粟而奪之流此之謂來天下之財桓公曰何謂致天下之民管子對曰請使州有一掌里有積五窌民無以與正籍者予之長假死而不葬者予之長度飢者得食寒者得衣死者得葬不資者得振則天下之歸我者若流水此之謂致天下之民故聖人善用非其有使非其人動言搖辭萬民可得而親桓

公曰善

桓公問管子曰夫湯以七十里之薄兼桀之天下其故何也管子對曰桀者冬不爲杠夏不束柎以觀凍溺弛牝虎充市以觀其驚駭至湯而不然夷競而積粟飢者食之寒者衣之不資者振之天下歸湯若流水此桀之所以失其天下也桓公曰桀使湯得爲是其故何也管子曰女華者桀之所愛也湯事之以千金曲逆者桀之所善也湯事之以千金內則有女華之陰外則有曲逆之陽陰陽之議合而得成其天子此湯之陰謀也

桓公曰輕重之數國准之分吾已得而聞之矣請問用兵奈何管子對曰五戰而至於兵桓公曰此若言何謂也管子對曰請戰衡戰准戰流戰權戰勢此所謂五戰而至於兵者也桓

公曰善桓公欲賞死事之後曰吾國者衢處之國饋食之都虎狼之所棲也今每戰輿死扶傷如孤荼首之孫仰傳戟之寶吾無由予之爲之奈何管子對曰吾國之豪家遷封食邑而居者君章之以物則物重不章以物則物輕守之以物則物重不守以物則物輕故遷封食邑富商蓄賈積餘藏羨跱蓄之家此吾國之豪家也故君請縞素而就士室朝功臣世家遷封食邑積餘藏羨跱蓄之家曰城肥致衝無委致圍天下有慮齊獨不與其謀子大夫有五穀菽粟者勿敢左右請以平賈取之子與之定其券契之齒釜鏂之數不得爲侈弇焉困窮之民聞而糴之釜鏂無止遠通不推國粟之賈坐長而四十倍君出四十倍之粟以振孤寡牧貧病視獨老窮而無子者靡得相鬻而養之勿使赴於溝澮之中若此則士爭前戰爲顏行

不偷而爲用輿死扶傷死者過半此何故也士非好戰而輕死輕重之分使然也

桓公曰皮幹筋角之徵甚重重籍於民而貴市之皮幹筋角非爲國之數也管子對曰請以令高杠柴池使東西不相睹南北不相見桓公曰諾行事期年而皮幹筋角之徵去分民之籍去分桓公召管子而問曰此何故也管子對曰杠池平之時夫妻服簞輕至百里今高杠柴池東西南北不相睹天酸然雨十人之力不能上廣澤遇雨十人之力不可得而恃夫舍牛馬之力所無因牛馬絕罷而相繼死其所者相望皮幹筋角徒予人而莫之取牛馬之賈必坐長而百倍天下聞之必離其牛馬而歸齊若流故高杠柴池所以致天下之牛馬而損民之籍也道若祕云物之所生不若其所聚

桓公曰弓弩多匡軫（苦禮切　礙也）者而重籍於民奉繕工而使弓弩多匡軫者其故何也管子對曰鵝鶩之舍近鶤雞鵠鴇（音保）之通遠鵠鶤之所在君請式辟而聘之桓公曰諾行事期年而上無闕者前無趨人三月解匋弓弩無匡軫者召管子而問曰此何故也管子對曰鵠鶤之所在君式辟而聘之菹澤之民聞之越平而射遠非十鈞之弩不能中鶤雞鵠鴇彼十鈞之弩不得棐擏不能自正故三月解匋而弓弩無匡軫者此何故也以其家習其所也

桓公曰寡人欲籍於室屋管子對曰不可是毀成也欲籍於萬民管子曰不可是隱情也欲籍於六畜管子對曰不可是殺生也欲籍於樹木管子對曰不可是伐生也然則寡人安籍而可管子對曰君請籍於鬼神桓公忽然作色曰萬民室

屋六畜樹木且不可得籍鬼神乃可得而籍夫管子對曰厭宜乘勢事之利得也計議因權事之圜大也王者乘勢聖人乘幼與物皆耳桓公曰行事奈何管子對曰昔堯之五吏五官無所食君請立五厲之祭祭堯之五吏春獻蘭秋斂落原魚以爲脯鯢以爲都若此則澤魚之正伯倍異日則無屋粟邦布之籍此之謂設之以祈祥推之以禮義也然則自足何求於民也

桓公曰天下之國莫彊於越今寡人欲北舉事孤竹離枝恐越人之至爲此有道乎管子對曰君請遏原流大夫立沼池令以矩游爲樂則越人安敢至桓公曰行事奈何管子對曰請以令隱三川立員都立大舟之都大身之都有深淵壘十仞令曰能游者賜千金未能用金千齊民之游水不避吳越

桓公終北舉事於孤竹離枝越人果至隱曲薔以水齊管子有扶身之士五萬人以待戰於曲薔大敗越人此之謂水豫

齊之北澤燒火獵而行火曰燒式照反光照堂下管子入賀桓公曰吾田野辟農夫必有百倍之利矣是歲租稅九月而具粟又美桓公召管子而問曰此何故也管子對曰萬乘之國千乘之國不能無薪而炊今北澤燒莫之續則是農夫得居裝而賣其薪蕘大曰薪小曰蕘一束十倍則春有以傳耜夏有以決芸此租稅所以九月而具也

桓公憂北郭民之貧召管子而問曰北郭者盡屨縷之甿也以唐園爲本利爲此有道乎管子對曰請以令禁百鍾之家不得事鞽千鍾之家不得爲唐園去市三百步者不得樹葵菜若此則空閒有以相給資則北郭之甿有所讎其手搔之

功唐園之利故有十倍之利

管子曰陰王之國有三而齊與在焉桓公曰此若言可得聞乎管子對曰楚有汝漢之黃金而齊有渠展之鹽燕有遼東之煑此陰王之國也且楚之有黃金中齊有薔石也苟有操之不工用之不善天下倪而是耳使夷吾得居楚之黃金吾能令農毋耕而食女毋織而衣今齊有渠展之鹽渠展齊地沛水所流入海之處可煑鹽之所也故曰渠展之鹽請君伐菹薪草枯曰菹采居反煑沸火爲鹽正音征而積之

桓公曰諾十月始正至於正月成鹽三萬六千鍾召管子而問曰安用此鹽而可管子對曰孟春既至農事且起大夫無得繕冢墓理宮室立臺榭築牆垣北海之衆無得聚庸庸功也而煑鹽北海之衆謂北海煑鹽之人本意禁人煑鹽託以農事慮有妨奪先自大夫起欲人不知其機斯爲權術若此則鹽必坐長而十倍桓公曰善行事奈何管子對曰請以令糶之

梁趙宋衞濮陽彼盡饋食之也國無鹽則腫守圉之國本國自無遠饋而食圉與與禦同用鹽獨甚桓公曰諾乃以令使糴之得成金萬壹千餘斤桓公召管子而問曰安用金而可管子對曰請以令使賀獻出正籍者必以金金坐長而百倍運金之重以衡萬物盡歸於君故此所謂用若挹於河海若輸之給馬此陰王之業

管子曰萬乘之國必有萬金之賈千乘之國必有千金之賈百乘之國必有百金之賈非君之所賴也君之所與故爲人君而不審其號令則中一國而二君二王也桓公曰何謂一國而二君二王管子對曰今君之籍取以正萬物之賈輕去其分皆入於商賈此中一國而二君二王也故賈人乘其弊以守民之時貧者失其財是重貧也農夫失其五穀是重竭也故爲人君而不能謹守其山林菹澤草萊不可以立爲天下王

桓公曰此若言何謂也管子對曰山林菹澤草萊者薪蒸之所出犧牲之所起也故使民求之使民籍之因以給之私愛之於民若弟之與兄子之與父也然后可以通財交殷也故請取君之游財而邑里布積之陽春蠶桑且至請以給其口食筥曲之彊若此則絓絲之籍去分而斂矣且四方之不至六時制之春日傳耜次日獲麥次日薄芋次日樹麻次日絶菹次日大雨且至趣芸壅培六時制之臣給至於國都善者鄉因其輕重守其委廬故事至而不妄然后可以立爲天下王管子曰一農不耕民或爲之飢一女不織民或爲之寒故事再其本則無賣其子者事三其本則衣食足事四其本則正籍給事五其本則遠近通死得藏今事不能再其本而上之求焉無止是使姦涂不可獨行遺財不可包止隨之以法則是

下艾民食三升則鄉有正食而盜食二升則里有正食而盜食一升則家有正食而盜今操不反之事而食四十倍之粟而求民之毋失不可得矣且君朝令而求夕具有者出其財無有者賣其衣屨農夫糶其五穀三分賈而去是君朝令一怒布帛流越而之天下君求焉而無止民無以待之走亡而棲山阜持戈之士顧不見親家族失而不分民走於中而士遁於外此不待戰而內敗

管子曰今爲國有地牧民者務在四時守在倉廩國多財則遠者來地闢舉則民留處倉廩實則知禮節衣食足則知榮辱今君躬犂墾田耕發草土得其穀矣民人之食有人若干步畝之數然而有餓餒於衢閭者何也穀有所藏也今君鑄錢立幣民通移人有百十之數然而民有賣子者何也財有所并

也故爲人君不能散積聚調高下分幷財君雖彊本趣耕發
草立幣而無止民猶若不足也
桓公問於管子曰今欲調高下分幷財散積聚不然則世且
幷兼而無止蓄餘藏羨而不息貧賤鰥寡獨老不與得焉散
之有道分之有數乎管子對曰唯輕重之家爲能散之耳請
以令輕重之家桓公曰諾東車五乘迎癸乙於周下原桓公
問四因與癸乙管子甯戚相與四坐桓公曰請問輕重之數
癸乙曰重籍其民者失其下數欺諸侯者無權與管子差肩
而問曰吾不籍吾民何以奉車革不籍吾民何以待鄰國癸
乙曰唯好心爲可耳夫好心則萬物通萬物通則萬物運萬
物運則萬物賤萬物賤則萬物可因知萬物之可因而不因
者奪於天下奪於天下者國之大賊也桓公曰請問好心萬

物之可因癸乙曰有餘富無餘乘者責之卿諸侯足其所不賂其游者責之令大夫若此則萬物通萬物通則萬物運萬物運則萬物賤萬物賤則萬物可因矣故知三准同筴者能爲天下不知三准之同筴者不能爲天下故申之以號令抗之以徐疾也民乎其歸我若流水此輕重之數也

桓公問於管子曰今傳戟十萬薪菜之靡日虛十里之衍頓戟一譟而靡幣之用日去千金之積久之且何以待之管子對曰粟賈平四十則金賈四千粟賈釜四十則鍾四百也十鍾四千也二十鍾者爲八千也金賈四千則二金中八千也然則一農之事終歲耕百畝百畝之收不過二十鍾一農之事乃中二金之財耳故粟重黃金輕黃金重而粟輕兩者不衡立故善者重粟之賈釜四百則是鍾四千也十鍾四萬二十鍾者八萬

金賈四千則是十金四萬也二十金者爲八萬故發號出令曰一農之事有二十金之筴然則地非有廣狹國非有貧富也通於發號出令審於輕重之數然管子曰湩然擊鼓士忿怒鎗然擊金士帥然筴桐鼓從之輿死扶傷爭進而無止口滿用手滿錢非大父母之仇也重祿重賞之所使也故軒冕立於朝爵祿不隨臣不爲忠中軍行戰委予之賞不隨士不死其列陳然則是大臣執於朝而列陳之士執於賞也故使父不得子其子兄不得弟其弟妻不得有其夫唯重祿重賞爲然耳故不遠道里而能威絕域之民不險山川而能服有恃之固發若雷霆動若風雨獨出獨入莫之能圉

桓公曰四夷不服恐其逆政游於天下而傷寡人寡人之行爲此有道乎管子對曰吳越不朝珠象而以爲幣乎發朝鮮

不朝請文皮毤他卧切落毛也服而以爲幣乎禺氏不朝請以白璧爲幣乎崐崘之虛不朝請以璆琳琅玕爲幣乎故夫握而不見於手含而不見於口而辟千金者珠也然后八千里之吴越可得而朝也一豹之皮容金而金也然后八千里之發朝鮮可得而朝也懷而不見於抱挾而不見於掖而辟千金者白璧也然后八千里之禺氏可得而朝也簪珥而辟千金者璆琳琅玕也然后八千里之崐崘之虛可得而朝也故物無主事無接遠近無以相因則四夷不得而朝矣

管子卷第二十三

管子卷第二十四　　唐司空房　玄齡　注

輕重乙第八十一　　輕重第四

桓公曰天下之朝夕可定乎管子對曰終身不定桓公曰其不定之說可得聞乎管子對曰地之東西二萬八千里南北二萬六千里天子中而立國之四面面萬有餘里民之入正籍者亦萬有餘里故有百倍之力而不至者有十倍之力而不至者有倪而是者則遠者疏疾怨上邊竟諸侯受君之怨民與之爲善缺然不朝是天子塞其涂熟穀者去天下之可得而霸桓公曰行事奈何管子對曰請與之立壤列天下之

旁天子中立地方千里兼霸之壤三百有餘里佌諸侯度百里負海子男者度七十里若此則如胷之使臂臂之使指也然則小不能分於民推徐疾羨不足雖在下不爲君憂夫海出沸無止山生金木無息草木以時生器以時靡幣沸水之鹽以日消終則有始與天壤爭是謂立壤列也

武王問於癸度曰賀獻不重身不親於君左右不足支不善於群臣故不欲收穡戶籍而給左右之用爲之有道乎癸度對曰吾國者衢處之國也遠秸之所通游客蓄商之所道財物之所遵故苟入吾國之粟因吾國之幣然后載黃金而出故君請重重而衡輕輕運物而相因則國筴可成故謹毋失其度未與民可治武王曰行事奈何癸度曰金出於汝漢之右衢珠出於赤野之末光玉出於禺氏之旁山此皆距周七

千八百餘里其塗遠其至阸故先王度用於其重因以珠玉爲上幣黃金爲中幣刀布爲下幣故先王善高下中幣制下上之用而天下足矣

桓公曰衡謂寡人曰一農之事必有一耜一銚一鎌一鎒一椎一銍然后成爲農一車必有一斤一鋸一釭一鑽一鑿一銶音休切鑿屬一軻然后成爲車一女必有一刀一錐一箴一鉥時橘切長針也然后成爲女請以令斷山木鼓山鐵是可以毋籍而用足管子對曰不可今發徒隸而作之則逃亡而不守發民則下疾怨上邊竟有兵則懷宿怨而不戰未見山鐵之利而內敗矣故善者不如與民量其重計其贏民得其十君得其三有雜之以輕重守之以高下若此則民疾作而爲上虜矣

桓公曰請問壤數管子對曰河埳諸侯畮鍾之國也磧側革切山

諸侯之國也河壖諸侯常不勝山諸侯之國者豫戒者也桓公曰此若言何謂也管子對曰夫河壖諸侯畝鍾之國也故穀衆多而不理固不得有至於山諸侯之國則斂蔬藏菜此之謂豫戒桓公曰壤數盡於此乎管子對曰未也昔狄諸侯畝鍾之國也故粟十鍾而錙金程諸侯山諸侯之國也故粟五釜而錙金故狄諸侯十鍾而不得傳戟程諸侯五釜而得傳戟十倍而不足或五分而有餘者通於輕重高下之數國有十歲之蓄而民食不足者皆以其事業望君之祿也君有山海之財而民用不足者皆以其事業交接於上者也故租籍君之所宜得也正籍者君之所強求也亡君廢其所宜得而斂其所強求故下怨上而令不行民奪之則怒予之則喜民情固然先王知其然故見予之所不見奪之理故五穀粟

米者民之司命也黃金刀布者民之通貨也先王善制其通
貨以御其司命故民力可盡也管子曰泉雨五尺其君必辱
食稱之國必亡待五穀者衆也故樹木之勝霜露者不受令
於天家足其所者不從聖人故奪然後予高然后下喜然后
怒天下可舉

桓公曰強本節用可以爲存乎管子對曰可以爲益愈而未
足以爲存也昔者紀氏之國強本節用者其五穀豐滿而不
能理也四流而歸於天下若是則紀氏其強本節用適足以
使其民穀盡而不能理爲天下虜是以其國亡而身無所處
故可以益愈而不足以爲存故善爲國者天下下我高天下
輕我重天下多我寡然后可以朝天下

桓公曰寡人欲毋穀一士毋頓一戟而辟方都二爲之有道乎

管子對曰涇水十二空汶淵洙浩滿三之於乃請以令使九月種麥日至日穫則時雨未下而利農事矣桓公曰諾令以九月種麥日至而穫量其艾一收之積中方都二故此所謂善因天時辯於地利而辟方都之道也

管子入復桓公曰終歲之租金四萬二千金請以一朝素賞軍士桓公曰諾以令至鼓期於泰舟之野期軍士桓公乃即壇而立甯戚鮑叔隰朋易牙賓胥無皆差肩而立管子執枹而揖軍士曰誰能陷陳破衆者賜之百金三問不對有一人秉劍而前問曰幾何人之衆也管子曰千人之衆千人之衆臣能陷之賜之百金管子又曰兵接弩張誰能得卒長者賜之百金問曰幾何人卒之長也管子曰千人之長千人之長臣能得之賜之百金管子又曰誰能聽旌旗之所指而得執將

首者賜之千金言能得者壘千人賜之人千金其餘言能外斬首者賜之人十金一朝素賞四萬二千金廓然虛桓公惕然太息曰吾曷以識此管子對曰君勿患且使外爲名於其内鄉爲功於其親家爲德於其妻子若此則士必爭名報德無北之意矣吾舉兵而攻破其軍并其地則非特四萬二千金之利也五子曰善桓公曰諾乃誡大將曰百人之長必爲之朝禮千人之長必拜而送之降兩級其有親戚者必遺之酒四石肉四鼎其無親戚者必遺其妻子酒三石肉三鼎行教半歲父教其子兄教其弟妻諫其夫曰見其若此其厚而不死列陳可以反於鄉乎桓公衍終舉兵攻萊戰於莒必市里鼓旗未相望衆少未相知而萊人大遁故遂破其軍兼其地而虜其將故未列地而封未出金而賞破萊軍并其地禽其

君此素賞之計也

桓公曰曲防之戰民多假貸而給上事者寡人欲爲之出賂爲之奈何管子對曰請以令令富商蓄賈百符而一馬無有者取於公家若此則馬必坐長而百倍其本矣是公家之馬不離其牧皁而曲防之戰賂足矣

桓公問於管子曰崇弟蔣弟丁惠之功世吾歲罔寡人不得籍斗升焉去菹菜鹹鹵斥澤山閒堁壈不爲用之壤寡人不得籍斗升焉去一列稼緣封十五里之原強耕而自以爲落其民寡人不得籍斗升焉則是寡人之國五分而不能操其二是有萬乘之號而無千乘之用也以是與天子提衡爭秩於諸侯提持也合衆弱以事一強者謂之衡秩次也爲之有道乎管子對曰唯籍於號令爲可耳桓公曰行事奈何管子對曰請以令發師置屯籍

農（屯戍也發師置戍人有粟者則不行）十鍾之家不行（六斛四斗爲鍾）百鍾之家不行千鍾
之家不行行者不能百之一千之十而囷窌之數（囷丘倫反窌力救反）皆
見於上矣君案囷窌之數令之曰國貧而用不足請以平價
取之子皆案囷窌而不能挹損焉（挹猶謂減其數）君直幣之輕重以
決其數（直猶當也謂決其積粟之數）使無券契之責（分之曰券合之曰契責讀曰債使百姓皆稱貸於君則無
契券之債）則積藏囷窌之粟皆歸於君矣故九州無敵竟上無患
令曰罷師歸農無所用之管子曰天下有兵則積藏之粟足
以備其粮天下無兵則以賜貧甿若此則菹菜鹹鹵斥澤山
間堁墝之壤無不發草此之謂籍於號令
管子曰滕魯之粟釜百則使吾國之粟釜千滕魯之粟四流
而歸我若下深谷者非歲凶而民飢也辟之以號令引之以
徐疾施乎其歸我若流水

桓公曰吾欲殺正商賈之利而益農夫之事爲此有道乎管子對曰粟重而萬物輕粟輕而萬物重兩者不衡立故殺正商賈之利而益農夫之事則請重粟之價金三百若是則田野大辟而農夫勸其事矣桓公曰重之有道乎管子對曰請以令與大夫城藏使卿諸侯藏千鍾令大夫藏五百鍾列大夫列大夫中大夫藏百鍾富商蓄賈藏五十鍾内可以爲國委外可以益農夫之事桓公曰善下令卿諸侯令大夫城藏農夫辟其五穀三倍其賈則正商失其事而農夫有百倍之利矣

桓公問於管子曰衡有數乎管子對曰衡無數也衡者使物壹高壹下不得常固桓公曰然則衡數不可調耶管子對曰不可調調則澄澄則常常則高下不貳高下不貳則萬物不可得而使固桓公曰然則何以守時管子對曰夫歲有四秋

而分有四時故曰農事且作請以什伍農夫賦耜鐵此之謂
春之秋大夏且至絲纊之所作此之謂夏之秋而大秋成五穀
之所會此之謂秋之秋大冬營室中女事紡績緝縷之所作
也此之謂冬之秋故歲有四秋而分有四時已得四者之序
發號出令物之輕重相什而相伯故物不得有常固故曰衡無數
桓公曰皮幹筋角竹箭羽毛齒革不足爲此有道乎管子曰
惟曲衡之數爲可耳桓公曰行事奈何管子對曰請以令爲
諸侯之商賈立客舍一乘者有食三乘者有芻菽五乘者有
伍養天下之商賈歸齊若流水

輕重丙第八十二亡　管子輕重十五

輕重丁第八十三　管子輕重十六　右石壁謀　右菁茅謀

桓公曰寡人欲西朝天子而賀獻不足爲此有數乎管子對

曰請以令城陰里城者築城也陰里齊地也使其牆三重而門九襲襲亦重也欲其事密而人不知又先託築城因使玉人刻石而爲璧刻石刻其蒥石尺者萬泉八寸者八千七寸者七千珪中丁仲反四千瑗中五百好倍肉曰瑗璧之數已具管子西見天子曰弊邑之君欲率諸侯而朝先王之廟觀於周室請以令使天下諸侯朝先王之廟觀於周室者不得不以彤弓石璧不以彤弓石璧者彤弓朱弓也非齊之所出蓋不可獨言石璧兼以彤弓者猶藏其機不得入朝天子許之曰諾號令於天下天下諸侯載黃金珠玉五穀文采布泉輸齊以收石璧石璧流而之天下天下財物流而之齊故國八歲而無籍陰里之謀也

右石璧謀

桓公曰天子之養不足號令賦於天下則不信諸侯爲此有道乎管子對曰江淮之閒有一茅而三脊毋至其本名之曰

菁茅請使天子之吏環封而守之夫天子則封於太山禪於梁父號令天下諸侯曰諸從天子封於太山禪於梁父者必抱菁茅一束以爲禪籍不如令者不得從天子下諸侯載其黃金爭秩而走江淮之菁茅坐長而十倍其賈一束而百金故天子三日即位天下之金四流而歸周若流水故周天子七年不求賀獻者菁茅之謀也

右菁茅謀

桓公曰寡人多務令衡籍吾國之富商蓄賈稱貸家以利吾貧萌農夫不失其本事反此有道乎管子對曰惟反之以號令爲可耳桓公曰行事奈何管子對曰請使賓胥無馳而南隰朋馳而北甯戚馳而東鮑叔馳而西四子之行定夷吾請號令謂四子曰子皆爲我君視四方稱貸之閭其受息之氓

幾何千家以報吾鮑叔馳而西反報曰西方之氓者帶濟負河菹澤之萌也漁獵取薪蒸而爲食其稱貸之家多者千鍾少者六七百鍾其出之鍾也一鍾其受息之萌九百餘家賓胥無馳而南反報曰南方之萌者山居谷處登降之萌也上斷輪軸下采杼栗田獵而爲食其稱貸之家多者千萬少者六七百萬其出之中伯伍也其受息之萌八百餘家甯戚馳而東反報曰東方之萌帶山負海苦處上斷福漁獵之萌也治葛縷而爲食其稱貸之家下惠高國多者五千鍾少者三千鍾其出之中鍾五釜也其受息之萌八九百家隰朋馳而北反報曰北方萌者衍處負海煮泲爲鹽梁濟取魚之萌也薪食其稱貸之家多者千萬少者六七百萬其出之中伯二十也受息之萌九百餘家凡稱貸之家出泉參千萬出粟參數千

萬鍾受子息民參萬家四子已報管子曰不棄我君之有萌
中一國而五君之正也然欲國之無貧兵之無弱安可得哉桓
公曰爲此有道乎管子曰惟反之以號令爲可請以令賀獻
者皆以鏤枝蘭鼓則必坐長什倍其本矣君之棧臺之職亦
坐長什倍請以令召稱貸之家君因酌之酒太宰行觴桓公
舉衣而問曰寡人多務令衡籍吾國聞子之假貸吾貧萌使
有以終其上令寡人有鏤枝蘭鼓其賈中純萬泉也願以爲
吾貧萌決其子息之數使無券契之責稱貸之家皆齊首而
稽顙曰君之憂萌至於此請再拜以獻堂下桓公曰不可子
使吾萌春有以傳耜夏有以決芸寡人之德子無所寵若此
而不受寡人不得於心故稱貸之家曰皆再拜受所出棧臺
之職未能參千純也而決四方子息之數使無券契之責四

方之萌聞之父教其子兄教其弟曰夫墾田發務上之所急可以無庶乎君之憂我至於此此之謂反準

管子曰昔者癸度居人之國必四面望於天下下高亦高天下高我獨下必失其國於天下桓公曰此若言曷謂也管子對曰昔萊人善染練茈之於萊純錙緺綬之於萊亦純錙也其周中十金萊人知之間纂茈空周且斂馬作見於萊人操之萊有推馬是自萊失纂茈而反準於馬也故可因者因之乘者乘之此因天下以制天下此之謂國準

桓公曰齊西水潦而民飢齊東豐庸而糴賤（庸用也謂豐稔而足用）欲以東之賤被西之貴爲之有道乎管子對曰今齊西之粟釜（五鍾爲釜）百泉則鏂二十也（斗二勝八合曰鏂烏侯反泉錢也）齊東之粟釜十泉則鏂二錢也請以令籍人三十泉得以五穀菽粟決其籍若此則

齊西出三斗而決其籍齊東出三釜而決其籍然則釜十之粟皆實於倉廩西之民飢者得食寒者得衣無本者予之陳無種者予之新若此則東西之相被遠近之準平矣君下令稅人三十錢準以五穀令齊西之人納三斗東之人納三釜以賑西之人則東西俱平矣管子曰智用無窮以區區之齊一匡天下本仁祖義成其霸業所行權術因機而發非爲常道故別篇云偏行而不盡也桓公曰衡數吾已得聞之矣請問國準

管子對曰孟春且至溝瀆阮而不遂谿谷報上之水不安於藏內毀室屋壞牆垣外傷田野殘禾稼故君謹守泉金之謝物且爲之舉大夏帷蓋衣幕之奉不給謹守泉布之謝物且爲之舉大秋甲兵求繕弓弩求弦謹絲麻之謝物且爲之舉大冬任甲兵粮食不給黃金之賞不足謹守五穀黃金之謝物且爲之舉已守其謝富商蓄賈不得如故此之謂國準

龍鬬於馬謂之陽牛山之陰管子入復於桓公曰天使使者

臨君之郊請使大夫初飭左右玄服天之使者乎天下聞之
曰神哉齊桓公天使使者臨其郊不待舉兵而朝者八諸侯
此乘天威而動天下之道也故智者役使鬼神而愚者信之
桓公終神管子入復桓公曰地重投之哉兆國有慟風重投
之哉兆國有槍星其君必辱國有彗星必有流血浮丘之戰
彗之所出必服天下之仇今彗星見於齊之分請以令朝功
臣世家號令於國中曰彗星出寡人恐服天下之仇請有五
穀收粟布帛文采者皆勿敢左右國且有大事請以平賈取
之功臣之家人民百姓皆獻其穀菽粟泉金歸其財物以佐
君之大事此謂乘天嗇而求民鄰財之道也
桓公曰大夫多并其財而不出腐朽五穀而不散管子對曰
請以令召城陽大夫而請之桓公曰何哉管子對曰城陽大

夫妻寵被絺綌鵝鶩含餘粖齊鐘鼓之聲吹笙篪同姓不入伯叔父母遠近兄弟皆寒而不得衣飢而不得食子欲盡忠於寡人能乎故子毋復見寡人滅其位杜其門而不出功臣之家皆爭發其積藏出其資財以予其遠近兄弟以為未足又收國中之貧病孤獨老不能自食之萌皆與得焉故桓公推仁立義功臣之家兄弟相戚骨肉相親國無飢民此之謂繆數

桓公曰崢丘之戰（崢丘地名未聞說即葵丘）民多稱貸負子息以給上之急度上之求寡人欲復業產（業產者本業也）此何以洽（洽通也言百姓為戎事失其本業今欲敢之何以通於此也）管子對曰惟繆數為可耳（繆讀曰謬假此術以陳其事也）桓公曰諾令左右州曰表稱貸之家（旌表也）皆堊白其門而高其閭（亦所以貴重之）州通之師執折箓曰君且使使者桓公使八使者式璧而聘之以給鹽菜之用（令使者賫石璧而與仍存問之謙言鹽菜之用）稱貸之家皆齊首稽顙

而問曰何以得此也使者曰君令曰寡人聞之詩曰愷悌君子民之父母也寡人有崢丘之戰吾聞子假貸吾貧萌使有以給寡人之急度寡人之求使吾萌春有以傳耜夏有以決芸而給上事子之力也是以式璧而聘子以給鹽菜之用故子中民之父母也稱貸之家皆折其券而削其書舊執之券皆折毀之所書之債皆削除之不用發其積藏出其財物以振貧病分其故貲故國中大給崢丘之謀也此之謂繆數

桓公曰四郊之民貧商賈之民富寡人欲殺商賈之民以益四郊之民爲之奈何管子對曰請以令決瓁洛之水通之抗莊之間桓公曰諾行令未能一歲而郊之民殷然益富商賈之民廓然益貧桓公召管子而問曰此其故何也管子對曰決瓁洛之水通之杭莊之間則屠酤之汁肥流水則蟁虻巨雄

翡燕小鳥皆歸之宜昬飲此水上之樂也賈人蓄物而賣爲
讎買爲取市未央畢而委舍其守列投蟁虵巨雄新冠五尺
請挾彈懷九游水上彈翡燕小鳥被於暮故賤賣而貴買四
郊之民賣賤何爲不富哉商賈之人何爲不貧乎桓公曰善
桓公曰五衢之民衰然多衣弊而屨穿寡人欲使帛布絲纊
之賈賤爲之有道乎管子曰請以令沐途旁之樹枝使無尺
寸之陰桓公曰諾行令未能一歲五衢之民皆多衣帛完屨
桓公召管子而問曰此其何故也管子對曰途旁之樹未沐
之時五衢之民男女相好往來之市者罷市相睹樹下談語
終日不歸男女當壯扶輦推輿相睹樹下戲笑超距終日不
歸父兄相睹樹下論議玄語終日不歸是以田不發五穀不
播麻桑不種繭縷不治內嚴一家而三不歸則帛布絲纊之

賈安得不貴桓公曰善

桓公曰糴賤寡人恐五穀之歸於諸侯寡人欲爲百姓萬民藏之爲此有道乎管子曰今者夷吾過市有新成囷京者二家大囷曰京君請式璧而聘之式用也璧石璧也聘問也賜之以璧仍存問之桓公曰諾行令半歲萬民聞之舍其作業而爲囷京以藏菽粟五穀者過半桓公問管子曰此其何故也管子曰成囷京者二家君式璧而聘之名顯於國中國中莫不聞是民上則無功顯名於百姓也功立而名成下則實其囷京上以給上爲君壹舉而名實俱在也民何爲也

桓公問管子曰請問王數之守終始可得聞乎管子曰正月之朝穀始也日至百日黍秫之始也九月斂實平麥之始也

管子問於桓公敢問齊方于幾何里桓公曰方五百里管子

曰陰雍長城之地其於齊國三分之一非穀之所生也泲龍
夏其於齊國四分之一也朝夕外之所墆齊地者五分之一非
穀之所生也然則吾非託食之主耶桓公遽然起曰然則爲
之奈何管子對曰動之以言潰之以辭可以爲國基且君幣
籍而務則賈人獨操國趣君穀籍而務則農人獨操國固君
動言操辭左右之流君獨因之物之始吾已見之矣物之終
吾已見之矣物之賈吾已見之矣管子曰長城之陽魯也長
城之陰齊也三敗殺君二重臣定社稷者吾此皆以孤突之
地封者也故山地者山也水地者澤也薪芻之所生者斥也
公曰託食之主及吾地亦有道乎管子對曰守其三原公曰
何謂三原管子對曰君守布則籍於麻十倍其賈布五十倍
其賈此數也君以織籍籍於系未爲系籍系撫織再十倍其

賈如此則云五穀之籍是故籍於布則撫之系籍於穀則撫
之山籍於六畜則撫之術籍於物之終始而善御以言公曰
善管子曰以國一籍臣右守布萬兩而右麻籍四十倍其賈
衍布五十倍其賈公以重布決諸侯賈如此而有二十齊之故
是故輕軼於賈穀制畜者則物軼於四時之輔善爲國者守
其國之財湯之以高下注之以徐疾一可以爲百未嘗籍求於
民而使用若河海終則有始此謂守物而御天下也公曰然則
無可以爲有乎貧可以爲富乎管子對曰物之生未有刑而
王霸立其功焉是故以人求人則人重矣以數求物則物重
矣公曰此若言何謂也管子對曰舉國而一則無貲舉國而
十則有百然則吾將以徐疾御之若左之授右若右之授左
是以外內不踐終身無咎王霸之不求於人而求之終始四

時之高下令之徐疾而已矣源泉有竭鬼神有歇守物之終始身不竭此謂源究

輕重戊第八十四　　輕重十七

桓公問於管子曰輕重安施管子對曰自理國虙戲以來未有不以輕重而能成其王者也公曰何謂管子對曰虙戲作造六峜以迎陰陽作九九之數以合天道而天下化之神農作樹五穀淇山之陽九州之民乃知穀食而天下化之黃帝作鑽燧生火以熟葷臊民食之無茲胃之病而天下化之黃帝之王童山竭澤有虞之王燒曾藪斬羣害以爲民利封土爲社置木爲閭始民知禮也當是其時民無慍惡不服而天下化之夏人之王外鑿二十䖳韘十七湛疏三江鑿五湖道四涇之水以商九州之高以治九藪民乃知城郭門閭室屋之

築而天下化之殷人之王立帛牢服牛馬以爲民利而天下化之周人之王循六㤓合陰陽而天下化之公曰然則當世之王者何行而可管子對曰幷用而毋俱盡也公曰何謂管子對曰帝王之道備矣不可加也公其行義而已矣公曰其行義奈何管子對曰天子幼弱諸侯亢強聘享不上公其弱強繼絶率諸侯以起周室之祀公曰善

桓公曰魯梁之於齊也千穀也蠭螫也齒之有脣也蠭古蜂字螫音尸亦反言魯梁二國常爲齊患也今吾欲下魯梁何行而可管子對曰魯梁之民俗爲綈徒奚反繒之厚者謂之綈公服綈令左右服之民從而服之公因令齊勿敢爲必仰於魯梁則是魯梁釋其農事而作綈矣桓公曰諾即爲服於泰山之陽魯梁二國在泰山之南故爲服於此近其境也欲魯梁人速知之十日而服之管子告魯梁之賈人曰子爲我致綈千匹賜子金三

百斤什至而金三十斤則是魯梁不賦於民財用足也魯梁之君聞之則教其民爲綈十三月而管子令人之魯梁魯梁郭中之民道路揚塵十步不相見緤繑而踵相隨緤繑謂連續也緤息列反繑丘喬反車轂齺騎連伍而行齺齺齧齺也士角反言其車轂往來相齧齺而騎東西連而行皆趨綈利耳管子曰魯梁可下矣公曰奈何管子對曰公宜服帛率民去綈閉關毋與魯梁通使公曰諾後十月管子令人之魯梁魯梁之民餓餒相及相及猶相繼也應聲之正無以給上應聲之正謂急速之賦正音征魯梁之君即令其民去綈脩農穀不可以三月而得魯梁之人糴十百穀斗千錢齊糶十錢穀斗十錢二十四月魯梁之民歸齊者十分之六三年魯梁之君請服桓公問管子曰民飢而無食寒而無衣應聲之正無以給上室屋漏而不居牆垣壞而不築爲之奈何管子對曰沐涂樹之枝也桓公曰諾令謂左右伯沐涂樹之

枝左右伯受沐涂樹之枝闊其年民被白布清中而濁應聲之正有以給上室屋漏者得居牆垣壞者得築公召管子問曰此何故也管子對曰齊者夷萊之國也一樹而百乘息其下者以其不捎也衆鳥居其上丁壯者胡丸操彈居其下終日不歸父老柎枝而論終日不歸歸市亦惰倪終日不歸今吾沐涂樹之枝日中無尺寸之陰出入者長時行者疾走父老歸而治生丁壯者歸而薄業彼臣歸其三不歸此以鄉不資也

桓公問於管子曰萊莒與柴田相并爲之奈何管子對曰萊莒之山生柴君其率白徒之卒鑄莊山之金以爲幣重萊之柴賈萊君聞之告左右曰金幣者人之所重也柴者吾國之奇出也以吾國之奇出盡齊之重寶則齊可并也萊即釋其耕農而治柴管子即令隰朋反農二年桓公止柴萊莒之糴

三百七十齊糶十錢萊莒之民降齊者十分之七二十八月萊莒之君請服

桓公問於管子曰楚者山東之強國也其人民習戰鬬之道舉兵伐之恐力不能過兵弊於楚功不成於周爲之柰何管子對曰即以戰鬬之道與之矣公田何謂也管子對曰公貴買其鹿桓公即爲百里之城使人之楚買生鹿楚生鹿當一而八萬管子即令桓公與民通輕重藏穀什之六令左司馬伯公將白徒而鑄錢於莊山令中大夫王邑載錢二千萬求生鹿於楚楚王聞之告其相曰彼金錢人之所重也國之所以存明主之所以賞有功禽獸者群害也明王之所棄逐也今齊以其重寶貴買吾群害則是楚之福也天且以齊私楚也子告吾民急求生鹿以盡齊之寶楚民即釋其耕農而田

鹿管子告楚之賈人曰子爲我至生鹿二十賜子金百斤什
至而金千斤也則是楚不賦於民而財用足也楚之男子居
外女子居涂隰朋教民藏粟五倍楚以生鹿藏錢五倍管子
曰楚可下矣公曰奈何管子對曰楚錢五倍其君且自得而
脩穀錢五倍是楚強也桓公曰諾因令人閉關不與楚通使
楚王果自得而脩穀穀不可三月而得也楚糴四百齊因令
人載粟處芊之南楚人降齊者十分之四三年而楚服
桓公問於管子曰代國之出何有管子對曰代之出狐白之
皮公其貴買之管子曰狐白應陰陽之變六月而壹見公貴
買之代人忘其難得喜其貴買必相率而求之則是齊金錢
不必出代民必去其本而居山林之中離枝聞之必侵其北離
枝侵其北代必歸於齊公曰今齊載金錢而往桓公曰諾即

令中大夫王師北將人徒載金錢之代谷之上求狐白之皮代王聞之即告其相曰代之所以弱於離枝者以無金錢也今齊乃以金錢求狐白之皮是代之福也子急令民求狐白之皮以致齊之幣寡人將以來離枝之民代人果去其本處山林之中求狐白之皮二十四月而不得一離枝聞之則侵其北代王聞之大恐則將其士卒葆於代谷之上離枝遂侵其北王即將其士卒願以下齊齊未亡一錢幣脩使三年而代服桓公問於管子曰吾谷制衡山之術爲之奈何管子對曰公其令人貴買衡山之械器而賣之燕代必從公而買之秦趙聞之必與公爭之衡山之械器必倍其賈天下爭之衡山械器必什倍以上公曰諸因令人之衡山求買械器不敢辯其貴賈齊修械器於衡山十月燕代聞之果令人之衡山求買

械器燕代修三月秦國聞之果令人之衡山求買械器衡山之君告其相曰天下爭吾械器令其買再什以上衡山之民釋其本脩械器之巧齊即令隰朋漕粟於趙趙糴十五隰朋取之石五十天下聞之載粟而之齊齊脩械器十七月脩糴五月即閉關不與衡山通使燕代秦趙即引其使而歸衡山械器盡魯削衡山之南齊削衡山之北内自量無械器以應二敵即奉國而歸齊矣

輕重巳第八十五　　輕重十八

清神生心心生規規生矩矩生方方生正正生曆曆生四時四時生萬物聖人因而理之道徧矣以冬日至始數四十六日冬盡而春始天子東出其國四十六里而壇服青而絻青搢王揔帶王監朝諸侯卿大夫列士循於百姓號曰祭日犧牲

以魚發出令曰生而勿殺賞而勿罰罪獄勿斷以待期年教
民樵室鑽鐩墐竈泄井所以壽民也耜耒耨懷鉊鉛又檀權
渠緦綠所以御春夏之事也必具教民爲酒食所以爲孝敬
也民生而無父母謂之孤子無妻無子謂之老鰥無夫無子
謂之老寡此三人者皆就官而衆可事者不可事者食如言
而勿遺多者爲功寡者爲罪是以路無行乞者也路有行乞
者則相之罪也天子之春令也以冬日至始數九十二日謂之
春至天子東出其國九十二里而壇朝諸侯卿大夫列士循
於百姓號曰祭星十日之内室無處女路無行人苟不樹藝
者謂之賊人下作之地上作之天謂之不服之民處里爲下
陳處師爲下通謂之役夫三不樹而主使之天子之春令也
以春日至始數四十六日春盡而夏始天子服黄而靜處朝

諸侯卿大夫列士循於百姓發號出令曰毋聚大衆毋行大
火毋斷大木誅大臣毋斬大山毋戮大衍滅三大而國有害
也天子之夏禁也
以春日至始數九十二日謂之夏至而麥熟天子祀於太宗
其盛以麥麥者穀之始也宗者族之始也同族者人殊族者
處皆齊大材出祭王母天子之所以主始而忌諱也
以夏日至始數四十六日夏盡而秋始而黍熟天子祀於太祖
其盛以黍黍者穀之美者也祖者國之重者也大功者太祖
小功者小祖無功者無祖無功者皆稱其位而立沃有功者
觀於外祖者所以功祭也非所以戚祭也天子之所以異貴
賤而賞有功也以夏日至始數九十二日謂之秋至秋至而禾
熟天子祀於太祖西出其國百三十八里而壇服白而絻白

搢玉揔帶錫監吹塤篪之風鑿動金石之音朝諸侯卿大夫
列士循於百姓號曰祭月犧牲以爯發號出令罰而勿賞奪
而勿予罪獄誅而勿生終歲之罪毋有所赦作衍牛馬之實
在野者王天子之秋計也
以秋日至始數四十六日秋盡而冬始天子服黒絻黒而靜
處朝諸侯卿大夫列士循於百姓發號出令曰毋行大火毋
斬大山毋塞大水毋犯天之隆天子之冬禁也
以秋日至始數九十二日天子北出九十二里而壇服黒而絻
黒朝諸侯卿大夫列士號曰發繇趣山人斷伐具械器趣菹
人薪雚葦足蓄積三月之後皆以其所有易其所無謂之大
通三月之蓄凡在趣耕而不耕民以不令不耕之害也宜芸
而不芸百草皆存民以僅存不芸之害也宜穫而不穫風雨

將作五穀以削士民零落不穫之害也宜藏而不藏霧氣陽
陽宜死者生宜蟄者鳴不臧之害也張耜當弩銚耨當劍戟
擭渠當脅軻蓑笠當楯櫓故耕械具則戰械備矣

輕重庚第八十六 亡

管子卷第二十四

讀管子

張嵲巨山

余讀管子然後知莊生鼂錯董生之語時出於管子也不獨此耳凡漢書語之雅馴者率多本管子管子天下之奇文也所以著見於天下後世者豈徒其功烈哉及讀心術白心上下內業諸篇則未嘗不廢書而歎益知其功業之所本然後知世之知管子者殊淺也管子書多古字如專作摶惑作貣宥作侑況作兄釋作澤此類甚衆大臣戴召忽語曰百歲之後吾君下世犯吾命而廢吾所立奪吾糾也雖得天下吾不生也兄與我齊國之政也而注乃謂召忽呼管仲爲兄曰澤命不渝而注乃以爲澤恩之命甚陋不可徧舉書既雅奧難句而爲之注者復繆於訓故益使後人疑惑不能究知世傳房

玄齡所注恐非是予求管子書久矣紹興己未乃從人借得之後而讀者累月始頗窺其義訓然舛脫甚衆其所未解尚十二三用上下文義及參以經史刑政頗爲改正其訛謬疑者表而發之其所未解者置之不敢以意穿鑿也既又取其間與於理切於務者抄而藏於家將得善本而卒業焉

管子世鮮善本往時曾見陸勅先校宋本在小讀書堆後於任蔣橋顧氏借
得小字宋本其卷一後有長方印記其文云瞿源蔡潛道宅墨寶堂新雕印驗
其欵式當在南宋末年中缺十三至十九卷即其存者取與陸校本對亦多不
同蓋非最善之本也甲子歲余友陶蘊輝鬻書於都門得大宋甲申秋楊
忱序本板寬而行窄亦小字者因以寄余索直一百二十金豪奢如余亦不可減
重其代購之意如數許之遂得有其全本案大宋甲申不言何朝核其板
刻當在南宋初以卷末附張巨山讀管子一篇也內有鈔補并偽刻之葉
在第六卷中適訪諸藏書家無可借鈔時錢唐友人謂余曰嘉興某
家有影宋鈔本与此正同余聞之欣然久而無以應我之求適陶君
往嘉興於小肆中獲其半檢所缺葉一一完好字跡與刻本纖毫
不爽方信影鈔者即從余所得本出而下半部偶失之耳命工用
宋紙從影鈔本重摹轂鈔補偽刻之葉而重裝之管子至今日宋

刻始完好無闕豈非快事耶對顧氏小字本高出一籌當是勅先所
據以校劉績之本者也後錢唐友人來詢之知嘉興所見者即此鈔
本其不肯明言在書肆者恐余捷足先得孰知已有代購之人爲之
始之終之俾作兩美之合哉嘉慶丙寅立冬後一日士礼居重裝并
記

蕘翁黄丕烈

戊辰正月从瞿氏假得此本与海寧唐端甫
常熟張純卿同校一過于趙刻本之上并
記此戴望志于冶城山書局

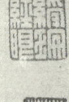

（唐）房玄齡 注

宋本管子

第二册

國家圖書館出版社

第二册目録

管子卷第九　　唐司空房　玄齡　注

霸形第二十二　霸言第二十三

問第二十四　謀失第二十五

內言五

霸形第二十二 陳霸言之形容

桓公在位管仲隰朋見立有閒有貳鴻飛而過之桓公嘆曰仲父今彼鴻鵠有時而南有時而北有時而往有時而來四方無遠所欲至而至焉非唯有羽翼之故是以能通其意於天下乎管仲隰朋不對桓公曰二子何故不對管子對曰君有霸王之心而夷吾非霸王之臣也是以不敢對桓公曰仲父胡爲然盍不當言寡人其有鄉乎何不陳當言令寡人有所歸向寡人之有仲父也猶飛鴻之有羽翼也若濟大水有舟楫也仲父不一言教寡人寡人之有耳將安聞道而得度哉言何以自度得至於霸王哉管子

對曰君若將欲霸王舉大事乎則必從其本事矣桓公變躬遷席拱手而問曰敢問何謂其本管子對曰齊國百姓公之本也人甚憂飢而稅斂重人甚懼死而刑政險人甚傷勞而上舉事不時公輕其稅斂則人不憂飢緩其刑政則人不懼死舉事以時則人不傷勞桓公曰寡人聞仲父之言此三者聞命矣不敢擅也將薦之先君（不敢專擅自發此命將進之宗廟告先君而後行所謂以神道設教者也）於是令百官有司削方墨筆（方謂版牘也凡此欲書其所定令也）明日皆朝於太廟之門朝定令於百吏（因朝廟而定百吏之令也）使稅者百一鍾（假令百石而取一鍾）孤幼不刑澤梁時縱（放人入不設禁）關譏而不征市書而不賦（書謂錄其名籍）近者示之以忠信遠者示之以禮義行此數年而民歸之如流水此其後宋伐杞狄伐邢衞桓公不救裸體紉胷稱疾（紉猶摩也自摩其胷若有所痛患也）召管仲曰寡人有千歲之食而無百歲之壽今

有疾病姑樂乎管子曰諾於是令之縣鍾磬之榛（于元反榛所以嚴飾之）陳歌舞竽瑟之樂日殺數十牛者數旬羣臣進諫曰宋伐杞狄伐邢衛君不可不救桓公曰寡人有千歲之食而無百歲之壽今又疾病姑樂乎且彼非伐寡人之國也伐鄰國也子無事焉宋已取杞狄已拔邢衛矣桓公起行筍虡之間管子從至大鍾之西桓公南面而立管仲北鄉對之大鍾鳴桓公親管子曰樂夫仲父管子對曰此臣之所謂哀非樂也臣聞之古者之言樂於鍾磬之間者不如此言脫於口而令行乎天下（脫出也）游鍾磬之間而無四面兵革之憂今君之事言脫於口令不得行於天下在鍾磬之間而有四面兵革之憂此臣之所謂哀非樂也桓公曰善於是伐鍾磬之縣（伐謂斫斷也）併歌舞之樂（併除也）宮中虛無人（不令人掌守之）桓公曰寡人以伐鍾磬之

縣併歌舞之樂矣請問所始於國將爲何行管子對曰宋伐
杞狄伐邢衛而君之不救也臣請以慶以不救爲是故慶之臣聞之諸
侯爭於彊者勿與分於彊若救三國是分於彊今君何不定三君之處哉
三君既失國當定其居處也於是桓公曰諾因命以車百乘卒千人以緣陵
封杞車百乘卒千人以夷儀封邢車五百乘卒五千人以楚
丘封衛桓公曰寡人以定三君之居處矣今又將何行管子
對曰臣聞諸侯貪於利勿與分於利君何不發虎豹之皮文
錦以使諸侯令諸侯以縵帛鹿皮報桓公曰諾於是以虎豹
皮文錦使諸侯諸侯以縵帛鹿皮報則令固始行於天下矣
此其後楚人攻宋鄭燒焫熯焚鄭地使城壞者不得復築也
屋之燒者不得復葺也令其人有喪雌雄失男女之偶居室如鳥
鼠處穴要宋田夾塞兩川使水不得東流楚人又遮取宋田夾兩川築堤而壅塞之故水

（不得東流兩川蓋雎汴也）東山之西水深滅垝（垝敗嗇也）四百里而後可田也楚欲吞宋鄭而畏齊曰思人衆兵彊能害己者必齊也於是乎楚王號令於國中曰寡人之所明於人君者莫如桓公所賢於人臣者莫如管仲明其君而賢其臣寡人願事之（既以其君臣爲明賢故願事之）誰能爲我交齊者寡人不愛封侯之君焉於是楚國之賢士皆抱其重寶幣帛以事齊桓公之左右無不受重寶幣帛者於是桓公召管仲曰寡人聞之善人者人亦善之今楚王之善寡人一甚矣寡人不善將拂於道（拂違也若不報善之是違於道也）仲父何不遂交楚哉管子對曰不可楚人攻宋鄭燒焫熯焚鄭地使城壞者不得復築也屋之燒者不得復葺也令人有喪雌雄居室如鳥鼠處穴要宋田夾塞兩川使水不得東流東山之西水深滅垝四百里而后可田也楚欲吞宋鄭思人衆

兵彊而能害己者必齊也是欲以文克齊以寶幣賂齊而齊自服故曰以文克齊而以武取宋鄭也楚取宋鄭而不止禁是失宋鄭也禁之則是又不信於楚也知失於内兵困於外非善舉也桓公曰善然則若何管子對曰請興兵而南存宋鄭而令曰無攻楚言與楚王遇冬會曰遇至於遇上而以鄭城與宋水爲請楚若許則是我以文令也楚若不許則遂以武令焉桓公曰善於是遂興兵而南存宋鄭與楚王遇於召陵之上而令於遇上曰毋貯粟毋曲隄無擅廢適子無置妾以爲妻因以鄭城與宋水爲請於楚楚人不許遂退七十里而舍使軍人城鄭南之地立百代城焉取其雖百代而無敢毀者也曰自此而北至於河者鄭自城之而楚不敢隳也東發宋田夾兩川使水復東流而楚不敢塞也遂南伐及踰方城濟於汝水望汶山汶音岷岷山江水所從出南致楚越之君

而西伐秦北伐狄東存晉公於南自伐秦而遂存晉於晉之南故曰東存北伐孤竹還存燕公兵車之會六乘車之會三九合諸侯反位已霸修鍾磬而復樂管子曰此臣之所謂樂也

霸言第二十三謂此言足以成霸道　內言六

霸王之形象天則地謂象天明則地義化人易代謂美教化移風俗創制天下與之更始等列諸侯列爵惟五各得其宜賓屬四海賓禮四夷以恩屬之時匡天下時一會而正之大國小之曲國正之彊國弱之重國輕之亂國并之并亂所以揔其威權暴王殘之僇其罪卑其列維其民然后王之其王之凶暴者則殘滅之於國則戮其首罪卑其爵列維持其人衆夫豐國之謂霸但自豐其國者霸也兼正之國之謂王兼能正他國者王夫王者有所獨明德共者不取也道同者不王也夫能王天下者必有獨見之明羣物之所不違若彼德與我共彼道與我同則不取而且不王夫爭天下者以威易危暴王之常也若以兵威易彼危亂此固暴王之常也非霸王之道也君人者有道有常道也霸王者有時必遇

其時然後霸王國修而鄰國無道霸王之資也我修而彼暴可以取亂侮亡故曰資也夫國之存也鄰國有焉雖存而國小弱必事鄰國以爲安故曰鄰國有焉國之亡也鄰國有焉因其亡而取之鄰國有事鄰國得焉鄰國有征伐之事因而敗績故鄰國得焉鄰國有事鄰國亡焉或有征伐之事大勝而多獲遂亡鄰國天下有事則聖王利也必有非常之事然後有非常之人國危則聖人知矣懷獨見之明故先知夫先王所以王者資鄰國之舉不當也舉事皆當則我無因爲功舉而不當此鄰敵之所以得意也不當所以資我故得意也夫欲用天下之權者必先布德諸侯諸侯懷德而歸欲求無權其可得乎是故先王有所取有所與所謂將欲取之必姑與之有所詘有所信所謂尺蠖之屈以求伸也然後能用天下之權妙於前四事故能用天下之權夫兵幸於權權幸於地兵幸在於有權權從在於得地幸猶勝也故諸侯之得地利者權從之失地利者權去之夫爭天下者必先爭人人惟邦本明大數者得人審小計者失人得天下之衆者王得其半者霸是故聖王卑禮以下天

下之賢而王之均分以鈞天下之衆而臣之既王有地均分其祿用此以引天下之衆故可得而臣之也故貴爲天子富有天下而伐不謂貪者其大計存也得地均分可以臣彼地自利彼於我何貪此其大計也以天下之財利天下之人以明威之振利天下之人還用天下之財於我無所減削更可以明威權之振所謂惠而不費者也合天下之權以遂德之行結諸侯之親合天下之權皆令在己權揔則德遂德遂則親成也以姦僞之罪刑天下之心所謂懲一而勸百因天下之威以廣明王之伐因天下所欲亡而亡之則明王之伐自廣攻逆亂之國賞有功之勞封賢聖之德明一人之行而百姓定矣賞加一人而天下勸罰加一人而天下畏故曰明一人之行而百姓定矣夫先王取天下也術非術則無以取天下也術乎大德哉物利之謂也術可以取天下故曰大德然術之所歸在於令物得利也夫使國常無患而名利並至者神聖也神聖則多所感致國在危亡而能壽者明聖也明聖則不失事機是故先王之所師者神聖也其所賞者明聖也賞謂樂翫也夫一言而壽用其言故壽也國不聽而國亡若此者大聖之言

也夫明王之所輕者馬與玉其所重者政與軍若失之不然輕與人政而重予人馬輕予人軍而重予人玉重官門之營而輕四竟之守所以削也夫權者神聖之所資也獨明者天下之利器也獨斷者微密之營壘也謂獨斷可以自營而即定故曰營壘此三者聖人之所則也聖人畏微而愚人畏明聖人能知吉凶之先見故曰畏微愚人近火方知熱履冰乃知寒故曰畏明也聖人之憎惡也內愚人之憎惡也外聖人知心智之姦謀故憎惡內愚人兵在頸方懼故憎惡外也聖人將動必知愚人至危易辭聖人之動必闇知愚者至危不知禍之將至尚有慢易之辭然後湯武之師起也聖人能輔時不能違時聖人能因時來輔成其事不能違時而立功不有桀紂之暴則無湯武之功知者善謀不如當時精時者日少而功多夫謀無主則困事無備則廢是以聖王務具其備而慎守其時以備待時以時興事時至而舉兵絕堅而攻國其兵超絕而又堅利故能攻國破大而制地大本而小標標末也本大而末小則難崩埊近而攻遠所全之地近故能攻

遠而有歸若高光之有關中河內也以大牽小以彊使弱以衆致寡德利百姓威振天下令行諸侯而不拂近無不服遠無不聽夫明王爲天下正理也修正理而動故能成天下之功也案彊助弱按抑也圉暴止貪存亡定危繼絕世此天下之所載也德義如此故爲天下所載諸侯之所與也與親也百姓之所利也是故天下王之天下樂推以爲王知蓋天下繼最一世其繼敗續亡能成天下之功也材振四海王之佐也千乘之國可得其守諸侯可得而臣天下可得而有也萬乘之國失其守國非其國也天下皆理已獨亂國非其國也諸侯皆令皆從霸者之令已獨孤國非其國也鄰國皆險已獨易易平易不牢固謂無守禦之備也國非其國也此三者亡國之徵也夫國大而政小者國從其政小政蹴國故國從其政國小而政大者國益大大政開國故國益大大而不爲者復小大而不爲則日損故復小彊而不理者復弱彊而不理則綱紀亂故復弱也衆而不理者復寡衆而不理則人散故復寡貴而無

禮者復賤（貴而無禮則位奪故復賤也）重而凌節者復輕（重而凌節則威喪故復輕）富而驕肆者復貧（富而驕肆則財竭故復貧也）故觀國者觀君（君爲化主）觀軍者觀將（將爲兵本）觀備者觀野（野有障塞則國不侵）其君如明而非明也（外明而內暗）其將如賢而非賢也（外賢而內愚）其人如耕者而非耕也（雖耕而鹵莽）三守既失國非其國也（三守謂明賢耕既失謂是而非）地大而不爲命曰土滿（謂土廣而功狹也）人衆而不理命曰人滿（謂人多而政少）兵威而不止命曰武滿（所謂亢之爲言也知進而不知退也）三滿而不止國非其國也（三滿不止敗亡立至）地大而不耕非其地也（地大不耕則無所獲）卿貴而不臣非其卿也（卿貴不臣化爲敵也謂卿大夫）人衆而不親非其人也（人衆不親欲亡者也）夫無土而欲富者憂（無土欲富猶緣木而求魚故憂）無德而欲王者危（無德而王猶欲進而却行故危）施薄而求厚者孤（施薄求厚人必不應故孤）夫上夾而下苴（苴苞裹也上既狹故爲下所苞）國小而都大者弑（此二者常有篡弑之禍）主尊臣卑上威下敬令行人服理之至也使天下兩天子天

下不可理也一國而兩君一國不可理也一家而兩父一家不可理也凡此所謂兩推必爭亂之本也夫令不高不行不摶不聽摶聚也君命不高不聚而聽之堯舜之人非生而理也化之而理桀紂之人非生而亂也効之而亂故理亂在上也夫霸王之所始也以人爲本本理則國固本亂則國危故上明則下敬政平則人安士教和則兵勝敵使能則百事理親仁則上不危任賢則諸侯服霸王之形說霸王之形容德義勝之智謀勝之兵戰勝之地形勝之動作勝之故王之有此五勝故可以王夫善用國者因其大國之重以其勢小之因彊國之權以其勢弱之因重國之形以其勢輕之凡大彊重皆國之盈盛者也然盛者有時而衰盈者有時而息故因其衰息之勢大者小之彊者弱之重者輕之弱國衆合彊以攻弱以圖霸謂時彊國衆多吾國雖彊適可圖霸彊國少合小以攻大以圖王謂時彊國既少我則合衆聚小以攻彊大之國如此者可以圖王彊國衆而言王勢者愚人之智也非言王之時彊國少而施霸道者敗

事之謀也非施霸之時夫神聖視天下之形知動靜之時視先後
之稱知禍福之門彊國衆先舉者危後舉者利彊國衆先舉必爲彊者所圖故
危彊國少先舉者王後舉者亡戰國衆後舉可以霸戰國少
先舉可以王夫王者之心方而不最心雖方直未爲其最列不讓賢雖列爵位
不讓賢後賢不齒第擇衆雖稱爲賢無優劣齒第又非選衆而舉也是貪大物也大物謂大寶之位有
此數者是定貪大位之利而無得位之實也是以王之形大也不可以小數得夫先王之爭天下
也以方心心方而最故可以爭天下也其立之也以整齊整齊而之故可立也其理之也以
平易平而易之故可理立政出令用人道政令須合人心施爵祿用地道地道平而無私
舉大事用天道心應天時然後可以舉大事是故先王之伐也伐逆不
伐順伐險不伐易伐過不伐及伐其太過者四封之內以正使之以正使之
則人無怨諸侯之會以權致之以權致之則不敢不來近而不服者以地患之侵削其地
則自服遠而不聽者以刑危之興師以征之一而伐之武也守一不移興師伐之此其武也服

欲進　點焦

息之勢大者小之彊者弱之重者輕之弱國衆合彊以攻弱以圖霸謂時彊國衆多吾國雖彊適可圖霸彊國少合小以攻大以圖王謂時彊國既少我則合衆聚小以攻彊大之國如此者可以圖王彊國衆而言王勢者愚人之智也非言王之時彊國少而施霸道者敗

事之謀也（非施霸之時）夫神聖視天下之形知動靜之時視先後之稱知禍福之門彊國衆先舉者危後舉者利（彊國衆先舉必爲彊者所圖故危）彊國少先舉者王後舉者亡戰國衆後舉可以霸戰國少先舉可以王夫王者之心方而不最（心雖方直未爲其最）列不讓賢（雖列爵位不讓賢後）賢不齒弟擇衆（雖稱爲賢無優劣齒弟又非選衆而舉也）是貪大物也（大物謂大寶之位有此數者是定貪大位之利而無得位之實也）是以王之形大也（不可以小數得）夫先王之爭天下也以方心（心方而最故可以爭天下也）其立之也以整齊（整齊而之故可立也）其理之也以平易（平而易之故可理）立政出令用人道（政令須合人心）施爵祿用地道（地道平而無私）舉大事用天道（心應天時然後可以舉大事）是故先王之伐也伐逆不伐順伐險不伐易伐過不伐及（伐其太過者）四封之內以正使之（以正使之則人無怨）諸侯之會以權致之（以權致之則不敢不來）近而不服者以地患之（侵削其地則自服）遠而不聽者以刑危之（興師以征之）一而伐之武也（守一不移興師伐之此其武也）服

而舍之文也（既服舍之綏之以德此其文也）文武具滿德也（唯文德諸功可以滿其德）夫輕重彊弱之形諸侯合則彊孤則弱驥之材而百馬伐之驥必罷矣彊最一伐而天下共之國必弱矣彊國得之也以收小其失之也以恃彊小國得之也以制節（制度合節故得）其失之也以離彊（離彊則乖節者也故失）夫國小大有謀彊弱有形服近而彊遠（謂用彊兵威遠國故曰彊遠）王國之形也合小以攻大敵國之形也以負海攻負海（謂以蠻夷攻蠻夷蠻夷負海以爲固故曰負海）中國之形也折節事彊以避罪小國之形也自古以至今未嘗有能先作難違時易形以立功名者無有（言無有此）事常先作難違時易形無不敗者也夫欲臣伐君（以臣伐君若湯武之於桀紂也）正四海者不可以兵獨攻而取也（謂當兼下事）必先定謀慮便地形利權稱親與國視時而動王者之術也夫先王之伐也舉之必義用之必暴（其用師必加於暴亂）相形而知可（謂相其亂亡之形）量力而知

攻攻得而知時是故先王之伐也必先戰而后攻先攻而后取地故善攻者料衆以攻衆（量吾衆寡可敵彼衆然後攻餘傚此）料食以攻食料備以攻備以衆攻衆衆存不攻（彼衆存則我不能亡之故不攻）以食攻食食存不攻以備攻備備存不攻釋實而攻虛（知其實而避之）釋堅而攻脃釋難而攻易夫摶國不在敦古（在於合今時之宜摶聚也）理世不在善攻（在於權宜）霸王不在成曲（在於全大體）夫舉失而國危刑過而權倒（刑罰過理則權柄倒錯）謀易而禍反（謀事數易禍必反來）計得而彊信（音申）功得而名從權重而令行固其數也（數猶理也）夫爭彊之國必先爭謀爭刑爭權（先此三爭然後爭彊）令人主一喜一怒者謀也（謀得則喜謀失則怒）令國一輕一重者刑也（怒刑則重喜刑則輕）令兵一進一退者權也（權重則進權輕則退）故精於謀則人主之願可得而令可行也精於刑則大國之地可奪彊國之兵可圍也精於權則天下之兵可齊諸侯之君可朝也夫神聖

不爲其最　夫

……也既服舍之綏之……惠也唯文德諸功……

之必義用之必暴其用師必加於暴亂相形而知可謂相其亂云之形且量力而知

攻攻得而知時是故先王之伐也必先戰而后攻先攻而后取地故善攻者料衆以攻衆量吾衆寡可敵彼衆然後攻餘倣此料食以攻食料備以攻備以衆攻衆衆存不攻彼衆存則我不能亡之故不攻以食攻食食存不攻以備攻備備存不攻釋實而攻虛知其實而避之釋堅而攻膬釋難而攻易夫摶國不在敦古在於合今時之宜摶聚也理世不在善攻在於權宜霸王不在成曲在於全大體夫舉失而國危刑過而權倒刑罰過理則權柄倒錯謀易而禍反謀事數易禍必反來計得而彊信音申功得而名從權重而令行固其數也數猶理也夫爭彊之國必先爭謀爭刑爭權先此三爭然後爭彊令人主一喜一怒者謀也謀得則喜謀失則怒令國一輕一重者刑也怒刑則重喜刑則輕令兵一進一退者權也權重則進權輕則退故精於謀則人主之願可得而令可行也精於刑則大國之地可奪彊國之兵可圍也精於權則天下之兵可齊諸侯之君可朝也夫神聖

視天下之刑知世之所謀知兵之所攻知地之所歸知令之所加矣夫兵攻所憎而利之此鄰國之所不親也兵攻所憎之國而以攻得爲利德義不施鄰國必怨而不親權動所惡而實寡歸者彊其威權能動移所惡而德義之實少爲人所歸如此但彊而已不能至霸王也擅破一國彊在後世者王今能專破一國常守其彊傳之後世如此者王也擅破一國彊在鄰國者亡既破一國不能守彊令鄰國得之如此者亡也

問第二十四謂爲國所當察問者　內言七

凡立朝廷問有本紀所問之事必有根本綱紀爵授有德則大臣興義祿予有功則士輕死節上帥士以人之所戴則上下和上帥其士所爲者皆人之所戴仰故上下和授事以能則人上功有能然後得事故人上功審刑當罪則人不易訟易猶交也所刑皆當其罪故人不交相訟無亂社稷宗廟則人有所宗社稷宗廟各得其正則人知所宗毋遺老忘親則大臣不怨大臣非國老則君親今不遺忘故不怨舉知人急則衆不亂行此道也急謂困難也舉困難之事以示人則人不復行此道國有常經人知終始此

霸王之術也（國有常經則人知終始之所歸如此者霸王之術也）然後問事事先大功（先問大功則勞臣悦）政自小始（爲政先小從微而至著）問死事之孤其未有田宅者有乎（未有則給與之死事孤謂死王事之子孫）問少仕而未勝甲兵者幾何人（知其數則預有所準）問死事之寡其餼廩何如（寡謂其妻餼廩言給其餼餼生食廩米粟之屬）問國之有功大者何官之吏也（問何官之吏欲知其材之所當）問州之大夫也何里之士也（問何州里欲知其風俗所好尚）今吏亦何以明之矣（問吏所明欲知其優賞厚薄）問刑論有常以行不可改也今其事之久留也何若（罪既論決國有常科當奉而行之此不可改易者也今乃久留其事將如之何）問五官有度制官都其有常斷今事之稽也何待（官都謂揔攝諸司者也五官既各有制度官都復自有常斷今乃稽其事而不行將何待乎）問獨夫寡婦孤寡疾病者幾何人也（知其人數當有所廩餼）問國之棄人何族之子弟也（棄人謂有過不齒投之四裔者也問知其族欲有所收也）問鄉之良家其所牧養者幾何人矣（良家謂善營生以致富者收養謂其人不能自存良家全活之知其所養之數欲有所復除也）問邑之貧人債而食者幾何家（債而食謂從富者出息以

（供食知其家數欲有所矜免也）問理園圃而食者幾何家人之開田而耕者幾何家士之身耕者幾何家問鄉之貧人何族之別也（知從何族而別或從公族當有所收恤也）問宗子之牧昆弟者以貧從昆弟者幾何家（以貧故從昆弟以求養者與之從者各有幾家也）餘子仕而有田邑今入者幾何人（謂收入其稅者）子弟以孝聞於鄉里者幾何人餘子父母存不養而出離者幾何人（出離謂父母在分居者）士之有田而不使者幾何人吏惡何事（不使謂不用其吏不惡此等當惡何事）士之有田而不耕者幾何人身何事（既不耕此人身爲何事）君臣有位而未有田者幾何人外人之來從而未有田宅者幾何家國子弟之游於外者幾何人貧士之受責於大夫者幾何人（貧士無資而被大夫責者有幾人）官賤行書身士以家臣自代者幾何人（其人居官乃賤自行文書身任士職輒以家臣自代亦須知其數也）官承吏之無田饟而徒理事者幾何人（承吏謂攝官無饟而空理事）羣臣有位事官大夫者幾何人（羣臣自有位事乃左官於大夫）外人

來游在大夫之家者幾何人(外人謂外國人)鄉子弟力田爲人率者幾何人(既自力田又能率人)國子弟之無上事衣食不節率子弟不田弋獵者幾何人(既無上事乃率子弟不田農但弋獵)男女不整齊亂鄉子弟者有乎(謂不以禮交者)問人之貸粟米有別券者幾何家(別券謂分契也)問國之伏利其可應人之急者幾何所也(伏利謂貸利隱蔽不見若銅鐵山及溝瀆可決而溉灌者)人之所害於鄉里者何物也(人之爲害者害何物)問士之有田宅身在陳列者幾何人餘子之勝甲兵有行伍者幾何人問男女有巧伎能利備用者幾何人(能利備器之用)處女操工事者幾何人(能操女工之事謂綺繡之屬也)冗國所開口而食者幾何人(言其不農作直開口仰食)問一民有幾年之食也問兵車之計幾何乘也牽家馬軶家車者幾何乘(牽家馬言直有馬軶家車言直有車相配以成乘)處士修行足以教人可使帥眾莅百姓者幾何人士之急難可使者幾何人(謂士之可以急難使者)工之巧出足以利軍伍處可

以修城郭補守備者幾何人其人既有技巧出用則能利軍居處則可以修城補備也城粟軍糧其可以行幾何年也行由經也城粟謂守城之粟軍糧謂出軍之糧二者可經幾年吏之急難可使者幾何人大夫疏器疏謂飾畫也甲兵兵車旌旗鼓鐃帷幕帥車之載幾何乘載謂其車蓋疏藏器疏畫而可以藏者弓弩之張弓弩之可以張者衣夾鋏鋏兩刃鈹也衣夾謂其衣也鉤弦之造鉤弦所以挽弦戈戟之緊緊謂其堅彊者其厲何若其淬厲可用何如其宜修而不修者故何視視比也其器物宜修者於故物何比而造修之官出器處器之具宜起而未起者何待出器謂可出用之器處器謂貯庫而為備者起謂其材所經日月可起用者也鄉師車輜造脩之具其繕何若輜謂車之有防蔽可以重載者工尹伐材用毋於三時羣材乃植而造器定冬完良備用必足工尹工官之長三時謂春夏秋此時木方生植不堅故不可伐材其伐材必以冬也人有餘兵詭陳之行以慎國常方戰有餘兵不用且詭而陳之以為行伍當慎而聽命遵國之常令也時簡稽帥馬牛之肥膌其老而死者皆舉之軍之統帥常時簡選稽考之以知其能不而有黜陟至於馬牛肥膌及老而死者皆舉之以知其數也其就山藪

林澤食薦者幾何（薦草之美者）出入死生之會幾何（會謂合其數）若夫城郭之厚薄溝壑之淺深門閭之尊卑宜脩而不脩者上必幾之（幾察也君必察知之）守備之伍器物不失其具淫雨而各有處藏（器物過雨不藏必致腐敗故當有藏處）問兵官之吏國之豪士其急難足以先後者幾何人（官吏國豪有急難可令之先後者當知其數相道于前後曰先後詩曰予曰有先後）夫兵事者危物也不時而勝不義而得未爲福也（必合於時義然後爲福）失謀而敗國之危也愼謀乃保國問所以教選人者何事（其教人及選人者問以何事欲知其勤且觀其材用也）問執官都者其位事幾何年矣（執官都之職者問其官位及執事并建立之年數）所辟草萊有益於家邑者幾何矣所封表以益人之生利者何物也（謂其事業最可以益人者遂封表以示之問知是何物也）所築城郭脩牆閉絶通道阨闕深防溝以益人之地守者何所也（牆閉謂築牆有所遮閉雖通路而爲妨礙者絶塞之阨闕空之處亦當絶之凡此守地者所以省其功費故曰益地守）所捕盜賊除人害者幾何矣制地君曰

理國之道地德爲首（當制地之時君爲此言故言曰法地以爲政故曰地德爲首）君臣之禮（地有高下
君臣之禮也）父子之親（高地下覆下地上承父子之親也）覆育萬人（百貨出於地人得以生焉故曰覆育萬人）官府
之藏彊兵保國城郭之險外應四極（四極謂國之四鄙也自官府已下非地則無所容居）具
取之地（凡此皆因地而成故曰具取之地）而市者天地之財具也（求天地之財不登山不入海於市求而得
之故曰天地之財具）而萬人之所和而利也（和謂交易也萬人因市交易而得利）正是道也（言市正合道之
理）民荒無苛人盡地之職一保其國（欲理荒人無得苛虐但使盡地之職自然齊一而保國也）各主
異位毋使讒人亂普而德營九軍之親（自君以下其位既異當各主之無使讒人交亂普廢
其德如此則九軍之親自營也）關者諸侯之陬隧也（謂陬隅之道也）而外財之門戶也
（他國之財因之而入）萬人之道行也（謂因此出入）明道以重告之（當明道路之令再重而告之）征
於關者勿征於市（征於關謂行商）征於市者勿征於關（征於市謂坐賈）虛車勿
索（索虛車益其煩擾）徒負勿入（徒負貨既寡故勿令入其征）以來遠人（關政如此可以來遠人）十六
道同（齊國凡有十六道皆置關並同此令）身外事謹則聽其名（謂出入於關者身之外事既謹而從令則

當聽其名之眞僞也視其名視其色既知其名又須視其色之是非是其事稽其德既知其色又須

是正其事以考合其德也以觀其外既知其德又觀其外以校量之則無敦於權人以困貌德

敦猶厚也校察知此則權詐之人無以成其厚校察行則困厚姦非因而不生故曰以困貌德國則不惑行之職也國無

姦人所以不惑凡此掌行者之職問於邊吏曰小利害信小怒傷義邊信傷德

邊人失信故傷德也厚和構四國以順貌德敦厚而和可以構結四國四國之來皆以誠信故曰以順貌德后

鄉四極既結四國然後向四極而撫安之令守法之官日行又令守法之官日行邊鄙與關塞度必

明失經常其巡行之時必明其制度無得失於經常

謀失第二十五

管子卷第九

煹而悅反

管子卷第十　　唐司空房　玄齡　注

戒第二十六（所以陳戒桓公）　內言九

桓公將東游問於管仲曰我游猶軸轉斛（言我之游必有所齎猶軸之轉載斛石）南至琅邪司馬曰亦先王之游已何謂也（春游而南行故司馬正令之爲先王之游公未達其意故問管仲）管仲對曰先王之游也春出原農事之不本者謂之游（原察也農事不休本務當原察之）秋出補人之不足者謂之夕（秋爲西成尚有夫不足者當補之）師行而糧食其民者謂之亡（師行無成功空費糧食如此者必亡）從樂而不反者謂之荒先王有游夕之業於人無荒亡之行於身桓公退再拜命曰寶法也（謂其法可寶也）管仲復於桓公曰無翼而飛者聲也（出言門庭千里必應故曰無翼而飛）無根而固者情也（同舟而濟胡越不患異心知其情也故曰無根而固）無方

而富者生也生全則萬方輻湊生盡則鴻毛不振故曰無方而富也莫知生所在故曰無方也公亦固情謹聲以嚴尊生言當固物情謹聲敎嚴爲防禁以尊其生此謂道之榮謂此三者順道而光榮桓公退再拜請若此言也若順管仲復於桓公曰任之重者莫如身萬事萬行非身不舉故曰重任塗之畏者莫如口樞機之發榮辱之主故可畏也期而遠者莫如年殤子曰聞期頤實寡故曰遠期也以重任行畏塗至遠期唯君子乃能矣桓公退再拜之曰夫子數以此言者敎寡人管仲對曰滋味動靜生之養也好惡喜怒哀樂生之變也聰明當物生之德也非禮勿視聽故曰當物是故聖人齊滋味而時動靜所以養其生御正六氣之變所以循其變也六氣即好惡喜怒哀樂禁止聲色之淫所以成其德邪行亡乎體違言不存口體無邪行口言必順靜然定生聖也欲靜則生定如此者聖也仁從中出義從外作仁自心生故曰中出義因事斷故曰外作仁故不以天下爲利義故不以天下爲名若以天下爲名利則非仁義也仁故不代王不以道輔君而代之王者非仁也義故七十而

致政老而不致政貪冒者耳非義也是故聖人上德而下功尊道而賤物物謂名利之事道德當身故不以物惑身苟有道德豈名利之物能惑哉是故身在草茅之中而無懾意道德爲量何懼之有南面聽天下而無驕色神器儻來何驕之有如此而后可以爲天下王所以謂德者不動而疾德必冥通故不動而疾不相告而知不出戶牖以知天下不爲而成無爲而無不爲不召而至是德也同聲相應同氣相相求如此者可謂至德也故天不動四時云下而萬物化天常無爲故曰不動然四時云下故萬物化云運動見也君不動政令陳下而萬功成君亦常無爲故曰不動然政令陳列而下故萬物成也心不動使四枝耳目而萬物情心亦當無爲故曰不動然四枝耳目自心使萬物莫不得其情也寡交多親謂之知人以其知人故能交寡而親多寡事成功謂之知用以其知用故能事寡而功成聞一言以貫萬物謂之知道以其知道故能聞一言而得物貫也多言而不當不如其寡也故曰狗不以善吠爲良人不以多言爲賢博學而不自反必有邪博學而不反修於其身心曼衍者故必有邪行孝弟者仁之祖也仁從孝弟生故爲仁祖忠信者交之慶

澤其四經（四經謂詩書禮樂既無孝弟忠信空使四經流澤徒為誦學者即四經可以亡身也）而誦學者是亡其身者也……

也（有忠信之心故能慶交友之善）內不考孝弟（言不仁）外不正忠信（言不友）澤其四經而誦學者是亡其身者也（四經謂詩書禮樂既無孝弟忠信空使四經流澤徒為誦學者即四經可以亡身也）桓公明日弋在廩（廩所以盛米粟禽鳥或多集焉故於此弋也）管仲隰朋朝公望二子蔽弓脫釬（釬所以扞弦）而迎之曰今夫鴻鵠春北而秋南而不失其時夫唯有羽翼以通其意於天下乎今孤之不得意於天下非皆二子之憂也（二子不能為羽翼所以當憂）桓公再言曰二子不對桓公曰孤既言矣二子何不對乎管仲對曰今夫人患勞而上使不時人患飢而上重斂焉人患死而上急刑焉如此而又近有色（親冶容）而遠有德（疏賢俊）雖鴻鵠之有翼濟大水之有舟楫也其將若君何（不飛雖羽翼無益不濟雖舟楫徒施不聽雖讜言空設故曰其將若君何）桓公蹵然逡遁管仲曰昔先王之理人也蓋人有患勞而上使之以時則人不患勞也人患飢而上薄斂焉則人不患飢矣人患死而上寬刑

焉則人不患死矣如此而近有德而遠有色則四封之内視君其猶父母邪四方之外歸君其猶流水乎公輟射援綏而乗自御管仲爲左隰朋叅乗朔月三日進二子於里官里官謂里尉也再拜頓首曰孤之聞二子之言也耳加聰而視加明於孤不敢獨聽之薦之先祖謂陳其所言以薦祖廟管仲隰朋再拜頓首曰如君之王也君能如此可以王也此非臣之言也君之教也此雖臣言必君用之然後成教故曰君之教於是管仲與桓公盟誓爲令曰老弱勿刑叅宥而后弊老弱犯罪者無即刑之必三寛宥而後斷罪三宥即周禮三宥一曰不識二曰過悞三曰悼耄也關幾而不正市正而不布布謂錢也即其物而正之不必分錢山林梁澤以時禁發而不正也獺祭魚然後入澤梁豺祭獸然後入山林草封澤鹽者之歸之也譬若市人草封澤謂澤多草刈積成封可用煑鹽者也其處既多鹽故歸者譬若市人言不設禁也三年教人四年選賢以爲長五年始興車踐乗遂南伐楚門傅施城施城楚城名謂附至其下

北伐山戎出冬葱與戎叔布之天下山戎有冬葱戎叔今伐之故其物布天下戎叔胡豆果三匡天子而九合諸侯桓公外舍而不鼎饋外舍謂出宿於外不以鼎饋食言其饌不盛也中婦諸子謂宮人盍不出從乎君將有行中婦諸子內官之號君將有行何不出乎盍何不也宮人皆出從公怒曰孰謂我有行者宮人曰賤妾聞之中婦諸子公召中婦諸子曰女焉聞吾有行也對曰妾人聞之君外舍而不鼎饋非有內憂必有外患今君外舍而不鼎饋君非有內憂也妾是以知君之將有行也公曰善此非吾所與女及也而言乃至焉言我本不與汝及此謀今汝言乃能至於此謂能知我謀也吾是以語女吾欲致諸侯而不至爲之奈何我欲諸侯之至而乃不至今欲令其至如何乎中婦諸子曰自妾之身之不爲人持接也爲猶與也言妾身在深宮之中未嘗得出與人相持而接對未嘗得人之布織也意者更容不審邪宮中既少織紝之事又不得外人之布織言此者既昧於人事不當訪以軍謀蓋託不知以止君之行也故言更當容我思其不審之事明日管仲朝公告

之管仲曰此聖人之言也君必行也謂中婦諸子止君不行此合聖人之言也故令君行之管仲寢疾桓公往問之曰仲父之疾甚矣若不可諱也不幸而不起此疾彼政我將安移之管仲未對桓公曰鮑叔之爲人何如管仲對曰鮑叔君子也千乘之國不以其道予之不受也雖與千乘之國不以其道彼必不受雖然不可以爲政其爲人也好善而惡惡已甚已猶太也言憎惡惡人太甚見一惡終身不忘桓公曰然則孰可管仲對曰隰朋可朋之爲人好上識而下問好上識謂好知遠大之事臣聞之以德予人者謂之仁以財予人者謂之良以善勝人者未有能服人者也以善勝人人亦生勝己之心故不服以善養人者未有不服人者也於國有所不知政於家有所不知事必則明乎若皆知之則事鍾於己將不勝任而敗明能有所不知故可以移政且朋之爲人也居其家不忘公門居公門不忘其家事君不二其心亦不忘其身舉齊國之幣握路家五十室其

人不知也大仁也哉其朋乎〔挃持也或有舉齊國之幣持與路旁之家五十室言其事大而且易顯此皆自有主司朋能不干預而強知此所謂於國有所不知政合於天地之無不容載故曰大仁哉其朋乎也〕公又問曰不幸而失仲父也二三大夫者其猶能以國寧乎管仲對曰君請矍己乎〔矍己謂有所驚懼而問未止也〕鮑叔牙之為人也好直賓胥無之為人也好善甯戚之為人也能事孫在之為人也善言公曰此四子者其孰能一人之上也寡人并而臣之則其不以國寧何也〔言四子皆有超絕之材無人能過其上今吾併得臣之國尚不寧何也〕對曰鮑叔之為人好直而不能以國詘〔不能為國以屈其直也〕賓胥無之為人也好善而不能以國詘甯戚之為人能事而不能以足息〔甯戚善於農植貪於積聚不能知足而息也〕孫在之為人善言而不能以信默〔其所陳言既見信用尚不能默凡此四子皆矜能太過不能與時屈申故國不寧也〕臣聞之消息盈虛與百姓詘信然后能以國寧勿已者朋其可乎朋之為人也動必量力舉必量技言終喟然而歎曰天之生朋

以爲夷吾舌也其身死舌焉得生哉言朋亦將隨已早亡不得久理齊政故哀歎也以先知未然夷吾所以稱聖也管仲曰夫江黃之國近於楚爲臣死乎二國既近於楚必臣於楚豈爲齊臣而死乎也君必歸之楚而寄之以二國歸楚若寄託然則楚不得爲私而齊猶有望君不歸楚必私之私之而不救也則不可救之則亂自此始矣楚既私二國二國有難齊必不救一爲不救則不可救此救彼不臣則構怨矣故曰亂自此始桓公曰諾管仲又言曰東郭有狗嘊嘊旦暮欲齧我猳而不使也今夫易牙子之不能愛將安能愛君君必去之公曰諾東郭之狗喻易牙言其人殘忍同於狗矣枷謂以木連狗取聲爲義即國家也言易牙終能亡國滅家此不當使必須去之也管子又言曰北郭有狗嘊嘊旦暮欲齧我猳而不使也今夫豎刀其身之不愛焉能愛君君必去之公曰諾管子又言曰西郭有狗嘊嘊旦暮欲齧我猳而不使也今夫衛公子開方去其千乘之太子而臣事君是所願也得於君者是將欲過其千乘也開方在衛當嗣君之位今乃弃而事齊則所望不只千乘也其意必得齊國然後稱所

望也君必去之桓公曰諾管子遂卒卒十月隰朋亦卒桓公去易牙豎刁衛公子開方五味不至於是乎復反易牙宫中亂復反豎刁利言卑辭不在側復反衛公子開方桓公内不量力外不量交而力伐四鄰公薨六子皆求立易牙與衛公子内與豎刁因共殺羣吏而立公子無虧故公死七日不斂九月不葬孝公犇宋宋襄公率諸侯以伐齊戰于甗大敗齊師殺公子無虧立孝公而還襄公立十三年桓公立四十二年

地圖第二十七　短語一

凡兵主者必先審知地圖轘轅之險（謂路形若轅而又轘曲緱氏東南有轘轅道是也）濫車之水（其水深渺能泛車）名山通谷經川（謂常川也）陵陸丘阜之所在苴草林木蒲葦之所茂（苴草謂其草深茂能有所覆藏）道里之遠近城郭之大小名邑廢邑困殖之地（困謂其地墝埆不可種藝殖謂壤田可播殖者也）必盡知之（凡此皆兵主所當知）

地形之出入相錯者盡藏之藏謂苞蘊在心然后可以行軍襲邑舉錯知先後不失地利此地圖之常也人之衆寡士之精麤器之功苦盡知之此乃知形者也形謂兵之形知形不如知能知能不如知意故主兵必叅具者也主明相知將能之謂參具明智能三者合故謂之叅具故將出令發士期有日數矣宿定所征伐之國宿猶先也使羣臣大吏父兄便辟左右不能議成敗人主之任也事之成敗明王獨斷於心故其臣不能議論功勞行賞罰不敢蔽賢不敢蔽隱賢能有私行用貨財供給軍之求索言相室或用私財供軍所求若甯嬰李牧之爲也使百吏肅敬不敢解怠行邪以待君之令相室之任也繕器械選練士爲教服設教令使士服習連什伍使其什伍各相鈎連有所統屬徧知天下審御機數此兵主之事也

叅患第二十八 太強亦有患太弱亦有患必叅詳強弱之中自致於無患也　短語二

凡人主者猛毅則伐懦弱則[illegible]猛毅者何也輕誅殺人之謂猛毅懦弱者何也重誅殺人之謂懦弱此皆有失彼此凡輕誅者殺不辜而重誅者失有罪故上殺不辜則道正者不安上失有罪則行邪者不變道正者不安則才能之人去亡行邪者不變則羣臣朋黨才能之人去亡則宜有外難能士去亡必構鄰來伐故有外難也羣臣朋黨則宜有內亂羣臣朋黨則狗變爲虎篡殺常因是生故有內亂也故曰猛毅者伐懦弱者殺也君之所以卑尊國之所以安危者莫要於兵故誅暴國必以兵禁辟民必以刑然則兵者外以誅暴內以禁邪故兵者尊主安國之經也不可廢也若夫世主則不然外不以兵而欲誅暴則地必虧矣無兵誅暴暴必內侵故地虧內不以刑而欲禁邪則國必亂矣無刑禁邪邪必上侵故國亂故凡用兵之計三驚當一至驚謂耀威示武能驚敵使懼如此者三可當師之一至敵國三至當一軍師之三至可當一軍之用三

宮中宮

設敎令使士服習連什伍使其什伍各相鈎連有所統屬徧知天下審徵機要止兵之

之事也

叅患第二十八太強亦有患太弱亦有患必叅詳強弱之中自致於無患也　短語二

凡人主者猛毅則伐懦弱則亡猛毅者何也輕誅殺人之謂猛毅懦弱者何也重誅殺人之謂懦弱此皆有失彼此凡輕誅者殺不辜而重誅者失有罪故上殺不辜則道正者不安上失有罪則行邪者不變道正者不安則才能之人去亡行邪者不變則羣臣朋黨才能之人去亡則宜有外難能士去亡必構鄰來伐故有外難也羣臣朋黨則宜有內亂羣臣朋黨則狗變爲虎篡殺常因是生故有內亂也故曰猛毅者伐懦弱者殺也君之所以卑尊國之所以安危者莫要於兵故誅暴國必以兵禁辟民必以刑然則兵者外以誅暴內以禁邪故兵者尊主安國之經也不可廢也若夫世主則不然外不以兵而欲誅暴則地必虧矣無兵誅暴暴必內侵故地虧內不以刑而欲禁邪則國必亂矣無刑禁邪邪必上侵故國亂故凡用兵之計三驚當一至驚謂耀威示武能驚敵使懼如此者三可當師之一至敵國三至當一軍師之三至可當一軍之用三

軍當一戰軍之三用可成一戰之功故一期之師十年之蓄積殫師行一期能盡十年之蓄積一戰之費累代之功盡傾國一戰能盡累代之功今交刃接兵而后利之則戰之自勝者也交刃接兵必卒喪刃折貨財空耗雖未被敵勝先已自勝攻城圍邑主人易子而食之析骸而爨之則攻之自拔者也主人食子爨骸攻者必智窮力竭財殫士喪城雖未攻先已自拔凡此皆庸主之師非善計者是以聖人小征而大匡不失天時不空地利用日維夢其數不出於計小征謂誅暴國大匡謂正天下既合天時又得地利用吉日襲吉夢其數從何而生皆出於計謀也故計必先定而兵出於竟計未定而兵出於竟則戰之自敗攻之自毀者也得衆而不得其心則與獨行者同實不得其心則叛亡至故與獨行同實也兵不完利與無操者同實甲不堅密與俴者同實俴謂無甲單衣者弩不可以及遠與短兵同實射而不能中與無矢者同實中而不能入與無鏃者同實將徒人與俴者同實徒人謂無兵甲者俴單也人雖衆無兵甲則與單人同也短兵待遠矢與坐而待死者同實遠矢

至短兵不能應則坐而受死也 故凡兵有大論必先論其器論其士論其將論其主故曰器濫惡不利者以其士予人也士不可用者以其將予人也將不知兵者以其主予人也主不積務於兵者以其國予人也故一器成往夫具而天下無戰心 一器謂師之器其器既成往之夫又具則天下不敢生心與戰也 二器成驚夫具而天下無守城 二器謂軍之器其器既成驚敵之夫又具則天下不敢守城而禦也 三器成游夫具而天下無聚衆 三器謂一國之器其器既成游務之夫又具則天下之衆懼而自散也 所謂無戰心者知戰必不勝故曰無戰心所謂無守城者知城必拔故曰無守城所謂無聚衆者知衆必散故曰無聚衆

制分第二十九　短語三

凡兵之所以先爭 謂欲用兵所當先而爭爲者謂下事 聖人賢士不爲愛尊爵 有聖人賢士則以尊爵加之而不愛惜也 道術知能不爲愛官職 有道術智能則以官職加之 巧伎勇力

不爲愛重祿聰耳明目不爲愛金財故伯夷叔齊非於死之
目而後有名也其前行多修矣由前行多修故死後有名武王非於甲子之
朝而後勝也其前政多善矣由前政多善故甲子之朝一戰大勝故小征千里徧
知之小征謂以諸侯之衆有所征古者諸侯大國有五百里者今既與衆而征已國與敵國皆當知之故徧知千里築堵之墻
十人之聚日五間之間謂私候之假令築一堵之墻或十人聚作主者猶日五候之況戎事之大可以不徧知哉大征
徧知天下大征謂以天下之衆有所征伐天子以天下爲家故徧知天下也日一間之散金財用聰明
也夫動衆當令主者日一間候之其間候之也或散金財有所募賞或用聰明度其不虞也故善用兵者無溝壘而
有耳目溝壘防禦之小耳目視聽之遠兵不呼儆不苟聚不妄行不強進呼儆
則敵人戒苟聚則衆不用無事徒聚衆必不用若周幽之僞烽也妄行則羣卒困強
進則銳士挫故凡用兵者攻堅則軔軔牢固之名也所攻既堅則軔而難入乘瑕則
神瑕謂虛脆也所乘既脆纑然瓦解故若神攻堅則瑕者堅所攻雖堅能令脆者則以士卒堅強故也乘瑕則
堅者瑕所乘雖脆却爲堅者則以士卒脆弱故故堅其堅者瑕其瑕者謂強卒攻堅弱卒攻脆

屠牛坦朝解九牛而刀可以莫鐵莫猶削也則刃游閒也刃游理閒故刃不虧故天道不行屈不足用兵者必順天道若及天道之不行必屈竭而不足從人事荒亂以十破百敵國人事既荒亂故十可破百且器備不行以半擊倍敵國器備不可施行故此雖半可以擊彼之倍故軍爭者不行於完城池行謂先覘之也欲以軍爭而行其城池彼則知而備之也有道者不行於無君覘彼無君亦恐知而有備故莫知其將至也既不先覘以潛襲所以不知其將至至而不可圍莫知其將去也不可圍者必潛而遁故不知其將去楚幕有烏之比去而不可止敵人雖衆不能止去既不可止雖衆何能止待治者所道富也治而未必富也有所待而治其道當然未必能富必知富之事然後能富富者所道強也而富未必強也富者其道當強而未必能強也必知強之數然後能強強者所道勝也而強未必勝也必知勝之理然後能勝勝者所道制也而勝未必制也必知制之分然後能制是故治國有器富國有事強國有數勝國有理制天下有分

君臣上第三十　短語四

爲人君者修官上之道而不言其中君在衆官之上但修此官上之道而已至於官中之事則有司存非所言也爲人臣者比官中之事而不言其外比謂校次之也若言官外則爲越職君道不明則受令者疑權度不一則修義者惑民有疑惑貳豫之心而上不能匡則百姓之與間間謂隔礙不通也人心有疑君不能正故其所與爲多礙而不通也猶揭表而令之止也揭舉也表謂以木爲標有所告示也既使舉表又令止之是亦不一也故以況人心之疑也是故能象其道於國家加之於百姓而足以飾官化下者明君也象法也謂能本道而立法能上盡言於主下致力於民而足以修義從令者忠臣也上惠其道下敦其業上下相希言相希准以爲法也若望參表則邪者可知也參表謂立表所以參驗曲直吏嗇夫任事吏嗇夫謂檢束群吏之官也若督郵之比也人嗇夫任教人嗇夫亦謂檢束百姓之官教在百姓論在不撓謂百姓有不從教論其罪罰不撓法以行私賞在信誠體之以君臣其誠也以守戰既賞信罰

必君臣合體莫不至誠故入可以守城出可以野戰也如此則人嗇夫之事究矣吏嗇夫盡有訾程事律訾限也程准也事律謂每事據律而行也論法辟衡權斗斛文劾不以私論而以事爲正辟刑也文劾言據文而舉劾謂論法刑己下皆據事以爲正不曲從其私也如此則吏嗇夫之事究矣人嗇夫成教吏嗇夫成律之後則雖有敦慤忠信者不得善也人嗇夫之教既成則人皆忠信故無有獨得善者也而戲豫怠傲者不得敗也吏嗇夫之律既成人皆懼法不敢爲非雖有豫怠不得爲敗也如此則人君之事究矣是故爲人君者因其業謂因人嗇夫之業也乘其事謂乘吏嗇夫之事而稽之以度又以國之法度考此二者有善者賞之以列爵之尊田地之厚而民不慕也善自應賞故不善者不敢橫慕有過者罰之以廢亡之辱僇死之刑而民不疾也過自應罰故人不敢疾怒殺生不違而民莫遺其親者或罰而殺之或賞而生之皆不違其理則人知主德之有常不輕爲去就故人不遺其親也此唯上有明法而下有常事也天有常象懸象著明不改其貞地有常刑山澤通氣不改其靜人有常禮尊君父卑臣子其儀不易一設而不更此謂

三常兼而一之人君之道也人君無官兼統衆官故曰兼而一之分而職之各有司存人臣之事也君失其道無以有其國臣失其事無以有其位然則上之畜下不妄而下之事上不虛矣上之畜下不妄所出法則制度者明也下之事上不虛則循義從令者審也上明下審上下同德代相序也代更也謂上明下審更相序君不失其威下不曠其産而莫相德也君以威覆下下以産供上各有所恃故不相德是以上之人務德而下之人守節義禮成形於上而善下通於民則百姓上歸親於主而下盡力於農矣故曰君明相信五官肅士廉農愚商工愿則上下體上下各得其體也而外内別也民性因而三族制也三族謂農商工也言因士上下有體内外有別故此三族各得其制也夫爲人君者蔭德於人者也君者以德蔭人爲人臣者仰生於上者也臣者仰君而生爲人上者量功而食之以足量其功之多少制禄以食之各得足也爲人臣者受任而處之以教受任者必設教布

政有均民足於產則國家豐矣以勞授禄則民不幸生有勞者必得禄人則致死以立功不儌倖而偷生也刑罰不頗則下無怨心名正分明則民不惑
於道刑名職分明則人於道不惑也道也者上之所以導民也是故道德出於
君德從君出制令傳於相令因相傳事業程於官官各以其事業程於君也百姓之力
也胥令而動者也胥視也視令而動則所舉不妄是故君人也者無貴如其言
君以言制下無言則下無所禀令故言最貴也人臣也者無愛如其力臣則宣力事君故其力最可愛也言下
力上君言下於臣臣力上於君也而臣主之道畢矣是故主畫之相守之畫謂分別其所
授事君既盡其事相則守而行之也相畫之官守之官畫之民役之官既畫之人則役力以行其事則
又有符節印璽典法筴籍以相揆也符節印璽所以示其信也典法筴籍所以示之制也凡此
可以考其眞僞定其是非故曰以相揆也此明公道而滅姦僞之術也論材量能謀
德而舉之謀知其德然後舉用之上之道也專意一心守職而不勞不以職事爲勞
苦下之事也爲人君者下及官中之事則有司不任下及官中之事則君奪臣

職故有司不任也爲人臣者上共專於上則人主失威臣當上供從君之命今乃專上之權故主
失威是故有道之君正其德以莅民而不言智能聰明智能聰
明者下之職也所以用智能聰明者上之道也謂用下之智能聰明上之
人明其道下之人守其職上下之分不同任而復合爲一體君爲
元首臣爲股肱故曰一體是故知善人君也知善則謀慮深遠故可以爲人君也身善
則材能可任故爲人役也君身善則不公矣君身善則智淺故不公人也人君不公常惠於
賞而不忍於刑不公則不識理之正故惠賞而不忍刑也是國無法也治國無法則民
朋黨而下比飾巧以成其私法制有常則民不散而上合竭
情以納其忠是以不言智能而順事治國患解大臣之任也
不言於聰明而善人舉姦僞誅視聽者衆也是以爲人君
者坐萬物之原而官諸生之職者也謂授諸生之官而任之以職也生謂知學之士也選
賢論材而待之以法舉而得其人坐而收其福不可勝收也

（得人則福多故不可勝收）官不勝任奔走而奉其敗事不可勝救也（不勝任則敗廣故不可勝救）而國未嘗乏於勝任之士上之明適不足以知之是以明君審知勝任之臣者也故曰主道得賢材遂百姓治治亂在主而已矣故曰主身者正德之本也官治者耳目之制也（官稟君命而後行若耳目待上制而後用故曰官者耳目之制）身立而民化德正而官治治官化民其要在上是故君子不求於民（立身正德而已）是以上及下之事謂之矯（及猶預也矯僞也上預下事則僞有餘而實不足也）下及上之事謂之勝（下預上事則威權勝君故也）爲上而矯悖也爲下而勝逆也國家有悖逆反迕之行（迕背）有土主民者失其紀也是故別交正分之謂理（別上下之交正君臣之分）順理而不失之謂道道德定而民有軌矣有道之君者善明設法而不以私防者也而無道之君既已設法則舍法而行私者也爲人上者釋法而行私則爲人臣者援私以爲公公道不違則

是私道不違者也臣之所以爲公者乃是私也名曰不違公道更是不違私道也行公道而託其私焉寖久而不知姦心得無積乎既久行私而不知則是姦心之積也故言姦心豈復無積乎姦心之積也其大者有侵偪殺上之禍其小者有比周内爭之亂此其所以然者由主德不立而國無常法也主德不立則婦人能食其意君意委曲隨於女謂若食之充口故曰婦人能食其意國無常法則大臣敢侵其勢大臣假於女之能以規主情假因也因女之能食主意以規度主之情也婦人嬖寵假於男之知以援外權婦人既得君之嬖寵又因大臣之智以引其外權則何爲而不成也於是乎外夫人而危太子女寵既隆又挾大臣之助故夫人被外太子見危兵亂内作以召外寇此危君之徵也是故有道之君上有五官以牧其民則衆不敢踰軌而行矣下有五横以揆其官則有司不敢離法而使矣横謂糺察之官得入人罪者也五官各有其横曰五横朝有定度衡儀以尊主位衡正衣服繩絻盡有法度繩絻古衮冕字則君體法而立矣體猶依也君據法而出令

有司奉命而行事百姓順上而成俗著久而爲常（著明而且久積習而爲常也）犯俗離教者衆共姦之（衆以離教爲姦而罪之也）則爲上者佚矣天子出令於天下諸侯受令於天子大夫受令於君子受令於父母下聽其上弟聽其兄此至順矣衡石一稱斗斛一量丈尺一綧制（所謂同律度量衡也綧古准字准節律度量也謂丈尺各有准限也）戈兵一度書同名車同軌此至正也從順獨逆從正獨辟此猶夜有求而得火也（衆皆從順而有獨逆者衆皆從正而有獨辟者必爲順正者所伏也）姦僞之人無所伏矣此先王之所以一民心也是故天子有善讓德於天諸侯有善慶之於天子（諸侯有善讓於天子而慶也）大夫有善納之於君民有善本於父慶之於長老此道法之所從來是治本也（道法以讓爲主）是故歲一言者君也（謂正歲之朝布政縣象）時省者相也月稽者官也務四支之力修耕農之業以待令者庶人也是故百姓量其力於父兄之間聽其言於

君臣之義而官論其德能而待之謂百吏之官各論其德能以待君命大夫比官中之事不言其外而相爲常具以給之具論衆官之法制也相總要者相無常官所以總統百吏之要官謀士量實義美匡請所疑士事也官各謀其職事也又當量實宜其有美善者用匡於所疑必陳而請之也而君發其明府之法瑞以稽之府謂百吏所居之官曹也立府必有明法故曰明府之法瑞君所與臣爲信者珪璧之屬也又必合其瑞以考之也立三階之上南面而受要君之路寢前有三階要謂百吏之目也是以上有餘日上唯受要故有餘日而官勝其任各理其職故能勝任時令不淫而百姓肅給言其勸而供上唯此上有法制下有分職也道者誠人之姓也非在人也姓生也言道立人之生人之所從出故非在人而聖王明君善知而道之者也道猶言也聖王善知道理故言而相告也是故治民有常道而生財有常法道也者萬物之要也爲人君者執要而待之則下雖有姦僞之心不敢殺也不敢殺君夫道者虛設道無形而善應故曰虛設其人在則通其人亡則塞者也非茲是無以理人非茲是無以生財前茲

是謂是道民治財育其福歸於上是以知明君之重道法而輕其國也得道之眞以理身緒餘以理國家故重道而輕國故君一國者其道君之也道可爲君故君一國王天下者其道王之也道可王故王天下大王天下小君一國其道臨之也其道足以臨國與天下也是以其所欲者能得諸民君之所欲人則順之令得其所惡者能除諸民君之所惡亦順之而除所欲者能得諸民故賢材遂所惡者能除諸民故姦僞省如冶之於金陶之於埴制在工也廢置之由君若金埴之由工也是故將與之惠厚不能供謂欲與人雖有惠厚之意財不能供將殺之嚴威不能振謂欲殺人以致其理然而嚴威鎖縮不能振起也嚴威不能振惠厚不能供聲實有間也或有聲無實或有實無聲聲實間礙故不供不振也有善者不留其賞故民不私其利善必得賞私利何爲有過者不宿其罰故民不疾其威宿猶停也罰得其過則人不疾其威疾怨也威罰之制無踰於民因人所欲罰而罰之故不踰於人也則人歸親於上矣如天雨然澤下尺生上尺澤從上降潤有一尺則苗從下生上引一尺澤下降苗上引猶君恩下流人心上就也

是以官人不官事人不事獨立而無稽者人主之位也（君者與人之官而不自官授人之事而不自事獨立於無過之地臣下莫得而稽之如此者人主之位也）先王之在天下也民比之神明之德先王善牧之於民者也夫民別而聽之則愚（別而聽之則各信其一方暗莫之發故愚）合而聽之則聖（合而聽之則得失相輔而不相齊芻蕘之言賢聖不能易故聖也）雖有湯武之德復合於市人之言是以明君順人心安情性而發於衆心之所聚（聚謂同所歸湊）是以令出而不稽（稽留也）刑設而不用（人不犯法故無所用刑）先王善與民爲一體（以百姓心爲心故言一體）與民爲一體則是以國守國以民守民也（一國同一意萬人同一心）然則民不便爲非矣（爲非則失利故不便）雖有明君百步之外聽而不聞（耳聽有所極）間之堵牆窺而不見也（目視有所窮）而名爲明君者君善用其臣臣善納其忠也（君能善用臣能善納則何聽而不聞何視而不見耳目不擁非明而何也）信以繼信善以傳善（君信而臣繼之君善而臣傳之）是以四海之內可得而治是以明君之舉其下也盡知其短長知其所

不能益若任之以事夫任人以事者必擇其可不君之舉臣亦猶是也賢人之臣其主也盡

知短長與身力之所不至謂知君之短長及其身力所不至也若量能而授官天授

人官者亦擇其可不臣之擇事亦猶是也上以此畜下擇其可畜而畜之下以此事上擇其可事而事之上

下交期於正君有賢臣臣有令主欲求不正其可得乎則百姓男女皆與治焉君臣正則百姓

無自爲淫僻也

管子卷第十

俴音踐詩云俴駟孔甚

管子卷第十一　唐司空房　玄齡　注

君臣下第三十一　小稱第三十二
四稱第三十三　正言第三十四

君臣下第三十一　短語五

古者未有君臣上下之別未有夫婦妃匹之合獸處羣居以
力相征若野獸之處以羣而居力強者征於弱也於是智者詐愚強者凌弱老幼孤獨
不得其所故智者假衆力以禁強虐而暴人止智者即聖王也爲民興
利除害正民之德正人之邪德而民師之師智者也是故道術德行出於
賢人賢人知道術德行者也其從義理兆形於民心則民反道矣道術既出故莫不從
義而順理理之極則無姦僻之事始見於人心則人無不道矣名物處違是非之分則賞罰行矣
人既反道故以正其善惡之物處其背理之違則爲是非者自分矣是非既分故行賞罰以當其功過也上下設民生體
而國都立矣上下既設人則生其貴賤之禮故國都立也是故國之所以爲國者民體

以爲國（貴賤成禮方乃爲國）君之所以爲君者賞罰以爲君（無賞罰則君不足貴）致賞則匱（賞而不已則匱）致罰則虐（罰而無節則虐）財匱而令虐所以失其民也是故明君審居處之教而民可使（人從教故可使）居治戰勝守固者也（居處既治戰則勝守則固）夫賞重則上不給也（賞重則費用多故不給也）罰虐則下不信也（令虐則人無所措手足故不信也）是故明君飾食飲弔傷之禮（飲食謂朝亨燕弔傷謂喪祭也）而物屬之者也（禮行則物親也）是故厲之以八政（八政謂洪範之八政）旌之以衣服（衣服所以表貴賤也）富之以國裹（裹謂財貨所苞裹而藏也）貴之以王禁（禁令行然後知常者之可貴也）則民親君可用也民用則天下可致也天下道其道則至（君得君道則天下至）不道其道則不至也夫水波而上盡其搖而復下其勢固然者也（言水波溯而上既盡其勢還復搖動歸下而止此自然之勢力喻人懷德而來畏威不去者也）故德之以懷也威之以畏也則天下歸之矣有道之國發號出令而夫婦盡歸親於上矣布法出憲而賢人列士盡功能於上矣千里之內束布之罰（束謂帛也布謂錢也）

（古者罰刑或令出縑帛也）一畝之賦盡可知也（賢人爲之視聽故無不知）治斧鉞者不敢讓刑（讓猶拒也當其罪敢不讓刑也）治軒冕者不敢讓賞（賞當其功故不讓也）墳然若一父之子若一家之實義禮明也（墳順貌或刑賞之莫敢違逆若子之從父家之從長如此者禮義明故也）夫下不戴其上臣不戴其君則賢人不來（上下不交則賢人隱）賢人不來則百姓不用（百姓無賢人則不知所歸故百姓不用也）百姓不用則天下不至（百姓不用則天下無邦將何至哉）故曰德侵則君危（君德見侵不危何待）論侵則有功者危（論義侵理則功過不明故有功者危）令侵則官危（令侵則法不行故官危也）刑侵則百姓危（刑侵則無辜受戮故百姓危也）而明君者審禁淫侵者也上無淫侵之論則下無異幸之心矣爲人君者倍道弃法而好行私謂之亂爲人臣者變故易常而巧官以諂上謂之騰（騰謂淩駕於君）亂至則虐騰至則北（騰至則摧故敗降北）四者有一至敗敵人謀之（四者則上之四危也）則故施舍優猶以濟亂則百姓悅（言施恩厚舍罪罰二者優厚雖非用法猶能濟亂故百姓悅之也）選賢遂材而禮孝弟則姦僞止（遂達）要淫

佚别男女則通亂隔（要謂遮止之也言能止淫佚别男女則先雖通亂今能隔阸也）貴賤有義倫等不踰則有功者勸國有常式故法不隱則下無怨心（隱謂伏而不行）此五者興德匡過存國定民之道也夫君人者有大過臣人者有大罪國所有也（國之所有也）民所君也（民者已之所君）有國君民而使民所惡制之此一過也（言民惡君之制已此亦君之過）民有三務不布其民非其民也（三務謂春夏秋務農人不務三則餒餓成變故民非其民也）民非其民則不可以守戰此君人者二過也夫臣人者受君高爵重祿治大官倍其官遺其事穆君之色（穆猶悅也）從其欲阿而勝之（阿曲也巧言令色委曲從君至於動也剛漸以勝之其終或至於篡弒故曰阿而勝之也）此臣人之大罪也君有過而不改謂之倒臣當罪而不誅謂之亂君爲倒君臣爲亂臣國家之衰也可坐而待之是故有道之君者執本相執要大夫執法以牧其羣臣羣臣盡智竭力以役其上（謂給上之役也）四守者得則治易則亂故不可不

明設而守固明設上四法固而守之昔者聖王本厚民生審知禍福之所生是故慎小事微違非索辯以根之謂有違非必尋索分辯得其根而止之也然則躁作姦邪僞詐之人不敢試也不敢爲非以嘗君此禮正民之道也制禮者用此道以正人也古者有二言牆有耳伏寇在側牆有耳者微謀外泄之謂也伏寇在側者沈疑得民之道也微謀之泄也狡婦襲主之請而資游慝也襲入也謂狡人妖蠱人主遂行請謁謂所請既從外資游說爲姦慝者也沈疑者得民者也前貴而後賤者爲之驅也所驅役之人前得貴寵今忽淪賤然賤者必思貴常伺君以興禍故謂之伏寇也明君在上便僻不能食其意便僻者不能諂君以得意故曰不能食其意也刑罰亟近也既不能得君意故刑罰數也大臣不能侵其勢不能侵君之勢比黨者誅明也君明故比黨者誅之爲人君者能遠讒諂廢比黨淫悖行食之徒行食游食無爵列於朝者此止詐拘姦厚國存身之道也爲人上者制群臣百姓通中央之人和中央之人謂君之左右也左右與君和之也是以中央

之人臣主之參左右之人在臣主之閒參會其事者也制令之布於民也必由中央之人中央之人以緩爲急急可以取威君雖曰緩左右行之乃爲急故能取威也以急爲緩緩可以惠民君雖曰急左右行之爲緩故能惠人威惠遷於下則爲人上者危矣賢不肖之知於上必由中央之人財力之貢於上必由中央之人能易賢不肖而可威實賢謂之不肖實不肖謂之賢故曰易賢不肖也黨於下有能以民之財力上陷其主而可以爲勞於下用人財力上以陷主即於下以爲勞兼上下以環其私上則擅君之柄下則用人材力上下之利皆用遶身故曰環其私也爵制而不可加則爲人上者危矣勢既淩君故爵制不能加也先其君以善者侵其賞而奪之實者也先君行善則是侵君之賞奪君之富實也先其君以惡者侵其刑而奪之威者也訛言於外者脅其君者也假說妖妄之言外以惑衆如此者欲脅君也鬱令而不出者幽其君者也鬱塞也君之令而不出行者將欲幽君也四者一作而上下不知也則國之危可坐而待也神聖者王仁智者君武勇者長

此天之道人之情也天道人情通者質寵者從此數之因也
質主也能通於天道人情者可以爲主其不能通但寵貴之者可以爲從謂臣也言臣主數因此通而立也是故始於患者
不與其事親其事者不規其道言初始謀慮而憂患者乃行其事令人爲之而不自預此謂君也是
以爲人上者患而不勞也百姓勞而不患也君臣上下之分
素有謀慮之患無別謂上患而不勞也則禮制立矣是故以人役上人謂百姓百姓勞其身供上之役也
以力役明謂臣勤力役用其明而理職位以刑役心刑法也君則役心以出法制也此物之理也心
道進退心則度量可不故進退也而刑道滔赶滔謂充也赶謂迪巡曲也設法有當不故有合或也進退者
主制君心進退所以主爲制令滔赶者主勞主勞者方主制者圓君臣之道主得制者
其事必有方有圓也圓者運運者通通則和圓謂君道也圓而不滯必運而無礙通者必暢故和之也方者
執執者固固則信方謂臣道也方而有常故執而不舍則固固而不妄則信也君以利和君道和則利也
臣以節信臣則守節則上下無邪矣故曰君人者制仁臣人者守信
此言上下之禮也君之在國都也若心之在身體也道德定

於上則百姓化於下矣戒心形於内（戒慎之心成形於内）則容貌動於外矣正也者所以明其德（必正然後德明）知得諸民從其理也（於己既不失於人必不妄如此者從理故也）知失諸民退而脩諸己反其本也（有失於人必脩己自責如此者反其本也）所求於己者多故德行立（求己多者必進德脩業故德行立也）所求於人者少故民輕給之（求人少者必薄賦斂故人輕於給也）故君人者上注臣人者下注上注者紀天時務民力（上注謂注意於上天故紀要天時務全人力也）下注者發地利足財用也（下注謂注意於下地故發興地利足於財用也）故能飾大義審時節上以禮神明下以義輔佐者（所用輔佐皆得其宜）明君之道能據法而不阿上以匡主之過下以振民之病者忠臣之所行也明君在上忠臣佐之則齊民以政刑牽於衣食之利（君明臣忠則國理國理則人重生故人皆以養其形而牽係於衣食之利也）故愿而易使愚而易塞（塞止也易用法止也）君子食於道小人食於力分民（食道力不同故曰分民也）威無勢也無所立（必有勢然後有所立）事無爲也

無所生（必有爲然後有所生）若此則國平而姦省矣（君子小人既食於道力邪惡之人復無所立生）
（故國平而姦省）君子食於道則義審而禮明（義不審則無所食也）義審而禮明（國既）
則倫等不踰雖有偏卒之大夫不敢有幸心則上無危矣
（明禮義倫等不踰雖有大夫偏獨出伏罪而怨不敢有幸亂心）齊民食於力作本作本者衆農以
聽命是以明君立世民之制於上猶草木之制於時也（草木必得時然後）
（後也）故民迂則流之（人太迂曲不行則流通之）民流通則迂之（人太流蕩則迂屈之）決之則
行塞之則止雖有明君能決之又能塞之決之則君子行於
禮塞之則小人篤於農君子行於禮則上尊而民順小民
篤於農則財厚而備足上尊而民順財厚而備足四者備體
（謂備具而成體）頃時而王不難矣四肢六道身之體也（四肢謂手足也六道謂上有四竅下）
（有二竅也）四正五官國之體也（四正謂君臣父子五官謂五行之官也）四肢不通六道不達
曰失四正不正五官不官曰亂是故國君聘妻於異姓設

爲姪娣命婦宮女盡有法制所以治其內也明男女之別昭嫌疑之節所以防其姦也是以中外不通讒慝不生婦言不及官中之事而諸臣子弟無宮中之交此先王所以明德圉姦昭公威私也明妾寵設不以逐子傷義明立正嫡設其貴寵子不令逐而廢之故不傷義也禮私愛驩勢不竝倫嫡子者所以傳重也故禮許私愛雖驩之超異可也餘子之勢終不得與之並倫也爵位雖尊禮無不行言嫡子爵位雖復尊異必須行之以禮也選爲都佼冒之以衣服旌之以章旗所以重其威也所立之嫡必選其都雅佼好者又以美衣麗服覆習之章表旗幟旌異之凡此皆所以重嫡子之威也然則兄弟無間郄讒人不敢作矣嫡威重則兄弟和故讒人無所作其故矣故其立相也陳功而加之以德論勞而昭之以法參伍相德而周舉之尊勢而明信之其謂國相則功德兩兼勞法獲美於此四者參驗伍偶相與俱得其事既周然後舉用之既用之尊勢而明信之也是以下之人無諫死之諰君明相賢必從諫如流故無諫死之忌也而聚立者無鬱怨之心聚立謂天下會同也若得其所故無怨望也如此則國平而

民無慝矣（慝姦惡者也）其選賢遂材也舉德以就列不類無德（舉有德者以就列位不以無德之人爲類）舉能以就官不類無能以德弇勞不以傷年（有德者超於上列使在有功勞者之前故曰有德掩勞苟其德雖年未至而亦將用之不以年少爲之傷也）如此則上無困而民不幸生矣（有功能必賞用之故人不以苟生爲幸也）國之所以亂者四其所以亡者二內有疑妻之妾此宮亂也庶有疑適之子此家亂也朝有疑相之臣此國亂也任官無能此衆亂也四者無別（無別謂妻妾嫡庶等不分別也）主失其體群官朋黨以懷其私則失族矣（國亡則宗族隨之故曰失族也）國之幾臣陰約閉謀以相待也則失援矣（爲國之機臣下陰爲要結其所謀者閉而不濫以此相待人必懷疑而不相親矣故失其援也）失族於內失援於外此二亡也故妻必定子必正相必直立以聽官必中信以敬故曰有宮中之亂有兄弟之亂有大臣之亂有中民之亂（中人謂百吏之屬也）有小人之亂五者一作則爲人上者危矣宮中亂曰妬紛（言積妬紛然所以亂）兄弟

亂曰黨偏（黨偏則強弱相凌故亂也）大臣亂曰稱述（各稱述其德己之長而不相讓則亂也）中民亂曰讋諄（謂以智詐讋恐諄質則亂）小民亂曰財匱（賦稅重則財匱故亂）財匱生薄（財不供則禮義息故薄也）讋諄生慢（不重淳質而讋稱迷恐之此其慢也）稱述黨偏姤紛生變（此二者或王篡君殺主能為大變也）故正名稽疑刑殺亟近則內定矣（正嫡庶之名稽妻妾之疑不正者之黨數取其偏近者而刑殺之如此則黨偏姤芬之變息故內定）順大臣以功順中民以行順小民以務（順用其務農也）則國豐矣（三者各稱其所順故國豐也）審天時（天時各有宜也）物地生以輯民力禁淫務（繡文刻鏤淫務）勸農功以職其無事（無事者皆令得職也）則小民治矣上稽之以數（謂上欲有所徵發必考其定數以命之也）下十伍以徵（既得其定數下其什伍名以徵之也）近其罪伏以固其意（日期既近尚有不供者則加之罪以權伏之所以固供者之意）鄉樹之師以遂其學（毎鄉必立之師以遂之也）官之以其能及年而舉則士反行矣（舉而有材能者則授之以官既有年矣則舉其功過而考察之如此則皆反其行矣）稱德度功勸其所能若稽之以衆風若任以社稷之任（既稱其德又度其功則其材能不可不知矣既知其能順而考之或使之蒞衆以立風化其材能尤高者

或授之以社稷之任者也若此則士反於情矣有能必任之以職故士反於情也

小稱第三十二 稱舉也小舉其過則當權而改之 短語六

管子曰身不善之患毋患人莫已知言但患身之不善耳無患人不知已也丹青在山民知而取之美珠在淵民知而取之丹青與珠各有可用之性故雖在山泉而藏人猶知而取之況在於人懷善而不知乎是以我有過爲而民毋過命我身有過爲人必知而名之無有過而妄命者也民之觀也察矣不可遁逃有過必知故不可以遁逃以爲不善故我有善則立譽我有過則立毀我當民之毀譽也則莫歸問於家矣人既毀譽則已之善惡審矣故不復問家家則左右便媚者善掩其過而飾其非也故先王畏民民之毀譽必當其過善故畏之操名從人無不強也謂君自行善持名使之延譽故強也操名去人無不弱也君既行惡即是持名去人善可稱故弱也雖有天子諸侯民皆操名而去之則捐其地而走矣皆持其名而去於人則過惡日聞人共畏之故弃其地而走也故先王畏民無善名則弃之走故畏人在於身者孰爲利氣與目爲利氣也者所以生全其形目也者所以獨見其運爲功用莫

大焉故最為利也聖人得利而託焉故民重而名遂聖人之聖精而又神託而行善則譽言滿天
下故人重而名遂也我亦託焉聖人託可好我託可惡我託可惡以來
美名又可得乎我雖託氣濁而不神所行皆可惡用此招來美名其可得乎愛且不能爲我
能也託氣既濁雖令人愛猶不得美名況於惡之乎毛嬙西施天下之美人也盛怨氣
於面不能以爲可好嬙施雖美而面有怨氣亦不能爲可好謂聖人外見其惡亦不得美名我且惡
面而盛怨氣焉怨氣見於面惡言出於口去惡充所往去於人者皆以
惡事充以求美名又可得乎喻人君既内無聖德外皆行惡必無美之名也甚矣百姓之惡
人之有餘忌也惡人不善更有餘忌是以長者斷之短者續之滿者洫之
虛者實之洫虛也長滿者人所忌故或斷之或虛之短虛者人之所好故或續之或實之也管子曰善罪身
者民不得罪也成湯罪己故人不罪之也不能罪身者民罪之桀紂罪人故人罪之故
稱身之過者強也稱身之過即是謙受益也治身之節者惠也懷智之人然後理身節故曰惠
不以不善歸人者仁也不以不善之事歸之於人如此者仁也故明王有過則反之

於身有善則歸之於民有過而反之身則身懼（過反於身則懼而脩德也）

有善而歸之民則民喜（民得善故喜也）往喜民（善往則人喜也）來懼身（過來則懼身也）

此明王之所以治民也今夫桀紂不然有善則反之於身有

過則歸之於民歸之於民則民怒反之於身則身

驕往怒民來驕身此其所以失身也故明王懼聲以感耳

（人以惡聲懼己耳聞而感則心不敢念非）懼氣以感目（人以惡氣懼己目見而感則身不敢造惡）以此二者有天

下矣可毋慎乎匠人有以感斤欘故繩可得料也羿有以感

弓矢故彀可得中也造父有以感轡筴故遬獸可及遠道

可致（彀謂射質擭皮者也感謂深得其妙有應於心者也）天下者無常亂無常治不善人

在則亂善人在則治在於既善所以感之也（既盡也天下所以理在於君人者內外盡善之於人也）

管子曰修恭遜敬愛辭讓除怨無爭以相逆也（逆迎也謂用此恭遜等以相迎接也）則不失於人矣（遜以接人有何失乎）嘗試多怨爭利相爲

不遜則不得其身苟爲不遜身尚不得況於人乎大哉恭遜敬愛之道吉事可以入察凶事可以居喪大以理天下而不益也直用恭遜敬愛足以理天下更不須益小以治一人而不損也雖復一身用恭遜敬愛理之纔可足耳亦不須損也嘗試往之中國諸夏蠻夷之國以及禽獸昆蟲皆待此而爲治亂有恭遜敬愛則理無之則亂也澤之身則榮去之身則辱恭遜敬愛身之潤澤也故在身則榮去身則辱也審行之身毋怠雖夷貉之民可化而使之愛夷貉之人殘戾凶暴苟以恭遜敬愛化之可使生愛審去之身雖兄弟父母可化而使之惡父母兄弟恩情結固苟無恭遜敬愛化之可令生惡故之身者使之愛惡之是也同是此身有恭遜敬愛則愛無之則惡名者使之榮辱同是此身之名有恭遜敬愛則榮無之則辱也此其變名物也如天如地言恭遜敬愛可以變化愛惡榮辱名物之善惡如天地之生殺也故先王曰道道者貴作變化也管仲有病桓公往問之曰仲父之病病矣若不可諱而不起此病也仲父亦將何以詔寡人管仲對曰微君之命臣也故臣且謁之謁謂有所告之也雖然君猶不能

行也（恐其不從故以此言抑之）公曰仲父命寡人東寡人東今寡人西寡人西仲父之命於寡人寡人敢不從乎管仲攝衣冠起對曰臣願君之遠易牙豎刁堂巫公子開方夫易牙以調和事公公曰惟烝嬰兒之未嘗於是烝其首子而獻之公人情非不愛其子也於子之不愛將何有於公公喜宮而妬豎刁自刑而爲公治內人情非不愛其身也於身之不愛將何有於公公子開方事公十五年不歸視其親齊衛之間不容數日之行臣聞之務爲不久（務時爲事久必發揚之也）蓋虛不長（覆蓋虛妄不得長掩謂上三士皆務爲蓋虛者其姦情終當彰露也）其生不長者其死必不終（其所行之行所長之性其至於死必將改復本情未有能終爲意也言三士之忠皆爲忠耳必將復其不忠）桓公曰善管仲死已葬公憎四子者廢之官逐堂巫而苛病起兵（苛煩躁也　巫善今既逐之而公有煩苛之病起兵妄征伐無使療之也）逐易牙而味不至逐豎刁而宮中亂逐公子開方而朝不治桓公曰嗟

聖人固有悖乎四子既逐而有四鬭故以管仲為悖乃復四子者處朞年四子作難圍公一室不得出置公一室之中而圍之故不得出也有一婦人遂從竇入得至公所公曰吾飢而欲食渴而欲飲不可得其故何也婦人對曰易牙豎刁堂巫公子開方四人分齊國塗十日不通矣既有兵難國國之道塗行伐十日不得通也公子開方以書社七百下衛矣古者群居二十五家則共置社謂以社數書於策謂用此七百之書社降下於衛者也食將不得矣作亂欲公之死故不給之食公曰嗟茲乎聖人之言長乎哉言其所見長遠死者無知則已若有知吾何面目以見仲父於地下乃援素幭以裹首而絕幭所以覆軫也死十一日蟲出於戶乃知桓公之死也葬以楊門之扇謂用門扇以掩屍也桓公之所以身死十一日蟲出戶而不收者以不終用賢也桓公管仲鮑叔牙甯戚四人飲飲酣桓公謂鮑叔牙曰闔不起為寡人壽乎奉尊者酒祝今增壽鮑叔牙奉杯而起曰使公毋忘出如莒時也使管子毋

忘束縛在魯也使甯戚毋忘飯牛車下也桓公辟席再拜曰寡人與二大夫能無忘夫子之言則國之社稷必不危矣

四稱第三十三 謂稱有道之君無道之君有道之臣無道之臣以戒桓公　短語七

桓公問於管子曰寡人幼弱惛愚不通諸侯四鄰之義仲父不當盡語我昔者有道之君乎吾亦鑒焉管子對曰夷吾之所能與所不能盡在君所矣君胡有辱令言已能不盡皆之於君無所隱藏今何勞辱君令而令危使已言之乎桓公又問曰仲父寡人幼弱惛愚不通四鄰諸侯之義仲父不當盡告我昔者有道之君乎吾亦鑒焉管子對曰夷吾聞之於徐伯曰昔者有道之君敬其山川宗廟社稷及至先故之大臣收聚以忠而大富之先故之臣謂祖考時舊臣也今以忠誠收聚而賙恤之令其大富也固其武臣宣用其力聖人在前貞廉在側競稱於義上下皆飾形正明察四時不貸民亦不憂五穀蕃殖外內均和諸

侯臣伏國家安寧不用兵革受其幣帛以懷其德昭受其令
以爲法式 鄰國以幣帛來聘當取之以懷來有德其或以制令來告者則君受之以爲法式乎 此亦可謂昔者
有道之君也桓公曰善哉桓公曰仲父既已語我昔者有道
之君矣不當盡語我昔者無道之君乎吾亦鑒焉管子對曰
今若君之美好而宣通也既官職美道又何以聞惡爲 言君既美
好宣通官又合於美道脩而行之自可爲理何須聞於惡事乎以此抑桓公欲觀其意也 桓公曰是何言邪以繬緣
繬吾何以知其美也以素緣素吾何以知其善也仲父已語
我其善而不語我其惡吾豈知善之爲善也管子對曰夷吾
聞之於徐伯曰昔者無道之君大其宮室高其臺榭良臣不
使讒賊是舍 舍止也謂止讒賊於其旁與之近也 有家不治借人爲圖 言自不能理其家借他人
圖也 政令不善墨墨若夜 其言昏闇之甚也 辟若野獸無所朝處 野獸各恣意爲
生不相統屬故無朝處也 不脩天道不鑒四方有家不治辟若生狂 狂惑者失其性不分

（善惡也）衆所怨詛（詛，祝之也）希一不滅，三進其諛優，繁其鍾鼓，流於博
塞戲，其亡鼓胥誅其良臣，敖其婦女（唯與婦女爲敖從也）獠獵畢弋，暴遏
諸父（其所接遇諸父，惟以凶暴）馳騁無度，戲樂笑語，式政既䌛，刑罰則烈（言其
法式之政既已䌛曲，至於刑罰惟益酷烈）內削其民，以爲攻伐（反以削生爲伐功也）辟猶漏釜，豈能無
竭（漏釜則江海不能滿，故必有竭也）此亦可謂昔者無道之君矣。桓公曰：善哉。桓
公曰：仲父既已語我昔者有道之君與昔者無道之君矣，仲
父不當盡語我昔者有道之臣乎？吾以鑒焉。管子對曰：吾
聞之徐伯曰：昔者有道之臣，委質爲臣，不賓事左右（賓，勸也）君
知則仕，不知則已，若有事必圖國家，徧其發揮（良臣皆私其所有，必能於國家
及其發，又普徧之也）循其祖德，辯其順逆，推育賢人，讒慝不作，事君有
義，使下有禮，貴賤相親，若兄若弟，忠於國家，上下得體，居處
則思義，語言則謀謨，動作則事，居國則富，處軍則克，臨難據

事雖死不悔近君爲拂遠君爲輔義以與交廉以與處臨官則治酒食則慈不謗其君不諱其辭君若有過進諫不疑君若有憂則臣服之服行也此亦可謂昔者有道之臣矣桓公曰善哉桓公曰仲父既以語我昔者有道之臣矣不當盡語我昔者無道之臣乎吾亦鑒焉管子對曰夷吾聞之於徐伯曰昔者無道之臣委質爲臣賓事左右執說以進不蘄亡已執事佞說以進於君直擬全生無求於去也遂進不退所謂知進而不知退假寵鬻貴假因也因君之寵必能鬻其貴尊其貨賄卑其爵位不令人未必能貴其爵位但尊其貨賄而已進曰輔之退曰不可進於君則言已能爲輔弼退而私議則曰君不可輔以敗其君皆曰非我由斯之人不肖故君有敗乃更推過於君云此非我不仁羣處以攻賢者小人所懼者君子故其羣處常有陷賢之見見賢若貨其見賢人無欽恭之心反於規利若求貨然見賊若過其見賊人無矜恤之心蕭然不顧若行者之過貪於貨賄競於酒食不與善人唯其所事人有曲而事已與之交也倨敖不恭不友善士讒賊與

受其令令

義使下有禮貴賤相親若兄若弟忠於國家上下得體居處

則思義語言則謀謨動作則事居國則富處軍則克臨難據

事雖死不悔近君爲拂遠君爲輔義以與交廉以與處臨官則治酒食則慈不謗其君不諱其爵君若有過進諫不疑君若有憂則臣服之（服行也）此亦可謂昔者有道之臣矣桓公曰善哉桓公曰仲父既以語我昔者有道之臣矣不當盡語我昔者無道之臣乎吾亦鑒焉管子對曰夷吾聞之於徐伯曰昔者無道之臣委質爲臣賓事左右執說以進不蘄亡已（執事佞說以進於君直擬全生無求於去也）遂進不退（所謂知進而不知退）假寵鬻貴（假因也因君之寵必能鬻其貴）尊其貨賄卑其爵位（不令人未必能貴其爵位但尊其貨賄而已）進曰輔之退曰不可（進於君則言已能爲輔弼退而私議則曰君不可輔）以敗其君皆曰非我（由斯之人不肖故君有敗乃更推過於君云此非我）不仁群處以攻賢者（小人所惡者君子故其群處常有陷賢之見）見賢若貨（其見賢人無敬恭之心反於規利若求貨然）見賤若過（其見賤人無矜恤之心蕭然不顧若行者之過）貪於貨賄競於酒食不與善人唯其所事（人有曲而事已與之交也）倨敖不恭不友善士讒賊與

鬭不彌人爭其人見爭則慮令鬭無彌縫之心唯趣人詔人有制命不問可不則向而順之言其佞設湛湎於酒行義不從從順也不脩先故變易國常擅創爲令迷或其君生奪之政生猶奪政況於死後乎保貴寵矜懼寵而矜夸者則保依而貴重遷損善士善士則遷改而損弃之捕援貨人其所捕追而援引者唯財貨之人入則乗等出則黨騈其貨賄之人與之同國則同乗而等至其出也又用黨而騈也貨賄相入酒食相親俱亂其君君若有過各奉其身奉身自絜推過於君也此亦謂昔者無道之臣桓公曰善哉

正言第三十四　短語八　闕

管子卷第十一

管子卷第十二　　唐司空房　玄齡　注

侈靡三十五

侈靡第三十五　　短語九

問曰古之時與今之時同乎曰同天地四時既無所易故曰同其人同乎不同乎曰不同古淳而今澆古質而今浮故不同也可與政其誅言今雖不同古可為政誅其不法以復古俈堯之時混吾之美在下其道非獨出人也俈帝俈也言二帝之時比屋可封美俱在下其能若此亦言非有出人之道脩古而已混同也山不同而用掞澤不弊而養足山無草木曰童弊竭也耕以自養以其餘應良天子故平以其自養之餘應天子之食須天下半有時而賦曰良牛馬之牧不相及各自足則不相及也人民之俗不相知人至老死不相往來故不相知不出百里而來足行者不出百里而來者所求足故也故卿而不理靜也雖立公卿不理其事以人靜故其獄一踦腓一踦屨而當死諸侯犯罪者令著一隻屨以恥之可以當死刑今周公斷滿稽斷首滿稽斷足滿稽而死民不服非人性也敝也今周公謂時所

用法也稽考也罪滿而斷則從而考之首滿其罪者亦從而考之應斷足所罪滿者又亦從而考之凡此欲以爲慎審也罪定者死之然人尚不服其罪

豈人性之然乎時變故也 地重人載毀敝而養不足事末作而民興之 載生也今地利

既重人之生植穀物君則從而毀奪弊弃盡之所以養有不足人既惰於本業故競起而事末作 是以下名而上實也 謂下

但有農作之名不得自用而實皆歸於上也 聖人者省諸本而游諸樂 聖人察人之本藏之於富壽之域則

告堯以前爲然也 大昏也博夜也 夜謂暗昧之行也令人主至於大昏者則以博爲夜事故也 問曰興時化

若何 謂度時與化其理若何也 莫善於侈靡 侈靡謂珠玉之用也管氏以爲珠玉者飢不可食寒不可衣然時共貴之君若

不重不重則強者守之以招人故度時興化莫若重珠玉以爲侈靡 賤有實敬無用則人可刑也 有實謂穀帛可

貴而賤之無用謂珠玉可賤而敬之若此則人之賢不肖可刑也 故賤粟米而如敬珠玉好禮樂而

如賤事業本之始也 言粟常人賤之賢者貴之如常人之敬珠玉末業常人貴之賢人賤之今則賢者之好禮樂如常人

貴末業若此者可謂務本之始 珠者陰之陽也故勝火 珠生於水而有光鑒故爲陰之陽以向日則火烽故勝火 玉

者陰之陰也故勝水 玉之生於山而藏於山故爲陰之陰以向月則水涌故爲水 其化如神 言珠玉能致水

火故曰如神也 故天子藏珠玉諸侯藏金石大夫畜狗馬百姓藏布帛

不然則強者能守之智者能牧之賤所貴而貴所賤粟米可貴而賤之珠玉可賤而貴之不然鰥寡獨老不與得焉均之始也君不貴而藏之則利積於強智雖務鰥寡獨無所與之今藏之者所以賑貧乏故為均之始政與教孰急政者立法以齊物教者訓誘以感心用一者何先也管子曰夫政教相似而殊方若夫教者標然若秋雲之遠動人心之悲標高舉貌秋雲凄慘有愁悴之容高置且遠能生人之悲心喻教者憂人之不令見其戚容人亦為之傷悼之藹然若夏之靜雲乃及人之體鵬然若謞之靜藹油潤貌鵬然和順貌夏雲之起油然含潤將降其澤及人之體去除熱之氣而和順雖有謞躁之人怙靜喻教者洒之溫辭而強梁者感服之動人意以怨蕩蕩若流水教者若秋雲之動人意人意既動則自怨而蕩搖自怨而蕩搖則從教若流水也使人思之人所生往教之始也身必備之教者若夏雲之順適故其人使人思之人既可思之則生其善心教人之始必備此二者然後可也辟之若秋雲之始見賢者不肖者化焉教者既若秋雲始見而哀憐之又若夏雲之起而潤悅之則天下之賢與不肖無不化焉敬而待之愛而使之若樊神山祭之既後聖化人則敬而來待愛之而後使人尊衛其君若樊落神山設祭而祈福者也賢者少不肖者多使其賢不肖惡得不化賢與不肖皆教而使之則不得

不化也今夫政則少則即皆從敎則人無所犯故於爲政少用爲則也若夫成形之徵者也去

則少可使人乎欲成太平之形以知其徵驗者全能去則而使人斯太平之先兆也用貧與富何如而

可問貧富之中適曰甚富不可使甚富則驕故不可使甚貧不知恥甚貧則濫竊故不知恥也水

平而不流無源則遬竭平而不流謂水也停水無源必速竭雲平而雨不甚無委雲

雲則遬已平雲少雨又無委雲以助之其雨必遬已上二事爲下有比例政平而無威則不行此則爲政

者威以爲本也愛而無親則流但行汎愛無所偏親則其愛流漫賢智不盡力親左有用無用則辟

之若相爲有兆怨雖曰當有所親而用親之理僻左則有爲用者不爲用者辟猶亦有中不凡此但爲怨兆而以

親之無益也上短下長無度而用則危本不稱或復上得短而下持長其役用之不以度如此者或

能懷怨以敗國故日危本不稱也而祀譚次祖犯詛渝盟傷言譚近也國敗絕祀之事延及次祖更有犯

詛渝盟傷言之罪敬祖禰尊始也祖禰人之始也齊約之信論行也詛盟欲爲盡齊要束之信

所以論行也尊天地之理所以論威也天地以秋冬肅殺雷震電耀爲威爲政者所取則故威不可強之也薄

德之君之府囊也凡尊始論行論威爲政者所當行德薄之君皆囊而藏之故有敗亡之禍必因成刑而

論於人此政，行也可以王乎[必因王事之成刑論考於人事此爲政所行也導而勿失故可以王也]請問用之若何[問用政何如也]必辨於天地之道然后功名可以殖[天地有尊卑恩威之序故明之然後可以立功名也]辯於地利而民可富通於侈靡而士可戚[戚親也貴珠玉以賞士故士可親也]君親自好事[謂好爲政之事]強以立斷[強立其志以斷是非]仁以好任[所謂悅以使人]人君壽以政年[君以所壽考由爲政以順年之四時令也]百姓不夭厲[厲癘疾也]六畜遮育五穀遮熟[遮猶兼也]然后民力可得用[人俱富而力全可用也]鄰國之君俱不賢然后得王[若俱賢則不可得而制難以王矣]俱賢若何[問之]曰忽然易卿而移[黜不肖立仁賢]忽然易事而化[去故而取新]變而足以成名[革當而故成名]承弊而名勸之[承先代之弊而成能名故勸勉者也]慈種而民富[沫慈以勉種故人富]應言待感與物俱長[應物而後言待感而後動所謂應天順人者也故與物俱長之也]故日月之明[所謂與日月齊其明]應風雨而種[風時雨若則以君禮不失故也]天之所覆地之所載斯民之良也[君人者德苞天地蓋庶物有生莫能踰故曰人之良]不有而醜天地非天子之事也[不有上事而又醜惡天地之化此非天子

之事民變而不能變是棁之稅反之傅革棁柱也革皮也棁之附革則外華而內不革也今人變而
君不能變亦外華而內不革之類故取喻焉有革而不能革不可服可革而不革則人有輕君之心故不服也
民死信人無信不立故在信也諸侯死化變通之以盡利不化則利竭故死請問諸侯之化
弊也弊謂久行而無益者弊也者家也言國之弊則以家習不革家也者以因人之所重
而行之非人所重則當革也吾君長來獵君長虎豹之皮君好虎豹皮故來獵用功
力之君上金玉幣君上用金玉爲幣故用功力好戰之君上甲兵甲兵之本必
先於田宅有田宅然可以充甲兵之賦今吾君戰則請行民之所重飲食者也
侈樂者也民之所願也足其所欲贍其所願則能用之耳君之於人
必足欲贍願然後可用也今使衣皮而冠角食野草飲野水孰能用之言士既乏於衣
食則君之不能用也傷心者不可以致功謂富者奢靡非而有餘貧者窘悴而不足則傷心矣傷心則無聊而苟且故不能致
功故嘗至味而罷至樂謂富者先奏至樂及食至味而罷之而雕卵然后瀹以灼反之
雕橑力道反然后爨之皆富爲也橑薪也丹沙之穴不塞則商賈不處趨丹

敎而求利敎不處也富者靡之貧者爲之富者所以得成此侈靡則重弃貧者而爲之也此百姓之息
生百振而食非獨自爲也百姓既爲富者所兼則怠於作業故能生此富者之靡富成此至味亦以百姓振迎之故
也豈富者能自爲乎爲之畜化用今欲爲此畜貧富之法當變化富者之用也其臣者予而奪之謂臣
富者今欲化之使貧或先少與而後多奪之也使而輟之既使之多所費用然後成其功徒以而富之或空言與利而
令得富且取其物終之也父擊而伏之或加父罪而擊之子必伏而破産以贖父也予虛爵而驕之或空
與爵名而無其位以驕此人令有所貴用也收其春秋之時而消之富者先貯物以射春秋之利今則官自收而消
也有雜禮我而居之或有費用財物雜禮於我若此者順其意而居之時舉其強者以譽
之富而又強則爲之作聲譽或令有所統率強而可使服事服行也強者言服事事必成辯以辨辭其有辯明
者則令辯繁辭智以招請富而多智則使招來而請謁也廉以摽人富而清廉則使爲人摽式堅強以乘
六廣其德以輕上位君能堅意強力以乘上之六者可以廣其德又可以分其上之任故位輕者也不能使之
而流徙此謂國亡之鄣若不能使任上之六者乃流移而徙之斯亡國之鄣也故法而守常謂古法得
其法者則守常故而不革也尊禮而變俗流遁之俗則當變之上信而賤文文虛而實用故賤之好緣

而好駔 子朗反緣即捐也駔馬之壯健者怯惡者馬必亂故棄之喻姦人之雄亦亂國當絶 此謂成國之法也

爲國者反民性然后可以與民戚 戚親也反者冥其也順其性欲必敗亡若能反之然後有成可與之親 也民欲佚而教以勞 勞致於冠難則有功 民欲生而教以死 死致於冠難則有功也 勞教定而國富 積財故也 死教定而威行 致死則莫敢當其鋒故威行也 聖人者陰陽理 言法陰陽之理 故平外而險中 此則含陰於內發陽於外 故信其情者傷其神美其質者傷其文 精盛則神滅也 化之美者應其名 實應其名故化美也 變其美者應其時 事應其時故變美也 不能兆其端者菑及之 來事之端不知其兆者常失於幾故災及之也 故緣地之利 緣順也 承從天之指 指意也當承順天之意也 辱舉其死 辱猶逆也逆地天以舉事則死也 開國閉辱 若能開國以納善言則辱可閉也 知其緣地之利者所以參天地之吉綱也 知能順地之利則能參天地之吉綱 承從天之指者動必明辱舉其死者與其失人同 逆天舉事故與失人同也 公事則道必行 公事則無擁故其道必行也 開其國門者玩之以善言 有善言可玩故開國以納之也 奈其暴辱 亦既有辱當奈之何唯有舉暴爵祭神以謝過耳 知神

次者操犧牲與其珪璧以執其斝常令巫祝知神之次秩者操牲及珪璧執斝爵以禱神而謝逆

舉之斝也家小害以小勝大祭祀之費家雖有小損因此小損以勝大災貞其中辰其外既以謝過

又當角貞中心無所專固有善則從無失外事之時也辰時也而復畏強長其虛其有強大於己者則當長其謙虛之心而

敬畏之也而物正以視其中情其於物也雖見外正猶未可信又當視其中情以驗之公曰國門則塞

百姓誰衍敖胡以備之謂寇有至國門以塞百姓讙言備而誰可放敖者事至於此如何救而可擇天下

之所宥謂王不天下之所疾者擇鬼之所當謂爲神所福助者也擇人天之所戴謂爲人所

戴仰者也而亟付其身此所以安之也得此三德之人付其身而任之雖有寇賊無若我何故安強與

短而立齊國之若何謂寇賊既持強弓又執短兵列陣而立以攻齊國若之何禦之此亦公問之辭高子之

名而舉之高舉其名則歡悅也重予之官而危之與之重官財不避危亡也因責其能

以隨之猶僦則踈之毋使人圖之責知其能隨而任之則自課厲而無所顧望啓寵納侮使人圖之也

猶踈則數之毋使人曲之因不寵任而踈己者則數加恩意以悅之無使人見怨陰謀曲求己隙者也此所

以爲之也撫人若此可以禦上強與短亡之寇也大有臣甚大將反爲害謂大臣富有既臣且甚大

甚大則逼君故將反爲害吾欲優患除害將小能察大爲之奈何言我且欲寬優此患
斷除其害每見其小能則察知其大欲爲此事如何亦公之問辭也潭根之毋伐潭深也此以大樹喻惡也譬若大樹深根不可伐大
臣根黨盤亦未可卒誅固事之毋入既未能誅且固事之無得入同其惡也深黨之毋涸黨謂探其深情
常令見之無使涸竭也不儀之毋助儀善也彼爲不善無得助爲之也章明之毋滅當發明不善令人皆
知之無使昧滅也生榮之毋失謂生篡殺之心若草木之生榮此其可誅之時必不得失之十言者不勝此
謂令他事有十言之一善不如此一言也雖凶必吉忍而容之屈而事之凶也惡稔易誅吉也故平以滿無事
而揔以待有事而爲之若何揔謂收積也故使國家從故平安之時滿積其財以無事之時收積至時散其積
而用也積者立餘食而侈美車馬而馳多酒醴而靡積謂富而積財者富而侈
食美車多醴財有所散因其散而收之千歲毋出食此謂本事雖復千歲常令自食其財無使他外則富者之
財可得而收之此積之本縣人有主縣謂繫屬也言欲繫屬於人必有所主主於財人此治用官既積財人則於官取之
以理其器用也然而不治積之市謂不取官財以理其用翻乃積之於市使高價得其利也一人積之下一人
積之上此謂利無常財既入市則公私共積之上雖積一分下亦積一分可謂利無常也百姓無寶以

利爲首（百姓無他寶唯以利爲寶之首）一上一下唯利所處（利積多者百姓則從而歸之也）利然后能通通然后成國（無利而不通則國亡也）利靜而不化觀其所出從而移之（利而以不化者則由所出不變故也觀而移變之）視其不可使因以爲民等（等謂率而齊之不可使謂其人非有文武之材又不任作役若此者使之率興利之人而齊之也）擇其好名因使長民（其有好虛譽之名者則擇之使爲興利者之長）好而不已是以爲國紀（好名不已則乃彌積故爲國紀）功未成者不可以獨名（積財之功未成則無獨與之名）事未道者不可以言名成功然后可以獨名（衆共言此人有名）事道然後可以言名然後可以承致酢（既有獨名又有言名然後可以至於承君之酢報也）先其士者之爲自犯（人有士行當推以爲先今反自先之是爲自犯其過也）後其民者之爲自贍（人能興利亦當先之充國今乃後之是自爲其贍不憂國也）輕國位者國必敗（輕國位則有散君之心故國敗也）踈貴戚者謀將泄（踈貴戚則有外顧之意故謀泄）毋仕異國之人是爲經（異國之人所謂非我族類者也今而仕之其必異此所有國之經也）毋數變易是爲敗成（數變易則事繁而無功故曰敗成）大臣得罪勿出封外是爲漏情毋數據大臣之家而飲酒

是爲使國大消飲酒於臣家則威權移焉物不兩盛故臣強則國消也三堯在臧於縣返於

連比若是者必從是罍亡乎雖使三堯在臧但懸其物而不散施之終亦不能守其物亡必不返於連比之

臣臣既得之自用樹福則國從是罍敗而亡乎罍即羈之也辟之若尊譚未勝其本亡流而下

譚延也雖堯守藏不施必亡猶如尊位將反而未能勝其本此位既不可得自然流而下者也不平令苟下不治凡始理下者必

先能平令今既不平令雖下而不理者也高下者不足以相待自處其高欲下待上必不待之也此謂殺事

立而壞何也兵遠而畏何也此謂弑君之事其事既立而後壞如此者何也即以德不素積故也民巳

聚而散何也人不歸無道故輟安而危何也神不祐故也皆謂篡弑功成而不信者

殆兵強而無義者殘不謹於附近而欲來遠者兵不信欲來遠者

必謹於附近然後遠而來信也略近臣合於其遠者立略禮爲不繁也言於近則略之於遠則合之若此者則可以立

功亡國之起毀國之族則兵遠而不畏先自疎國之宗族漸以至三者若此則兵皆逃遠無兵則

威息故不畏也國小而脩大仁而不利猶有爭名者累哉是也不量國之小好脩遠

大雖復行仁不遇其利不如小好脩遠是以猶與他國爭名是者必相累而傷樂聚之力以兼人之強以待其

害雖聚必散好自勉以聚力欲兼他人之強用此以禦衆危害如是者先雖聚後必散大王不恃衆而自
恃百姓自聚供而後利之成而無害大王亶父爲狄所攻乃去豳之岐杖策而往百姓曰仁君也不可
失扶老攜幼而從之一年成邑二年成都三年五倍其初言大王雖有衆不恃但自恃其德故百姓隨而聚之供其所須而利之遂至於成功而無危害
者也踈戚而好外企以仁而謀泄賤寡而好大此所以危言自踈己親暱
交外人雖企慕於仁而所謀多泄漏既賤且寡好爲迂大凡此皆危敗之道也衆而約謂與衆爲約要束也實取而言
讓謂實取危彼物於言更成遜讓行陰而言陽於行實爲陰密在言更成顯陽利人之有禍謂因
禍而生利言人之無患人雖實禍於言乃爲無患吾欲獨有是若何凡此獨君之事也問獨有之何
如自衆而約已下公問之辭是故之時陳財之道可以行今也利散而民察必
放之身然後行管氏言此乃古之陳設致財之道亦可一行求於今然利散於下人則察而知之置之於身勿令下知然後可以行故
置之言也公曰謂何問所以行之長喪以黜其時黜顯也吾喪長者毀暦之息謂增長扱吾喪之禮使人皆黜
黜之敗也重送葬以起身財重送葬則費用廣僑慢則不及事由人習爲精厲庶事不怠故能起身之財一親往
一親來所以合親也謂一親往死一親來生親無絕特故曰合親此謂衆約人皆親敬之重葬可以起財故

曰衆要之也問用之若何問用衆要巨瘞培所以使貧民也瘞培謂壙中埋藏處深暗也貧
人雖無財力則巳有焉故敎之巨瘞培以役其力也美壟墓所以文明也壟墓高美文明而不感也巨棺槨
所以起木工也人習爲棺槨則增長久之工也多衣衾所以起女工也習爲衣衾
則增長女工也猶不盡故有次浮也謂上之理猶有不盡也次浮謂棺槨壟墓之外游飾也有差樊樊蕃
也謂壟墓之外樹以蕃其制尊卑之外此壟之次浮也有瘞藏謂古之樊者或藏以金玉或以器物此棺槨之次浮也作此
相食然后民相利守戰之備合矣方喪之時孝子莱遝或不舉火鄰里爲食以相飼如此則人遞相餉
親恩情結固至於守戰之時必誠力齊敵而不能當之矣鄉殊俗國異禮則民不流矣流移也俗禮殊異則
人各其其所安故不流移也不同法則民不困鄉丘老不通覿誅流散則人不
眺丘大也大老者各足於其所不相交通流散於其鄉則誅之令其覿見如此則人安其本不眺望他所而歸之安鄉樂宅享
祭而謳吟稱號者皆誅所以留民俗也皆令安樂鄉宅享祭先祖其有謳吟思於他所者則誅之
或有稱舉號詠他鄉者皆誅之凡此皆欲留止人俗不令轉移斷方井田之數謂分人之地每斷定其方而立之田數屋三爲
井也乘馬田之衆每一甸之衆數賦長轂一乘馬四疋謂之乘馬十六井曰丘四丘爲甸制之陵谿立鬼神

而謹祭每大陵深谿皆有靈焉上立鬼神之祠使人祭之皆以能別以爲食數示重本也人之大小皆各有材能多者食衆能少者食寡故曰以能別爲食數凡此皆重人夲之事也故地廣千里者祿重而祭尊其君無餘言不脩祭以餘地與飼也地與他一者從而艾之從謂次當受封者艾謂滅削也言脩祭之君受地與他同故曰若一者則削滅其地與次受封之君者也君始者謂始爲君者也艾若一者從乎殺與于殺若一者言始受封之君夲既無地故取先受君者彼或不與從而殺之彼或自取與受而殺之彼自取與于始封者令與先受封者地均若一也從者艾艾若一者從于殺與于殺若一者從無封始王事者上王者言從者先無封令始王事故父取他國之地與先者均齊若一則止也上事霸者生功言重本言諸侯既受地分則上事霸主隨政命以生立其功凡此皆爲重本也是爲十禺分免而不爭言先人而自後也禺猶區也十禺謂十里之地每里爲一禺故曰十禺若他國來分明勸勉而與之不敢交爭如此者所以先陳他人自取其後官禮之司享言國宮禮各有私昭穆之離離謂次位之別也先後功器事之治功有大小器有精麤各定其先後之差也尊鬼而守尊鬼謂謹其享祭之禮也故戰事之任高功而下死本事戰士雖有高下之殊各令死其本事也食功而省利勸臣飼其有功省其無功則臣勸也

上義而不能與小利上當操大義而主斷不可顧小利而移止五官者人爭其職然後
君聞官爭理職則國治故君名聞於天下祭之時上賢者也謂助祭之時賢者居上爲儀而已非能有所益故
君臣掌祭者掌禮以行事所用其智謀或君有故使臣攝之事亦無曠故曰君臣掌也君臣掌則上下均臣能
行君事故曰上下均者也此以知上賢無益也其亡茲適祭祀之時非不上賢但庸臣亦能行君之事無益
擯於令主人雖云上賢而不用其智謀與祭時上適故曰無益既不賢則動皆違理故茲適於危上賢者亡謂空上之而已不能用之也
而役賢者昌役賢則功成故國昌上義以禁暴義者所以除去不宜故禁暴也尊祖以敬
祖祖始也尊立祖廟所以敬始封之君也聚宗以朝殺宗不輕爲主也謂聚會也小之封宗以朝於君而有
親疏之殺凡此爲主之重者也載祭明置載行也言公將爲行祭至明而置之欲人不知也高子聞之以告
中寢諸子高子齊大夫聞君之將行故告中寢諸子諸侯諸子之居中寢者中寢諸子告寡人舍朝
不鼎饋常禮退朝常鼎饋而食今不然故致怪之中寢諸子告宮中女子曰公將有
行故不送公言何故不送公也公言無行女安聞之曰聞之中寢諸子索
中寢諸子而問之寡人無行女安聞之吾聞之先人諸侯舍於

享言國宮

治功有大小器有精麤各定其先後之差也尊鬼而守尊鬼謂謹其享祭之禮也故戰事之任高功

而下死本事戰士雖有高下之殊各令死其本事也食功而省利勸臣飼其有功省其無功則臣勸也

上義而不能與小利上當操大義而主斷不可顧小利而移止五官者人爭其職然後
君聞官爭理職則國治故君名聞於天下祭之時上賢者也謂助祭之時賢者居上爲儀而已非能有所益故
君臣掌祭者掌禮以行事所用其智謀或君有故使臣攝之事亦無曠故曰君臣掌也君臣掌則上下均臣能
行君事故曰上下均者也此以知上賢無益也其亡茲適祭祀之時非不上賢但庸臣亦能行君之事無
損於令主人雖云上賢而不用其智謀與祭時適故曰無益既不賢則動皆違理故茲適於危上賢者亡謂空上之而已不能用之也
而役賢者昌役賢則功成故國昌上義以禁暴義者所以除去不宜故禁暴也尊祖以敬
祖祖始也尊立祖廟所以敬始封之君也聚宗以朝殺示不輕爲主也謂聚會也小之封宗以朝於君而有
親疏之殺凡此爲主之重者也載祭明置載行也言公將爲行祭至明而置之欲人不知也高子聞之以告
中寢諸子高子齊大夫聞君之將行故告中寢諸子諸侯諸子之居中寢者中寢諸子告寡人舍朝
不鼎饋常禮退朝常鼎饋而食今不然故致怪之中寢諸子告宮中女子曰公將有
行故不送公言何故不送公也公言無行女安聞之曰聞之中寢諸子索
中寢諸子而問之寡人無行女安聞之吾聞之先人諸侯舍於

朝不鼎饋者非有外事必有內憂公曰吾不欲與汝及若若不
欲與汝論此言也女言至焉不得毋與女及若言至謂盡理吾欲致諸侯諸
侯不至若何哉女子不辯於致諸侯婦人無豫於外致故不明於致諸侯之理自吾不
爲汙殺之事人布職不可得而衣汙殺言然人必有所詐殺除戮者所以伏遠而來近今既爲人雖纖
不爲巳用故有布不得而衣言此者欲桓公詐威以伏其侯也故雖有聖人惡用之人者寡易也后不用威聖人亦可能用
之堯爲定夫不能服三家即其事也能摩故道新道定國家然后化時乎摩謂新其事也故道
謂先王之典刑新道謂度時而制法言能故道以成新道定國安家然後可以化時也國貧而貪鄙富而美於
朝市國言國朝貧而邊鄙富饒若此者邊鄙之邑必苞苴財貨好遺朝以市權利也國富而鄙貧莫盡如
市國富財故富鄙輸化貨故貧其取半反也其物莫知盡入於市以市人不虛取故鄙人不虛與故也市也者勸也勸者
所以起本善農者能多致市利則自勸而不怠故能起本也善而末事起不侈本事不得
立後謂饒多也末事不饒多農事不給故本事不得立選賢舉能不可得惡得伐不服用欲倚
不損用必待賢能百夫無長衍可臨也若無賢雖百夫之長無人爲之千乘有道不可修也雖千

乘之國有道以用之則不可脩營而伐之也夫紂在上惡得伐不得紂在上位萬人讎之鬼神怒之雖其旅若林莫
不倒干自伐故無有伐而不得者也鈞則戰守則攻言伐紂者力鈞則與之野戰城守則圍而攻之百蓋無築
千聚無社謂之陋一舉而取天下有一事之時也言紂人皆旦雖有聚之夫
不立一社以繞之如此者爲政之陋也故武王一舉取天下而有之此萬代一時之事也萬諸侯鈞萬民無聽雖使
萬諸侯鈞引於人人必不聽此言三者貴上位不能爲功更制其能王乎居上位不獨立其功不更共制之若
此者必不能王也緣故脩法以政治道則約殺子吾君故取夷吾謂
替子君之子也其能制緣順故常脩理法制爲政不違於道若此者可共謀要殺君子之不當立者吾君所以取夷吾爲替者爲有此道也公曰
何若問何以獨取夷吾也對曰以同以其德智同故取也其自久臨可立而待鬼神不
明謂君子不當立者雖久臨其位危亡可立而待其享祭鬼神之禮又不能明也囊橐之食無報明厚德也
此論桓公之隱雖以囊橐之食遺人不求其報所以明厚德也沉浮示輕財也其散施於人不顧其沉所以示輕財也不得其報
曰沉得報曰浮或曰祭川曰沉浮也先立象而定期則民從之先立法象與人定期人則率服皆順從也故爲
禱謂先人禱神祈福祥朝縷綿明輕財而重名縷帛也言每於朝置綿以賞賜賞與所明是輕財而

者也公曰同臨所謂同者其以先後智渝者也所謂臣德同君者能先後於君
其愚危難則智謀變而通之詩所謂予曰有先後者也鈞同財爭依則說假令財與人鈞同人則悅而爭依於己十
則從服若財十倍多彼則服而從之萬則化成功而不能識若財萬倍多彼則變化而無不如意
故可以成功而觀者莫能識之而民期然后成形而更名則臨矣言人心期以為主相與樂推然後成
形於以名前所服之人則臨之以為君矣請問為邊若何問所以防御邊境對曰夫邊日變不
可以常知觀也邊者兩國交爭寇敵伺郄日有變當應機而動故不可以常智觀民未始變而是變
是為自亂未變者應機未發且當循常而伺之今人未當變而輒為變此謂先時也更益其亂故曰是為自亂也請問諸
邊而參其亂任之以事因其謀諸邊則四邊也謂參驗知其委變之亂然後以事任之因其所謀而用之
此已上公問之辭也方百里之地樹表相望者丈夫走禍婦人備食謂百里之國自
國都至邊境每於高顯之處樹立其表使遞相望其有寇賊之禍丈夫則走而奔命婦人則備食以終之也内外相備外拒寇以
防内内備食以給外故曰相備也春秋一日敗曰千金稱本而動春秋種穫尤為農要此二時而有戰
敗但經一日敗費千金故為國者必當稱本而動也候人不可重也唯交於上能必於邊之辭

候人謂謁候之來入國者候人入國或伺我虛實覘我動靜不可使重之唯有能與上交必定邊境之辭至國不易者其可重也行人可

不有私不有私所以爲内因也行人使人也若何而可唯不有私耳無私則意成故能爲國内成事者也

使能者有主矣而内事使人出境必有所主其所主者欲成内國之事萬世之國必有萬

世之實無萬世之實不能成萬世之國也必因天地之道天地之道順以動者也無使其内

使其外應内而外失外情也使其小毋使其大棄其國寶應小而大失事之宜大臣國之寶也今

非理使之故曰棄國寶也使其大貴一與而聖稱其寶使其小可以爲道謂使

其大臣當尊之一與其事必無轉移知此則舉輒有成能立聖人之功謂稱其寶矣能則專專則佚使得其能於事必專專則

功成故佚樂也椽能踰則椽於踰椽猶梯也謂鑿椽以爲梯凡欲蹈越高遠必因梯而後能若不因梯直欲踰之則不能踰

矣然則踰因梯而踰矣此喻成功必有良臣賢佐然後事遂而名立也能宫則不守而不散宫謂防禦之國四國也能有四

國之宫則不有寇難若無宫直欲守之其衆必散也衆能伯不然將見對伯長也謂材能之主衆必能爲之長若不能長

之豪俊之人將來對已以兩雄兩雄者之道也君子者勉於糺人者也君子者德民之稱故但糺察人不爲人所糺

非見糺者也故輕者輕重者重前後不慈輕謂臣人重謂君也凡君臣所以能相慈

者輕能事重重能制輕然後慈惠之心油然生矣今輕自在輕重自在重或前或後不相交接否之謂也何慈之有乎 凡輕者操
實也 臣須君食故必操君實也 以輕則可使 輕而操實則可使也 重不可起輕 雖重無實則輕不可
起用 重有齊重以爲國 重者則限不過爲國 輕以爲死 以道使輕可以致死 毋全祿貧
國而用不足 欲全其祿不以與下則賢去而人散故國逾貧而用逾不足也 毋全賞好德惡亡使
常 雖曰好德全賞而不與雖曰惡亡所使者乃常人若此者敗亡之道 請問先合於天下而無私怨
謂與天下合同人皆樂推故无私怨也 犯強而無私害 雖犯於強乃以公義故無私害謂責楚苞茅之出也 爲之若
何對曰國雖強令必忠以義 令忠以義雖強必德之也 國雖弱令必敬以哀
令敬以哀雖弱不免也 強弱不犯則人欲聽矣 犯雖輕弱則人違之 先人而自後而無
以爲仁也 先人自後大國之禮何仁之爲也 加功於人而勿得 施功而不求於報也 所橐者遠
矣 橐棄貨而匱民者當而遠之 所爭者外矣 交爭無禮者當遣之外也 明無私交則無內怨
私交則不公而偏故內怨起之 與大則勝 能親與大國故得勝 私交衆則怨殺夷吾也 使君一私交
者夷吾之由故恐衆怨而殺之 如以予人財者不如無奪時如以予人食者不如

毋奪其事 不奪其事則各安其業食無不足也 此謂無外內之患事故也 財食足則外內之患忘也 君臣之際也 君臣非有骨肉之親但以禮義相接也 禮義者人君之神也 禮義在則君尊臣卑萬人以寧故曰神 且君臣之屬也 以義相屬 親戚之愛性也 相親相愛性也 使君親之察同索屬故也 索求也君親之於臣子同求其愛敬矣故事也臣雖屬君當以事親之故事君 使人君不安者屬際也 使君不安其位者則臣但以義際君無愛敬故也 不可不謹也 臣無愛敬或化爲仇敵故不可不謹之也 賢不可威 威賢則邦國殄瘁 能不可留 材能當引用之不可留之於彼身 杜事之於前易也水鼎之汨也 姦凶之事先其未然而杜塞之則甚易也猶水之在鼎以烹之食事亦不擾也 人聚之壤地之美也 由是地美故人聚之也 人死之若江湖之大也 人所以爲君致死者則君量若湖水之大無不容納故也 求珠貝者不令也 君之於人有所簡擇若求珠貝之爲也人必去而不令之 逐神而遠熱交觶者不處兄遺利 君之於人也使敬之若逐神長之若遠熱其逐神者交觶祭祀不敢留處其遠熱也雖有兄弟之親亦遺利而去君之尊嚴莫與大誰敢窺覦之哉 夫事左 謂人君行事不得正 中國之人觀危國過君而弋其能者豈不幾於危社主哉 中國謂得禮義之中國也弋取也中國之人見危國過君不能用賢

覘我動靜　覘

私交則不公而偏故內怨起之與大則勝能親與大國故得勝私交衆則怨殺夷吾也使君一私交

者夷吾之由故恐衆怨而殺之如以予人財者不如無奪時如以予人食者不如

毋奪其事（不奪其事則各安其業食無不足也）此謂無外内之患事故也（財食足則外内之患忘也）君臣之際也（君臣非有骨肉之親但以禮義相接也）禮義者人君之神也（禮義在則君尊臣卑萬人以寧故曰神）且君臣之屬也（以義相屬）親戚之愛性也（相親相愛性也）使君親之察同索屬故也（索求也君親之於臣子同求其愛敬矣故事也臣雖屬君當以事親之故事君）使人君不安者屬際也（使君不安其位者則臣但以義際君無愛敬故也）不可不謹也（臣無愛敬或化爲仇敵故不可不謹之也）賢不可威（威賢則邦國殄瘁）能不可留（材能當引用之不可留之於彼身）杜事之於前易也水鼎之汩也（姦凶之事先其未然而杜塞之則甚易猶水之在鼎以烹之食事亦不擾也）人聚之壤地之美也（由是地美故人聚之也）人死之若江湖之大也（人所以爲君致死者則君量若湖水之大無不容納故也）求珠貝者不令也（君之於人有所簡擇若求珠貝之爲也人必去而不令之）逐神而遠熱交觶者不處兄遺利（君之於人也使敬之若逐神長之若遠熱其逐神者交觶祭祀不敢留處其遠熱也雖有兄弟之親亦遺利而去君之尊嚴莫與大誰敢窺覦之哉）夫事左（謂人君行事不得正）中國之人觀危國過君而弋其能者豈不幾於危社主哉（中國謂得禮義之中國也弋取也中國之人見危國過君不能用賢

道爲已用如此則過君之社主近於危利不可法故民流神不可法故事之神亦不得其法不知

神之所在故畏敬事之所謂陰陽不測之者也天地不可留故動化故從新天施地化日夜不息故能生成不已

以天地變不可留停故動化其故以就其新然亦循故之四時周而復始而所易之也是故得天者高而不崩謂得

天變化日新之理故能常保其尊高而不崩壞者也得人者卑而不可勝得人則衆歸之故雖卑不可勝是故

聖人重之謂重天也人君重之謂重君也故至貞生至信至貞正也謂正心生則至信生而

應之也言往至絞生絞謂急言私已今空以言往而無其實則至絞已言生而應至自有道正生則信至言

往則絞來皆有因而然故曰至自有道不務以文勝情以文勝情情彌虛也不務以多勝少少是

能正衆非故多不能勝之不動則望有廧君子儼然不動則望者如墻焉旬身行旬均也君子身行必令均

平正直法制度量王者典器也理國之常器也執故義道畏變也君人執守故

義以尊於道者畏輕躁之人妄有所變也天地若夫神之動化變者也天地之極也若能

祀神而動化變流弊天地之極理善莫大焉能與化起而王用則不可以道山也若能隨神化而

起王有天下其所運用則不可以常道挌之其富饒取類於山也仁者善用智者善用非其人則

與神往矣非其人尚能用之則明無不用如此者可謂通靈合契契神往來也衣食之於人也不可以一日違也一日違衣食生理或幾乎不全也親戚可以時大也謂時大聚會之以結其恩意是故聖人萬民艱處而立焉人者難靜而易擾故聖人處立其上常有戰兢之心畏難之也人死則易云死者無所爲不憂其爲亂故易云也生則難合也生者有利欲之心合而無防或生姦謀故難合故一爲賞再爲常三爲固然謂一時行其賜人則欣賴以爲賞頻再爲之則人以爲常謂至此時必當有賞頻三爲之則以爲理國當然無懷愧之心其小行之則俗也君小行其賞則人習之以爲俗無過厚之恩也久之則禮義久而一行厚賞則人荷德而懷恩此禮義之正者也故無使下當上必行之無使下人每至時承當君上必行之賞也然后移商人於國非用人也下既不希上賞則專意於市故商人皆移來入國也不擇鄉而處不擇君而使商人常隨利往來故不擇鄉又不擇君出則從利入則不守商人出國唯從利焉其入國遇寇難則恇怯而苟免不爲君城守也國之山林也則而利之商人雖不爲國用亦有利於國猶山林也則當容受而取其利也市塵之所及二依其本市則衆聚喧買鼎尤多塵埃今使工商二族依之以爲本此亦處物之宜也故上侈而下靡得商賈之利故上侈下靡而君臣相上下得商工之用故依之章

著上下之儀相親則君臣之財不私藏相親則情公故不私藏財然則貪動枳而得
食矣枳棘者所爲擁塞也農人貪商賈而動者則多枳塞其幸者但得貪食而已無餘利也徙邑移市亦爲數
一其有田邑之人今移於市此亦爲費數而得一耳也問曰多賢可云問多賢之理可言不封曰魚鼈之
不食咀者不出其淵樹木之勝霜雪者不聽於天霜雪不能殺是不聽於天
也士能自治者不從聖人能自理者則有餘不從聖人而求之也豈云哉能自理則雖聖人不
能致自斯之外何可云者夷吾之聞之也不欲強能材能之士心不慕已勿強引之也不服智而
不牧士之材智上不服則勿養之若旬虛期於月津若出於一明然則可以
虛矣布一月日期津明潤貞君人之道當若每旬之虛而在數自期於來日既至津然後出一明矣如此虛而任數理足自耶人但虛懷接物
賢才自至亦猶是也故阸其道而薄其所予則士云矣士之道藝云則能阸而服之至人所與則薄
而少之如此則必自來其理可言也不擇人而予之謂之好人不擇人而取之謂之好
利遇人則與無所簡擇可謂謂多所愛所愛審此兩者以爲處行則云矣兩者謂不
擇取與不擇而取寧不擇而與用此以爲處身之行則其理可云矣不方之政不可以爲國不方之政謂邪也曲

靜之言不可以爲道也靜謀節時於政與時往矣凡爲節度當合於時所施政教與時
俱往不動以爲道齊以爲行守正不動以爲道齊整肅然以此爲行也齊避世之道不可
以進取苟避世則晦明藏用若無所能故不可進取陽者進謀幾者應感顯明其事者欲進而
爲謀幾理之動唯應所感也再殺則齊一殺尚有參差必再殺然後可齊文王再駕伐崇武王再駕伐紂也然後運
可請也既齊則天下服故請問歷數之運將帝位也陽者進謀已下公問之辭也對曰夫運謀者天地
之虛滿也合離也言歷運之謀崇替相因若天地之有滿虛合離乃理之不可已者也春夏爲合秋冬爲虛春秋冬
夏之勝也若無春秋冬夏之變則不能相勝而成歲有道之伐無道亦猶是也然有知強弱之所尤然後
應諸侯取交尤殊絕也謂應運而王者必有智而強殊絕於衆若然諸侯之可以取天下之交故知安危國之
所存以時事天以天事神謂以神禮事也以神事鬼謂依時而享鬼也故國無
罪而君壽而民不殺智運謀而雜橐刃焉雖用智運謀亦須威以成之故曰雜橐韜也
其滿爲感感則物應故滿也其虛爲亡亡則物散故虛也滿虛之合有時而爲實
滿時爲實也時而爲動虛時爲動散也地陽時貸地在陽時假貸萬物精氣以長養也其冬厚則

夏熱其陽厚則陰寒厚謂過於寒熱冬有極寒夏有極熱夏有極熱冬有極寒是故王者謹於日至謂冬夏至也當知二至之寒熱也故知虛滿之所在以爲政令知其寒熱之虛爲時令以順之已殺生其合而未散可以決事時冬〻時既有肅殺其萌牙內發欲生也然其時方寒合而未有時可以決斷罰罪之事也將合可以禺其隨行以爲兵禺謂事端初見也謂夏末初秋之時寒涼方至將疑合初見其禺隨此時而行可以爲兵威也分其多少以爲曲政兵之所由各有多少隨其多少委曲爲政請問形有時而變乎謂歲年多吉凶之變可知對曰陰陽之分定則甘苦之草生也陰陽之分定於吉則有甘草生薺是也定於凶則苦草生葶藶是也從其宜則酸鹹和焉謂從四時之宜以酸鹹之味和而食焉若春多酸冬多鹹是也而形色定焉以爲聲樂酸色青鹹色黑青聲角黑聲羽言定色而生聲夫陰陽進退滿虛時亡其散合可以視歲唯聖人不爲歲言陰陽滿虛散合可視知歲之豐荒也能知滿虛奪餘滿補不足聖人善識滿虛之所在故奪有餘者補於不足以通政事以贍民常減滿與虛萬人均平故能通達政事贍足於人使脩常通地之變氣應其所出謂地見災變之氣應其所出之處設法以之穰水之變氣應之以精受之以豫水見災變之氣則當應之以精識其祥不須當受之者須預有所防

備之也天之變氣應之以正天見災變之氣唯守正以應之也且夫天地精氣有五不必爲沮謂五行之時也其時之氣不能必則爲沮敗也其亟而反其重陔動毀之進退即此數之難得者也其爲沮敗也或變有形而遲反者或遲重滯凝久而不去者或發動而有所毀傷者或有乍退者凡此皆災敗之數難得而知之者此形之時變也謂歲年之形有變也沮平氣之陽若如辭靜言欲沮敗平和之陽氣默至而無形聲如辭言之靜者餘氣之潛然而動愛氣之潛然而哀胡得而治動災之餘氣潛然發動愛怜之氣已潛然而哀則氣候之動難知者也故曰胡得而治動自沮平已下公問之辭對曰得之衰時位之觀之得其沮氣衰敗之時立分位而觀察之佁美然后有煇佁深思皃謂深得其美理然後情魂悅而皃煇然也脩之心其殺以相待既知災氣之所召則脩德於心以禳之其凶殺之至必有以待之故有滿虛哀樂之氣也當察災而德禳或滿而樂或虛而哀也故書之帝八神農不與存爲其無位不能相用問運之合滿安臧易之所序五帝謂伏羲神農黃帝堯舜書之所記三王夏殷周然於八帝之中神農所存事迹獨少則以不爲位以觀災處氣又不公問自今之後運之合滿何所藏隱可得知之乎二十歲而可廣十二歲而聑廣百歲傷神管氏對曰從今之後二十歲天下安寧德義可廣又十二歲代將亂而

彌其廣又百歲之後天下分崩鬼神之祀絕矣周鄭之禮移矣禮移則俗變也則周律之廢矣周之法則壞矣則中國之草木有移於不通之野者時既戰爭廢於農事稼穡之地荊棘生焉故草之屬移變於不通之野然則人君聲服變矣聲謂樂聲衆亂則聲服俱變則臣有依駟之祿依稱也代衰則臣富故臣多養駟馬反其受祿又以稱之婦人為政鐵之重反旅金君幼則母后為政鐵者所以為兵器當重之謂下而悲識不重鐵反旅陳於金而玩之者也而聲好下曲食好鹹苦謂聲之下而悲者食多鹹苦之味者婦人之所好則人君日退亟既使婦人為政則百度昏人之退衰也豈不亟急哉則谿陵山谷之神之祭更應國之稱號亦更矣更改也國衰則神之祀改其所應祭國之稱號亦更矣市朝既變後聖既作故改其號國視之亦變旌麾之屬目視而取節今變矣觀之風氣古之祭有時而星或祭星以祈風氣之和者也有時而星熺熺星之明或有祭明星者有時而煏煏熱甚也祭謂此旱熱甚而祭有時而胸胞遠也或遠而為來歲祈福而祭之也鼠應廣之實陰陽之數也鼠憂也凡此皆君之憂人故廣為祈福祥而祭之謂陰陽為物也華若落之名祭之號也言祭時為物作美號若花落之益物益其光輝是故天子之為國圖具其樹物也

管子卷第十二

管子卷第十三　唐司空房　玄齡　注

心術上第三十六　心術下第三十七

白心第三十八

心術上第三十六　短語十

心之在體君之位也（心之在體當身之中凡身之運爲皆心之所使故象君位）九竅之有職官之分也（九竅則各有職司不能以此代彼若百官之有其分也）心處其道九竅循理（心之君處常能順道則九竅所司各循理而應也）嗜欲充益目不見色耳不聞聲（君嗜欲充益動違道則九竅失其由故目有所不見耳有所不聞也）故曰上離其道下失其事（上順道則下事得）毋代馬走使盡其力毋代鳥飛使獘其羽翼毋先物動以觀其則動則失位靜乃自得道不遠而難極也（能走者馬也能飛者鳥也今不任鳥馬之飛走而欲以人代之雖盡力獘羽翼而煞竟不能盡以喻君代臣亦然故曰不遠而不得故曰難極也）與人並處而難得也虛其欲神將入舍（但能空虛心之嗜欲神則入而舍之）掃除不絜神乃留處（不絜亦喻情欲）人皆欲智而莫索其所以智乎（所以

智者虛心以循理也智乎智乎投之海外無自奪但能虛心脩理其智雖復遠投海外虛心用之
他毋從而奪之也求之者不得處之者將欲求之智慾不知其處而得之也夫正人無求
之也智既不可得故人亦無從而求之故能虛無虛無無形謂之道化育萬物謂
之德君臣父子人間之事謂之義人事各有宜也登降揖讓貴賤有等
親疏之體謂之禮簡物小未一道殺僇禁誅謂之法謂簡擇於物未有能
與道爲一者乃殺戮禁防之此法之用也大道可安而不可說夫道無形無聲者也體神而安之則有理存焉如欲說之無緒
可言直人之言不義不顧不出於口不見於色四海之人又孰知其
則謂安道之君子雖人言其不義囂然不顧言既不出於口理又不見於色言理既絕四海之人誰有能知其則義哉天曰虛地曰
靜乃不伐言能體天而虛順地而靜則道德全備故不可伐也絜其宮宮者心之宅猶靈臺也開其門門謂
口也開口使順理而言下解中門謂耳目也去私毋言謂無私言神明若存宮絜無私則神存紛乎其
若亂靜之而自治雖紛然而亂但靜而順之則自理也強不能徧立智不能盡謀忘強
與智然後所謀立能遍而盡物固有形形固有名名當謂之聖人立名當物所以稱聖故

必知不言無為之事然後知道之紀（道以不言無事為紀）殊形異埶不與萬
物異理故可以為天下（君人者必殊形異埶與物同理故可以為天下主）人之可殺以其惡
死也（若不惡死雖殺無益）其可不利以其好利也（若不好利雖不利之亦無懲也）是以君子不
怵乎好（怵止也不止人好利之情下解中作怵）不迫乎惡（不迫移人惡死之意）恬愉無為去智與
故其應也非所設也其動也非所取也（故事也既忘智則事自去）過在自用
自用（不順理則生過）罪在變化（小聰明之變舊章則成罪也）是故有道之君其處也若無
知（寂泊之至）其應物也若偶之（若符契自然而合也）靜因之道也（凡此皆虛靜心循理之道也）心
之在體君之位也九竅之有職官之分也（此已下上章之解也然非管氏之辭豈有故作難書
而復從而解之前之循制皆不然矣凡此書之解乃有數篇版法勢之屬皆間錯不倫處非其第據此則劉向偏授之由曰謂為管氏之辭故使然也今究
尋文理觀其體勢一韓非之論而韓有解老之篇疑此解老之類也）耳目者視聽之官也心而無與於
視聽之事則官得守其分矣夫心有欲者物過而目不見聲
至而耳不聞也故曰上離其道下失其事故曰心術者無為

而制竅者也心無嗜欲之爲故能制於九竅故曰君無代馬走無代鳥飛此言不

奪能能不與下誠也君之能不預於下之誠凡爲其所能無不誠毋先物動者搖者不

定趮者不靜言動之不可以觀也位者謂其所立也人主者

立於陰陰者靜靜爲躁君故人主立於陰也故曰動則失位失君位也陰則能制

陽矣靜則能制動矣君亦能制臣矣故曰靜乃自得道在天地之間也

其大無外其小無內所謂大無不苞細無不入也故曰不遠而難極也虛之

與人也無間虛能貫穿人形故曰無間唯聖人得虛道故曰並處而難得世

人之所職者精也職主也言所稟而生者精也去欲則宣宣則靜矣宣通也去欲則虛自

行故通而靜靜則精精則獨立矣獨則明明則神矣神者至貴也故

館不辟除則貴人不舍焉故曰不潔則神不處人皆欲知而

莫索之其所以知彼也其所以知此也有此然後知彼也不脩之此焉

能知彼無此其具則不往知彼脩之此莫能虛矣虛者無藏也此既脩則彼不能虛並者無能

藏隱故也 故曰去知則奚率求矣 率循也無知則循理而自求也 無臧則奚設矣 既不能隱藏則無策謀可以施設也 無求無設則無慮無慮則反覆虛矣天之道虛其無形虛則不屈 屈竭也 無形則無所位逜 逜逆也 無所位逜故偏流萬物而不變 無物與之同故不變 德者道之舍物得以生 謂道因德以生物故德爲道舍 生知得以職道之精 得其生者主由稟道之精也 故德者得也得也者其謂所得以然也 得道之精而然 以無爲之謂道 無爲自然者道也 舍之之謂德 道之所舍之謂德也 故道之與德無間 道德同體而無外內先後之異故曰無間 故言之者不別也 同體不別故能 閒之理者謂其所以舍也 道德之理可閒者則有所舍所以舍之異也 義者謂各處其宜也禮者因人之情緣義之理而爲之節文者也故禮者謂有理也理也者明分以諭義之意也故禮出乎義義出乎理理因乎宜者也法者所以同出不得不然者也 有禮則有法故曰同出也 故殺僇禁誅以一之也故事督乎法 督察也謂以法察事 法出乎權權

出乎道權道者事從之而出道也者動不見其形施不見其德萬物皆以得然莫知其極故曰可以安而不可說也莫人言至也人無能言者理之至也不宜言應也有時宜言則應物故應也者非吾所設故能無宜也不顧言因也無所顧思者因舊故因也者非吾所顧故無顧也因舊也非吾所為故無顧不出於口不見於色言無形也四海之人孰知其則言深囿也不知深淺之圍域也天之道虛地之道靜虛則不屈靜則不變不變則無過故曰不伐潔其宮闕其門宮者謂心也心也者智之舍也故曰宮潔之者去好過也去欲好之過也門者謂耳目也耳目者所以聞見也物固有形形固有名此言不得過實實不得延名不得無實虛延其名姑形以形以形務名督言正名姑且也且言形者以其形也故曰聖人不言之言應也言則言彼形耳於我無言應也者以其為之人者也人有所為故聖人得不應執其名務其應所以成之應之道也物既有名守其名而命合之則所務自成斯應

〔物之道〕無爲之道因也因也者無益無損也〔損益者生有爲〕以其形因爲之名此因之術也〔見形而後名非因而可〕名者聖人之所以紀萬物也〔萬物雖多立名以紀之也〕人者立於強〔必強然後有所立也〕務於善〔必善然後成人也〕未於能〔能未成者習而成之〕動於故者也〔凡所運動必循於故致也〕聖人無之〔謂無宰物之心也〕無之則與物異矣〔物有我無故異也〕異則虛〔異於有故虛也〕虛者萬物之始也〔有形生於無形也〕故曰可以爲天下始〔聖人體虛故爲天下始也〕人迫於惡則失其所好〔迫入於惡故失於好〕怵於好則忘其所惡〔爲好所怵故忘其惡〕非道也〔二者皆非〕故曰不怵乎好不迫乎惡惡不失其理欲不過其情故曰君子恬愉無爲去智與故言虛素也〔凡知與言習從虛素生則無邪欲也〕其應非所設也其動非所取也此言因也因也者舍己而以物〔舍己而隨物故曰因〕爲法者也感而后應非所設也緣理而動非所取也過在自用罪在變化自用則不虛不虛則仵於物矣變化則爲生〔謂有爲於營生〕爲生則亂矣故道貴因因者因其

能者言所用也（就能而用故曰因也）君子之處也若無知言至虛也其應物也若偶之言時適也若影之象形響之應聲也故物至則應過則舍矣舍矣者言復所於虛也

心術下第三十七　短語十一

形不正者德不來（有諸內必形於外故德來居中外形自正詩云抑抑威儀惟德之隅）中不精者心不治（精誠至之謂也中能誠至心事自理）正形飾德萬物畢得翼然自來神莫知其極（正外形飾內德則下觀而化矣故萬物盡得其理也）昭知天下通於四極（因物之義可以逆順故能昭知天下自近以及遠通達於四極）是故曰無以物亂官（貪賄則官亂也）毋以官亂心（健羨太甚則心亂也）此之謂內德（官貨兩忘則內德也）是故意氣定然后反正（無欲則意氣定故能反正也）氣者身之充也（氣以實身故曰身之充也）行者正之義也（行不違中正之宜者也）充不美則心不得（充不美則氣邪故心亂而不自得也）行不正則民不服（行不正則邪枉故人不服）是故聖人若天然無私覆也若地然無私載也私者亂天下者也凡物載

名而來聖人因而財之而天下治實不傷因名而財則物宜之不爽故天下之理不傷也不
亂於天下而天下治天地以及萬物皆有理存焉直莫之亂則自理矣專於意一於心耳目
端知遠之證但專意一心則耳目自端證知遠事也能專乎能一乎能毋卜筮而知
凶吉乎惠迪吉從逆凶豈勞卜筮而後知乎能止乎能已乎謂能止於己分能毋問於人而
自得之於己乎誠己自通問人致惑故不問而自得也故曰思之思之不得鬼神教
之誠己思而不得必有鬼神來教非鬼神之力也其精氣之極也鬼神雖能教不精極者令有精極則神不
得不教豈鬼神能致其力我也一氣能變曰精謂專一其氣能變鬼神來教謂之精一事能變曰智
能專一其事能變而動之謂智也慕選者所以等事也人之來助或占慕之或選擇之欲令其事齊等也
極變者所以應物也物窮則變變而通之我之所由今極於變通之理應物者也慕選而不亂慕選
則齊絜故不亂極變而不煩極變以順物宜故不煩也執一之君子執一而不失能
君萬物謂精專也既精且專故能君萬物也日月之與同光天地之與同理所謂
與天地合其德與日月合其明聖人裁物不爲物使聖人者裁斷於物而使物不爲裁而使己也心安是

國安也（聖心安是國安）心治是國治也（聖心治是國治）治也者心也安也者心也
（理與安一在於心然後國從也）治心在中（理心在於中適也）治言出於口（則無口過）治事加於
民（則無枉事）故功作而民從則百姓治矣（功成人服非理而何）所以操者非刑
也所以危者非怒也（刑雖能操怒雖能危比之於道猶爲末功物不能離道無不操違道必危是無不危也）民人操
百姓治道其本至也（必毋人皆操道然後百姓理如此則道爲人本豈不至哉）至一不至無（無虛也所
謂至者虛之道也）非所人而亂（非至虛而爲天下主必亂）凡在有司執制者之利非
道也（有司執制常棄本逐末滯於刑政非道也）聖人之道若存若亡（迎之不見其首隨之不見其後故曰
若存若亡也）援而用之歿世不亡（道無形也無形則無盡時故歿世不亡也）與時變而不化
應物而不移日用之而不化（無形則無變移之時）人能正靜者筋肕而骨
強（能靜則和氣全故筋骨肕強也）能戴大圓者體乎大方（必體大方然後能戴大圓）鏡大清
者視乎大明（必視大明然後能鏡大清）正靜不失日新其德（正靜者則理順而功立故其德日新）
昭知天下通於四極（既知天下則遠通四極）金心在中不可匿（金之爲物彌精心之

爲用彌明故比心於金中苟有金之心則微見於外不可隱匿之也外見於形容可知於顏色其見於外或在形容或在顏色善氣迎人親如弟兄惡氣迎人害於戈兵不言之言聞於雷鼓至道之君常言之言則人無不聞故同於雷鼓金心之形明於日月察於父母金心無不耀無不知故明於日月察於父母知子無若於父母故以言焉昔者明王之愛天下故天下可附暴王之惡天下故天下可離故貨之不足以爲愛刑之不足以爲惡貨者愛之末也刑者惡之末也愛惡以爲心本也故貨刑爲末也凡民之生也必以正平正平則能保全其生所以失之者必以喜樂哀怒喜樂哀怒過常則失其主節怒莫若樂節樂莫若禮樂主和故能節怒守禮莫若敬禮者敬而已矣故敬能守禮也外敬而內靜者必反其性外敬則合禮內靜則循察故能反其性豈無利事哉我無利心豈無安處哉我無安心亦旣反性則忘其利安雖有利事安處甚不足貴也心之中又有心動亂之心中又有靜正之心也意以先言意感而得言意然後刑意感其事然後呈形刑然后思有形則理可尋故思之也思然后知思然後得理故能知也凡心之刑過知

先王是故內聚以爲原泉之不竭內聚思慮則用之不窮猶泉之有源其可竭哉表裏遂通泉之不涸四支堅固內和則外道表裏無擁故若泉之不涸而四支堅固也能令用之被服四固但能用此道者則四支堅固被及其身也是故聖人一言解之上察於天下察於地解則無不通物故能窮於上下

白心第三十八　短語十二

建當立凡所建必建其當立者也有以靖爲宗靜則思慮審爲建事之宗以時爲寶建事非時雖盡善不成時爲事寶也以政爲儀政者所以節制其事故爲儀和則能久又必當和同然後能久也非吾儀雖利不爲非吾當雖利不行非吾道雖利不取凡此雖曰有利非吾儀也當也道也故皆不爲之也上之隨天其次隨人所謂應天順人也人不倡不和人倡而和事無不成也天不始不隨後天而奉天則舉無不違也故其言也不廢其事也不隨原始計實本其所生知其象則索其刑謂君之出言人乃順而不廢其行事則有不隨若此者當原其初始計其理實尋本其所生則其象可知象既可知則其形可索也緣其理則知其情順理則情自見索其端則

知其名 索端則名自形 故苞物衆者莫大於天地 萬物共在天地之中 化物多者莫多於日月 日陽也月陰也物皆禀陰陽之氣然後化之也 民之所急莫急於水火 一日無水火則生理或有不全 然而天不爲一物枉其時 冬不爲松栢不凋輟其霜雪夏不爲薺麥枯死止其雨露也 明君聖人亦不爲一人枉其法 周公不以管蔡之親休其誅放也 天行其所行而萬物被其利 冬行霜雪夏行雨露故萬物利也 聖人亦行其所行而百姓被其利 行賞於善人行罰於凶人故天下清而百姓蒙利也 是故萬物均既誇衆矣 誇大也天與聖人無私故萬物均蒙其利既大而且衆也 是以聖人之治也靜身以待之物至而名自治之 循名責實則下無隱情故理 正名自治之奇身名廢 奇謂邪不正音飢 名正法備則聖人無事 正名法備則事無闕滯故聖人無事也 不可常居也 居必有時而遷 不可廢舍也 廢舍則百度弛紊也 隨變斷事也 居變則不擁塞也 知時以爲度 事非其時則不成也 大者寬小者局 寬則有餘局則不足 物有所餘有所不足 以有餘補不足則事平理均也 兵之出出於人 人爲兵本 其人入入於身 兵而有功入其賞賜必反於身 兵之勝從於適 適和也所謂師克在和也 德之

來從於身（脩身則德立也）故曰祥於鬼者義於人（義於人者則鬼祐之以福祥也）兵不義不可（兵不義而還自害故不可）強而驕者損其強弱而驕者亟死亡（違禮而驕無禮而可弱而驕者則又其戾焉死之速不亦宜乎）強而卑義信其強（信音申）弱而卑義免於罪是故驕之餘卑（於驕有餘則弱弱則卑也）卑之餘驕（於卑有餘則強強則天驕）道者一人用之不聞有餘（理纔見用於一人）天下行之不聞不足（無不足於其人）此謂道矣（多少昔足者道也）小取焉則小得福大取焉則大得福盡行之而天下服殊無取焉則民反其身不免於賊（殊無取焉則動皆違道故人反背之而賊害也）左者出者也（左爲陽陽主生故爲出也）右者入者也（右爲陰陰主死故爲入也）出者而不傷人入者自傷也（出者既主生則不當傷人違而傷人是還自傷）不日不月而事以從（但循道而往不計日月事已從而成也）不卜不筮而謹知吉凶（順道則吉違道則凶豈須卜筮後知乎）是謂寬乎刑徒居而致名（守道者靜默而已故其身寬閑徒然而居能致令名）去善之言爲善之事事成而顧反無名（若能去言善直能爲善事其事之成顧反之者默然無名也）能者無口從事無事

深能其事者必不求名然其從事安然閑暇若無事然也審量出入而觀物所載謂凡出命令當觀物載之
所堪然後當量而出之也孰能法無法乎始無始乎終無終乎弱無弱乎
凡此皆謂爲而忘之者也故曰美哉岪岪岪岪興起貌謂能爲而不爲有契於道如此則功美日興故曰美哉岪岪故
曰有中有中舉事雖得其中而不爲中乃是有中也孰能得夫中之衷乎得於中之損折中者
其唯忘中乎故曰功成者隳名成者虧故曰孰能棄名與功而還
與衆人同君棄功名則與衆不異同於物者誰能害之者也孰能棄功與名而還反無
成棄功名則無所成名無成有貴其成也能貴無成乃是成也有成貴其無成也
若其貴成乃是無成日極則仄月滿則虧極之徒仄滿之徒虧謂月巨之
徒滅謂能立大功也孰能已無已乎效夫天地之紀天地忘形者也能效天地者其唯忘己乎人言
善亦勿聽人言惡亦勿聽譽之不勸非之不沮持而待之空然勿兩之
淑然自清但無心而待則淑然和美善惡自淸也無以旁言爲事成察而徵之無聽
辯無以旁譽之言則以爲事成功無聽其利口之辯言悅之也萬物歸之美惡乃自見萬物之歸當顯

而容之其美之與惡終自顯見也天或維之地或載之天莫之維則天以墜矣地莫之載則地以沉矣夫天不墜地不沉夫或維而載之也夫天張於上地設於下自古及今而不沉墜者必有神靈維載之故又況於人人有治之辟之若夫靁鼓之動也必有以而動也夫不能自搖者夫或搖之無識之物皆不能自搖有時而動則物搖之也夫或者何若然者也風有時搖動誰使然也視則不見聽則不聞謂風洒乎天下滿風之洒散滿天下也不見其塞風無擁塞時也集於顏色寒者遇風則色慘熱者遇之則清也知於肌膚惟肌膚能覺風責其往來莫知其時責問其往來則不得正時薄乎其方也謂遇方則爲方韓乎其圜也韓復皃謂遇圓則爲圓也韓乎莫得其門雖復圓轉終不見其門也故口爲聲也耳爲聽也目有視也手有指也足有履也事物有所比也今夫口手目足各有其在非徒然也必精神之比夫事物之動搖則風使之然然求風則不得語神亦不見之也當生者生當死者死或死或生亦神爲之主言有西有東各死其鄉雖其所居有東西之異至於各死其鄉則無不均也置常立儀能守貞

乎人人理則置之常法立之儀則而勿失者可謂正乎常事通道能官人乎有能守其常事隨時變通不違於道如此者可以官於人故書其惡者言其薄者上聖之人聖通也既設法以教之立官以主之猶有惡薄而不化者則書而陳之居上者然後化而通之也口無虛習也手無虛指也物至而命之口之習也手之指也終一不徒然必以事物之至或以手指之或以口命之耳發於名聲凝於體色此其可諭者也名聲之至耳能之內流於心外凝結於體色如此者性之敵惠故可以德義告諭也不發於名聲不凝於體色此其不可諭者也不發不凝所謂頑鄙者也故不可告諭也及至於至者教存可也教亡可也謂人可誘令至於所欲至如此者存亡教故教存亦可教亡亦可也故曰濟於舟者和於水矣水和靜無有波浪則能濟舟義於人者祥其神矣與人理相宜則神與之福祥也事有適而無適事雖有所適可常者若無適然若有適觿解不可解而后解雖時有適潛默周密人莫知其由然結必待觿而後解觿所以解結也故善舉事者國莫知其解周密若結故不能知其解爲善乎毋提提爲不善乎將陷於刑提提謂有所揚舉也欲爲善乎則人以我謙退無所舉欲爲不善又恐陷於刑罰也善不善取信而止矣善與不善足以爲物所信則止矣此言可以爲善不善之取也若左若右

正中而已矣縣乎日月無已也（左陽謂善也右陰謂不善也言處陰陽之中得其正而止若能常得中則各與日月俱懸而無已時也）愕愕者不以天下爲憂（愕愕守正者忘天下故不憂也）剌剌者不以萬物爲筴（剌剌操求自謂智謀之士能忘智當操求物理而經營功爲策也）孰能棄剌剌而爲愕愕乎（智者勞而失惠忘德者佚而歸之也）難言憲術須同而出（凡爲法術必重難須同衆心然後出之矣）無益言無損言近可以免（損益之事當潛而爲之又曰何謀此慎密之至）故曰知何知乎謀何謀乎（雖知之常曰何知雖謀之常曰何謀此慎密之至）審而出者彼自來（審而出者必同於彼故自來）自知曰稽（自知則能考彼矣）知人曰濟（知人則能可以濟同不以和濟同也）知苟適可爲天下周（自知能稽知人能濟所謂適也若此可爲天下之周慎也）內固之一可爲長久（適可以知內自固之則長久）論而用之可以爲天下王（既固於心度時論用如此可以爲天下王）天之視而精（既可王天下則於天道故視天能精之也）四璧而知請（謂四璧玉周禮所謂四珪有邸者也祭天所奠也固邸於璧故曰四璧既能知天則祭以四璧而祈請其福祥也）壤土而與生（天既降福故壤土爲之生百穀也）能若夫風與波乎唯其所欲適（風動波應大小唯所欲適天地之應聖人亦洒是也）故子而代其父曰義也臣而代其君曰篡也（臣代於君必是篡奪而取也）

篡何能歌武王是也而武王以臣代君則非篡也謂之篡之豈能使紂之衆前歌後舞乎則武王以臣代君於理是也故曰孰能去辯與巧而還與衆人同道武王伐紂所以不爲篡者則以紂恃其辯巧自異於物逆天絕理毒流四海故也向能去其辯巧與衆同道何武王之敢窺哉雖欲伐之故得篡名故曰思索精者明益衰德行脩者王道狹思索太精則矜名故王道狹也臥名利者寫生危臥猶息也寫猶除也能息名利則除身之危知周於六合之內者吾知生之有爲阻也周其智於六合則神傷竭故於其生有阻難也持而滿之乃其殆也持滿者善覆故危也名滿於天下不若其已也名滿於天下則花揚而實喪名進而身退天之道也未有能名身俱進者滿盛之國不可以仕任滿盛則敗云故不可任其仕也滿盛之家不可以嫁子嫁子於滿盛之家則與之俱亡驕倨傲暴之人不可與交交於驕倨暴則危亡及已也道之大如天無不覆也其廣如地無不載也其重如石萬人之力不能舉也其輕如羽一人戴之不爲重民之所以知者寡故曰何道之近而莫之與能服也服行也棄近而就遠何以費力也道近在身不能求之於已而望之於人終無得時故曰費力也故曰欲愛吾身先知吾情知已情則能自保其身君親六合

以考内身遍六合之種一一考之於身身皆備之則何須棄身而遠之也以此知象乃知行情於身知象
乃知可行之情既知行情乃知養生知行情則不違理不違理則生全故曰乃知養生左右前後周
而復所行身之道或從左右或從前後行之既周還復本所也執儀服象敬迎來者執常儀行常象將來
可行之理敬而迎之今夫來者必道其道上道從也將來之理必道而來從也無遷無衍命乃長
久理既從道而來但遵而行之無遷移無寬衍勤而爲之則命久長也和以反中形性相葆事既安和反理中理如此則形
全性順故能相保也一以無貳是謂知道將欲服之必其端而固其所守固守
則道自行責其往來莫知其時若貴生之往來則其不定索之於天與之爲期求性命之
理於天則期時可知也不失其期乃能得之既不失其則性命之理得也故曰吾語若大
明之極若女也大明之極謂大也大明之明非愛人不予也愛惜也非有所隱情於人而不與之也
同則相從反則相距也與天同則從反則距也吾察反相距吾以故知古從之
同也察今反則有距故知古之從者以其同也

管子卷第十三

管子卷第十四　　唐司空房　玄齡　註

水地第三十九　　四時第四十

五行第四十一

水地第三十九　　短語十三

地者萬物之本原諸生之根菀也（苑囿城也）美惡賢不肖愚俊之所生也（謂生於地）水者地之血氣如筋脉之通流者也（水言村美具備其潤澤若氣以支持於地若筋分流地上若脉也）故曰水具村也（言水村美具備）何以知其然也曰夫水淖弱以清而好洒人之惡仁也（淖和也惡垢穢也）視之黑而白精也（視其色雖黑及揮揚之則白如者精也）量之不可使概至滿而止正也（以意量之則不多少之況注於器滿則止不可加剩如此者正也）唯無不流至平而止義也（方圓邪曲無所不流平則止不可增高如此者義也）人皆赴高己獨赴下卑也卑也者道之室王者之器也（道以卑爲室王以卑爲器也）而水以爲都居（都聚也水聚居於下卑也）準也者五量之宗也（水可爲下

準五量取則焉故爲五量之宗也素也者五色之質也無色謂之素水雖無色五色不得不成故爲五色質也淡
也者五味之中也無味謂之淡水雖無味五味不得不平也故爲五味中也是以水者萬物之
準也萬物取平焉故曰準也諸生之淡也能濟諸生以過中故曰淡也違非得失之質也
得亦自水生焉失亦自水生焉故爲得失之質是以無不滿無不居也集於天地雨從天降而亦有河
瀆故水集於天地而藏於萬物動植之物皆含液也產於金石揀金於水山石之穴或有溜泉焉集於
諸生諸含生類皆得水而長之故曰水神莫不有水焉不知其所故謂之神也集於草木根得其
度得其生之度華得其數得其榮落之數實得其量得其有熟之量鳥獸得之形
體肥大羽毛豐茂文理明著萬物莫不盡其幾幾謂從無以適有也反
其常者常謂長言之常數也水之內度適也內度謂潛潤之度也夫玉之所貴者九
德出焉夫玉溫潤以澤仁也鄰以理者知也鄰近也玉文相適近理各自通如此智也
堅而不蹙義也蹙屈聚也如此義也廉而不劌行也鮮而不垢絜也折
而不撓勇也瑕適皆見精也瑕適玉病也以其精純故不掩瑕適茂華光澤並通

而不相陵容也叩之其音清摶徹遠純而不殺辭也象古君子之辭是以人主貴之藏以爲寶剖以爲符瑞九德出焉人主所以寶而藏之爲符瑞九德之故人水也男女精氣合而水流形陰陽交感流布成形也三月如咀咀者何曰五味五味者何咀咀口和嚼之謂三月之胚渾初凝類口所嚼食也曰五藏五味出於五藏酸也酸主脾鹹主肺辛主腎苦主肝甘主心五藏巳具而後生肉脾生隔隔在脾上也肺生骨腎生腦肝生革革皮膚也心生肉五肉巳具而後發爲九竅脾發爲鼻肝發爲目腎發爲耳肺發爲竅五月而成十月而生生而目視耳聽心慮目之所以視非特山陵之見也察於荒忽耳之所聽非特雷鼓之聞也察於淑湫心之所慮非特知於麤麤粗也察於微眇故脩要之精言精思是理脩要妙之精也是以水集於玉而九德出焉凝蹇而爲人蹇停也言精液凝停則爲人也而九竅五慮出焉五慮謂耳目鼻口心也此乃其精也言九竅五慮是身之精也

麤麤濁蹇能存而不能亡者也謂人之稟氣麤麤濁而蹇但能存而不能亡也伏闇能
存而能亡者蓍龜與龍是也言龜龍稟氣微妙悠遠而暗冥故能存亡而爲變化也
龜生於水發之於火謂卜者以火鑽灼之於是爲萬物先爲禍福正謂龜
得水火之靈故先知於萬物識禍福之正也龍生於水被五色而游故神得水不測之靈故神欲小
則化如蠶蠋蠋藿中蟲欲大則藏於天下言能隱覆天下欲上則凌於雲
氣尚上也欲下則入於深泉變化無日隨時而變不期於日上下無時謂
之神龜與龍伏闇能存而能亡者也或世見謂下谷不從水不絕之也或世
不見者謂涸川水有時而絕生蟡與慶忌世見生慶忌世不見生蟡也故涸澤數百歲
谷之不徙水之不絕者生慶忌謂涸澤之中有谷有水谷不徙而水不絕也慶忌者
其狀若人其長四寸衣黃衣冠黃冠戴黃蓋乘小馬好疾馳
以其名呼之可使千里外一日反報此涸澤之精也涸川之
精者生於蟡蟡者一頭而兩身其形若虵其長八尺以其名

呼之可以取魚鼈此涸川水之精也是以水之精麤濁蹇能存而不能亡者生人與玉伏闇能存而亡者蓍龜與龍或世見或不見者蟡與慶忌故人皆服之（謂服用水）而管子則之（言管子獨能知水法則也）人皆有之（莫不有水）而管子以之（以用也言管子獨能用水也）是故具者何也水是也（言水無理不具也）萬物莫不以生（得水以生）唯知其託者能爲之正具者水是也（託依也能知水理之所依者能正於萬物故理之具者水也）故曰水者何也萬物之本原也諸生之宗室也美惡賢不肖愚俊之所產也何以知其然也夫齊之水道躁而復故其民貪麤而好勇（以水道迴復故令人貪以其躁速故令人麤勇也）楚之水淖弱而清故其民輕果而賊（以其淖弱故輕佚清則明察故人果賊也）越之水濁重而洎故其民愚疾而垢（洎浸也濁重故愚浸則多所漸入故疾垢也）秦之水泔㝡而稽淤滯而雜（㝡絕也稽停留也謂秦水絕甘而味停留又泥淤沉滯與水相雜也）故其民貪戾罔而好事（以其泔而稽故貪戾以其滯雜故誣而好事）齊晉之水枯旱

而運墢墆而雜（齊晉謂齊之西而晉之東枯旱謂其水傪溢而無光也）故其民諂諛葆詐巧佞而好利（以其運故諂諛以其枯旱故葆詐以其墢雜故巧佞而好利）燕之水萃下而弱沉滯而雜故其民愚戇而好貞輕疾而易死（沉故愚戇而好貞萃雜故輕疾而易死也）宋之水輕勁而清故其民閒易而好正（輕故易清勁故好正也）是以聖人之化世也其解在水（言解人之邪正當水而知）故水一則人心正（一謂不雜）水清則民心易一則欲不汚（人心既一欲不汚穢）故民心易則行無邪（易直則無邪也）是以聖人之治於世也不人告也不戶說也其樞在水（樞主運轉者也言欲轉化於人但則水之理故曰其樞在水也）

四時第四十　短語十四

管子曰令有時（王者命令必有其時）無時則必視順天之所以來（視謂觀而察之若不得時則必觀察其所致改革以順尺道之來也）五漫漫六惛惛孰知之哉（漫漫曠遠皃惛惛微暗皃五謂每時之時五政其理曠六謂陰陽四時其理微暗既漫且惛故知之者少也）唯聖人知四時不知四時

乃失國之基不知五穀之故國家乃路路謂失其常居故天曰信明地曰信聖言能信順天地之道則而行之者曰明曰聖也四時曰正順行四時之令曰正也其王信明聖其臣乃正君明聖則能用賢材故正也何以知其王之信明信聖也曰愼使能而善聽信之謂能聽信賢材之人使能之謂明使任賢能則爲明也聽信之謂聖既聽其言又信其事所以爲聖信明聖者皆受天賞信明者天福也使不能爲惛既使不能所以爲惛惛而忘也者皆受天禍惛忘則動皆違理故授天殃也是故上見成事而貴功則民事接勞而不謀謂君見下有成則能貴賞其功是上能以恩接人事故雖下勞不謀上報其事也上見功而賤則爲人下者直恃其功勞故肆直也爲人上者驕不恤下功則以驕悖故也是故陰陽者天地之大理也天地用陰陽爲生成四時者陰陽之大徑也陰陽更用於四時之間爲緯也刑德者四時之合也德合於春夏刑合於秋冬刑德合於時則生福詭則生禍然則春夏秋冬將何行東方曰星東方陰陽之氣和雜之時故爲星星亦不定於陰陽也其時曰春春蠢也時物蠢蠢而生也其氣曰風陽動而陰

寒爲風也風生木與骨木爲風而發暢骨亦木之類也其德喜嬴而發出節出生也言春德
喜悦長嬴發生之節也時其事號令修除神位謹禱弊梗梗塞也時方開通而有弊敗梗
塞者則禱神以通道之宗正陽春陽事故以正陽爲宗治隄防夏多水潦故於春預脩隄防耕芸樹
藝正津梁謂正橋梁也修溝瀆甃屋行水甃者修屋壞也時方漑灌依次行而用解怨赦
罪通四方凡此皆助發生之氣然則柔風甘雨乃至柔和也百姓乃壽百蟲
乃蕃此謂星德星以和爲德也星者掌發爲風掌主也主以風發生是故春行冬
政則雕肅殺之氣乘之故雕落也行秋政則霜秋霜降時也行夏政則欲是故春
三月以甲乙之日發五政甲乙統春之三時也一政曰論幼孤舍有罪二政
曰賦爵列授祿位列次也三政曰凍解修溝瀆復亡人亡之逃亡者還復之
四政曰端險阻路有險阻理之使端平也修封疆正千伯千伯即阡陌也五政曰無殺
麑夭毋蹇華絶芋蹇拔也芋之屬其根經冬不死不絶之也五政苟時春雨乃來
南方曰日南方太陽故爲日也其時曰夏夏假也謂時物皆假大大其氣曰陽夏之氣也陽

生人與氣陽爲鬱熱敲蒸故爲火氣也其德施舍修樂施舍謂施爵祿舍通罪修樂謂作樂以修轉也其事號令賞賜賦爵受祿順鄉順鄉謂不違土俗之宜也謹修神祀量功賞賢以動陽氣陽氣主仁故行恩賞以助之也九暑乃至九暑謂九夏之暑也時雨乃降五穀百果乃登此謂日德日以照育爲德也中央曰土土位在中央而寄王於六月承火之後以土火之子故也而統於夏所以與火同章也土德實輔四時入出王在四時之季與之入出以風雨節土益力土德兩徧益其生植之力土生皮肌膚土所生木實成皮與肌膚其德和平用均土無不載無不生故和而用均也中正無私位居中正無偏私實輔四時春嬴育夏養長秋聚收冬閉藏言上之四時皆土之所輔成也大寒乃極國家乃昌四方乃服言土輔四時使均成然後寒極而成歲國昌民服此謂歲德言土能成歲之德也日掌賞賞爲暑得賞則熱熱故爲暑歲掌和和爲雨和則陰陽交故爲雨夏行春政則風風主春故行秋政則水行冬政則落霜氣肅殺故凋落也是故夏三月以丙丁之日發五政一政曰求有功發勞力者而舉之二政曰開久墳久墳壅之處開通之也

發故屋辟故窌以假貸（辟開也）三政曰令禁扇去笠（禁扇去笠者不欲令人禦盛陽之氣）毋扱免（禁扱衽免祖者亦不欲人惡惡陽之氣也）除急漏田廬（田中之廬欲漏之不欲人惡盛陽之氣也）四政曰求有德賜布施於民者而賞之五政曰令禁罝設禽獸（謂設罝以取禽獸也）毋殺飛鳥五政苟時夏雨乃至也西方曰辰（辰星月交會也秋陰陽適中故爲辰）其時曰秋（秋揫也時物成熟揫斂之）其氣曰陰（秋之氣也）陰生金與甲（陰氣疑結堅實故生金爲爪甲也）其德憂哀靜正嚴順（秋氣悽惻故以憂恤哀憐爲德靜正陰之性也嚴順謂德雖嚴然順時而爲之也）居不敢淫佚（順秋氣而靜居不敢爲淫逸過失也）其事號令毋使民淫暴順旅聚收（謂順時理軍旅聚而收之也）量民資以畜聚賞彼羣幹（衆有武幹人當賞之）聚彼羣村（村謂可以充兵器之村當收聚之）百物乃收使民毋怠（時云收斂出師故聚羣人無懈怠）所惡其察所欲必得（察所惡之方而伐之則得其所欲也）我信則克（我既誠信故能免敵）此謂辰德（辰以收斂殺姦邪爲德也）辰掌收收爲陰（收聚冬閉藏故爲陰）秋行春政則榮（春發榮也）行夏政則水（夏多行水潦也）行冬政則耗（冬肅殺損耗也）是故

秋三月以庚辛之月發五政一政曰禁博塞（博塞長姦邪故禁之）圉小辯鬭譯詭（小辯則利口覆國及譯傳言語相疾忌爲鬭訟者皆當禁圉之也）二政曰毋見五兵之刃（時或出師掩襲故藏五兵之刃也）三政曰慎旅農趣聚收四政曰補缺塞坼（師旅營農當慎收之秋方閉藏故令補塞缺坼也）五政曰修牆垣周門閭（亦所以助閉藏之氣）五政苟時五穀皆入北方曰月（北方太陰故爲月也）其時曰冬（冬中也謂藏收萬物於中也）其氣曰寒（冬之氣也）寒生水與血（寒釋則水流血亦水之類）其德淳越溫怒周密（冬時花葉凋落唯根幹存焉故以淳質爲德越散也冬既閉藏時則入於慳嗇故令散施爲德雖復陰怒當節之以溫周密者衆陰之閉藏也）其事號令修禁徙民令靜止（時方休息故禁人私徙令爲靜止也）地乃不泄（冬令行故地不泄也）斷刑致罰無赦有罪以符陰氣（陰氣主殺故斷刑致罪以符之）大寒乃至甲兵乃強五穀乃熟國家乃昌四方乃備此謂月德（月以閉藏罰罪爲德也）月掌罰罰爲寒（罰則殺物故爲寒也）冬行春政則泄（春陽氣發泄也）行夏政則雷（夏雷行）行秋政則旱（謂冬氣旱早也）是故春凋秋榮冬雷夏有霜雪此皆氣之

賊也（氣反時則爲賊害也）刑德易節失次則賊氣遬至賊氣遬至則國
多菑殃是故聖王務時而寄政焉（謂順時而立政）作教而寄武焉（因教
而習武也）作祀而寄德焉（謂設祭以顯德則神歆也）此三者聖王所以合於天地
之行也（天地之行唯此三者而已）日掌陽月掌陰星掌和陽爲德陰爲刑和
爲事是故日食則失德之國惡之月食則失刑之國惡之彗
星見則失和之國惡之（失則當受罰故其所失各以其所類而興惡也）風與日爭明則失
生之國惡之（日惡風且熱旱災成矣方生之物皆枯悴矣此失生德也故失生之國惡也）是故聖王日食
則修德月食則修刑彗星見則修和風與日爭明則修生此
四者聖王所以免於天地之誅也信能行之五穀蕃息六畜
殖而甲兵強治積則昌暴虐積則亡是故冬三月以壬癸之
日發五政一政曰論孤獨恤長老二政曰善順陰修神祀賦
爵祿授備位三政曰効會計毋發山川之藏（山藏謂銅銀之屬藏在山者川藏謂

珠玉之屬藏在川者也 四政曰攝姦遁得盜賊者有賞五政曰禁遷徙止流民圉分異 分異謂離居者 五政苟時冬事不過所求必得所惡必伏

道生天地 道者自然能生天地也 德出賢人 德者賢人所修爲故能生賢也 道生德 法道則成德也 德生正 德脩則理自正 正生事 正直則事幹 是以聖王治天下窮則反終則始德始於春長於夏刑始於秋流於冬 謂刑於冬而休息也 刑德不失四時如一 皆順時而成故如一 刑德離鄉時乃逆行 鄉方也 作事不成必有大殃月有三政 月三旬政異故曰三政也 王事必理以爲必長 王者行事必順三政之理然後可以長久 不中者死失理者亡 中猶合也不合三政者則死違失其理必敗亡 國有四時固執王事 固執四時之政以輔行王事 四守有所 謂守四時令得其所 三政執輔 執三月之政輔行巳德也

五行第四十一　　短語十五

一者本也 本農桑也 二者器也 器所以理農桑之具也 三者充也 充謂人力能稱本與器也 治者四也 人既務本設治以理之也 教者五也 人既奉法則以禮義教之 守者六也 人既奉法從教則設官以守之

立者七也（既設官以守之則能立事）前者八也（既能立功立事可與前王比隆）終者九也（既能與前王比隆可謂王道之終也）十者然後具五官於六府也（立五行之官分掌六府也）五聲於六律也（謂播五聲於六律也）六月日至（陽生至六爲夏至陰生至六爲冬至）是故人有六多（陽至六爲純陽之多也陰至六爲純陰之多也亶稟陰陽之純以生故曰人有六多）六多所以街天地也（街循陽陰多也）天道以九制（九老陽之數以老陽制天所以君長之也）地理以八制（八少陰之數以少陰制地欲其生息也）人道以六制（六者兼三材之數人亶稟天也陰陽之氣以生故以制人）以天爲父以地爲毋以開乎萬物（父毋開通以生萬物）以總一統（總持其本以統萬物也）通乎九制六府三充而爲明天子（言能總一統九制已下可謂明天子）修槩水上以待乎天菫（菫誠也言天子能以中正自修以槩自平上待天誠也）反五藏（理於祭祀之時於其所祭之下）以視不親（又親反察於五藏以視知何者不親也）以治祀之下以觀地位（觀知地位之尊卑也）貨曋神廬合於精氣（神廬謂廟祠也日所次隅曰曋言祭神廬之時或薦珍貨雖已奠於地復以日次隅之所以爲精祥也如此者所以招合鬼神精氣之道也）已合而有常（神既合聚而饗其祐則風雨得其常也）有常而有經（風雨有常百貨成而常經不失也）審合其聲修十二鍾以律人情（不失

其經則庶績咸通故可審合理世之聲以成安樂之音然後十二鍾以播其音音之高下皆法人情律法也人情已得萬物有極然后有德得人情則物理極極於物理可謂有德也故通乎陽氣所以事天也經緯日月用之於民天氣以積陽成德故通陽氣然後能事天又經緯日月之時候使人用之也通乎陰氣所以事地也經緯星曆以視其離地以積陰成體故通陰氣然後能事地又經緯星曆之節氣視知其離絕也通若道然后有行言能通上陰陽天地之道然後所行不失也然則神筮不靈神龜行不卜既通天地之道則所行無不當故龜筮不能為卜兆黃帝澤參治之至也黃帝雖通天地之道不使參問日澤以得萬靈之情可謂理之至也昔者黃帝得蚩尤而明於天道得大常而察於地利得奢龍而辯於東方得祝融而辯於南方得大封而辯於西方得后土而辯於北方黃帝得六相而天地治神明至蚩尤明乎天道故使為當時謂知天時之所當也大常察乎地利故使為廩者廩給也謂開廩以給人也奢龍辨乎東方故使為土師土師即司空也祝融辨乎南方故使為司徒謂主徒眾使務農也大封辨於

西方故使爲司馬（主兵馬以出征）后土辨乎北方故使爲李（李獄官也取使象水平之也）是故春者土師也夏者司徒也秋者司馬也冬者李也

昔黄帝以其緩急作五聲（調政理之緩急作五聲也）以政五鍾令其五鍾一曰青鍾大音（大音東方鍾名）二曰赤鍾重心三曰黄鍾洒光四曰景鍾昧其明五曰黑鍾隱其常（自大音重心已下皆鍾名其義則未聞）五聲既調然后作立五行以正天時五官以正人位人與天調然后天地之美生（美謂甘露醴泉之類也）

日至睹甲子木行御（謂春日既至睹甲子用木行御時也）天子出令命左右士師内御（謂内侍之官也）總別列爵（謂總別等列之爵也）論賢不肖士吏（論士吏之賢與不肖當有所黜陟也）賦秘賜（秘藏之物出而賦賜之也）賞於四境之内發故粟以田數（故粟陳也以田數多少用陳粟給人使得務農）出國衡順山林禁民斬木所以愛草木也然則水解而凍釋草木區萌（萌牙區别而生也）贖蟄蟲卵菱（贖猶去也卵鳥菱芡也皆早春而生也）春辟勿時（春當耕闢無得不及時也）苗足本（足猶擁也春生之苗當以

（土擁其本）不䴂雛鷇（䴂殺也雛隨母食者）不夭麑麛毋傅速（麑麛鹿子也言夭傷之）亡傷繈葆（繈緥之嬰孩無得傷損也）時則不凋（若能行上事春則繁茂而不凋枯也）七十二日而畢（春當九十日而今七十二日而畢者則季月十八日屬土位故也）睹丙子火行御天子出令命行人内御（行人行使之官也）令掘溝澮津舊塗（舊塗謂先時濟水處當設其津梁也）發臧任君賜賞（任委也藏中委積物當發用之即以充君之賞賜也）君子修游馳（游馳謂游戲馳馬也）出皮幣命行人修春秋之禮於天下諸侯通天下遇者兼和（春秋二時聘問之禮）然則天無疾風草木發奮鬱氣息（謂鬱蒸之氣止息也）民不疾而榮華蕃七十二日而畢睹戊子土行御天子出令命左右司徒内御（命司徒御理夏政也）不誅不貞（貞正也太陽用事時方長育故無所誅戮無責正以助養氣也）農事爲敬（夏時農事尤盛順而敬之也）大揚惠言（言大舉仁惠之事也）寬刑死緩罪人（皆所以助養氣也）出國司徒令命順民之功力以養五穀君子之靜居（陰氣方生故靜居以遵也）而農夫修其功力極然則天爲粤宛（粤厚也宛順也天爲厚順不逆時氣也）草

木養長五穀蕃實秀大六畜犧牲具民足財國富上下親諸侯和七十二日而畢睹庚子金行御天子出令命祝宗選禽獸之禁禁謂牢圈圍所養擬供祭祀也五穀之先熟者先熟則黍稷也而薦之祖廟與五祀五祀謂門行戶竈中霤鬼神饗其氣焉君子食其味焉然則涼風至白露下天子出令命左右司馬衍組甲厲兵組甲謂以組貫甲也合什為伍謂立什人之長為伍以修於四境之內諛然告民有事所以待天地之殺斂也諛悅順皃有事謂出師以伐不服象天地殺斂也然則晝炙陽夕下露地競環環炙實皃方秋之時晝則暴炙夕則下寒露而潤之陰陽更生故地氣交競而炙實五穀鄰熟鄰緊也陰陽氣足故緊熟草木茂實歲農豐年大茂七十二日而畢睹壬子水行御天子出令命左右使人內御其氣足則發而止使人御理冬政其閉藏之氣足則發令休止也其氣不足則發撊瀆盜賊撊謂庶禁也羣聚之謂其閉藏之氣不足則撊防盜賊以助其閉藏之氣也數剸竹箭言數剸削竹箭以為失也伐檀柘伐檀柘所以為弓也令民出獵禽獸不

釋巨少而殺之所以貴天地之所閉藏也貴天地閉藏故收獵取禽以助也然

則羽卵者不段段謂離散不成毛胎者不贕贕謂胎敗清也贕婦不銷棄贕古

孕字銷弃謂散壞也草木根本美閉藏實堅則根本美凡此皆順冬閉藏之政所致也七十二日而畢

睹甲子木行御天子不賦不賜賞而大斬伐傷此已下言逆時政所致災禍也

君危不殺太子危家人夫人死若君雖危而不見殺則又大子危而家人夫人有死禍也不然

則長子死如無家人夫人死則長子死七十二日而畢逆氣亦畢於七十二日也睹丙子火行

御天子敬行急政旱札苗死民厲札夭死也厲疫死時當寬緩而乃急故有旱札疫之災也七

十二日而畢睹戊子土行御天子修宮室築臺榭君危土方用事而築

宮室以動亂之故君有危亡之禍外築城郭臣死築城郭動土危故其臣死七十二日而畢土王在六月而得土

十二日者則每季得十八故也睹庚子金行御天子攻山擊石有兵作戰而敗士

死喪執政時方收斂而乃攻山擊石故致兵器之禍也七十二日而畢睹壬子水行御

天子決塞動大水王后夫人薨不然則羽卵者段毛胎者贕贕

婦銷棄草木根本不美七十二日而畢也

管子卷第十四

管子卷第十五　唐司空房　玄齡　注

勢第四十二　短語

戰而懼水此謂澹滅方戰之時懼致水禍此必爲水所澹而滅亡也小事不從大事不吉苟懼水禍則事無小大未見其福也戰而懼險此謂迷中方戰之時懼有險礙進退莫知所從故曰迷中言在迷惑之中分其師衆人既迷芒必其將亡之道人既迷惑亡不知所從則無所用其力是以滅其師衆矣又況迷惑芒然乎若是者必亡其衆凡此二事皆滅亡之道也動靜者比於死此近也用師之道我動而敵靜者則靜者勝矣故我近於死亡也動作者比於醜我先動敵反作應者我必無功故近於醜動信者比於距我既動彼能自中以敵我如此者近於見距也動詘者比於避我既動而彼屈服者近於見避夫靜與作時以爲主人時以爲客貴得度靜作得度則爲主人其失度者則爲客也知靜之修居而自

利既多智而又安靜二者能修則居然自獲其利也知作之從毋動有功知其所作常能從理如此者動必有功也故曰無爲者帝其此之謂矣言無心於爲任理之自然如此者帝王之道也逆節萌生天地未刑先爲之政其事乃不成繆受其刑言將與墓殺凶逆之節雖萌牙而生然天地寂泊不見徵應無從已之形此則先天而政天乃違之故其事不成則被誅戮受其刑罪也天因人聖人因天所謂先天而天不違後天而奉天時天時不作勿爲客不因天時而動者乃爲客矣人事不起勿爲始不因人事而起可謂先事爲始慕和其衆以修天地之從人先生之天地刑之聖人成之則與天同極將建大事必墓慕和其衆天地既已從但當修天之意人先生是心天地又見其修意有從順之形聖人則發動而成如此者可謂與天同極也正靜不爭動作不貳素質不留全其素質無所留者與地同極能行正靜已下可謂與地同極也未得天極則隱於德未得與天同極則隱而修德也已得天極則致其力已同極則當致力而成之若湯之升陑武王牧野是也既成其功順守其從人不能代從順也功成矣則以順理守之所謂逆取順守者也則人何能代之乎成功之道嬴縮爲寶嬴縮猶行藏也所謂時行則行時止則止其道乃者故以爲寶毋亡天極究數而止但盡天之數則止而勿爲事若

未成毋改其刑毋失其始（形謂常形也守常修始事終有成也）靜民觀時待令而起（言事未成之時但安靜其人謹候其時待天命令然後起而應也）故曰修陰陽之從而道天地之常（道從也）贏贏縮縮因而爲當（必行藏順時然後事當重言之所勤其事也）死死生生因天地之形（死生猶隱顯也聖人隱顯必因天地之形）天地之形聖人成之（因天地之形則無不成也）小取者小利大取者大利（但能法則大小無不利）盡行之者有天下（所謂唯天爲大唯堯則之）故賢者誠信以仁之慈惠以愛之端政象不敢以先人（常執謙以下物）中靜不留（中心安靜無所留著）裕德無求（道德饒裕無求於人）形於女色（女之容色靜而不先求者）其所處者柔安靜樂（雖復隱處常能柔安靜樂）行德而不爭以待天下之潰作也（雖復爲政行德常能謙讓不與物爭潰動亂也）故賢者安徐正靜柔節先定（先定謙柔之節然後有所興爲也）行於不敢（則人不能與我爭勇）而立於不能（則人莫與我爭功）守弱節而堅處之（守柔弱之節而堅明以自處也）故不犯天時不亂民功（謙順故無所犯亂也）秉時養人（持四時之政以順養其人）先德後刑（賞以春夏刑以秋冬）順於天微度人（既順於天又微度人之所宜以合之）善周

者明不能見也[善於周周則極也萬物無所至如此者雖有明察之人不能盡矣]善明者周不能蔽也[善於明明則極也如此者則雖善周之人不能自隱蔽必為善明者所知也]大明勝大周則民無大周也[明勝大周則人無能為大周也]大周勝大明則民無大明也[周勝大明則人無能為大明凡此皆欲大周大明獨在君也]大周之先可以奮信[奮信振起貌言既有大周之德在物之先則可以振起而有事]大明之祖可以代天下[有大明之德可以為物祖如此則可代天下無道取其位而君之也]索而不得求之招搖之下[招搖之星隨斗杓順時而建者也天下者神器直欲索之則不得若求之招搖之下順時而取則可也]獸厭走而有伏網罟[獸所以憎厭其走者恐前有伏網罟故聖人不敢以直道取天下者恐有大禍故也]一偃一側不然不得[偃側猶倚伏也聖人之取天下必權正文設武伏如其不然則天位不可得也]大文三曾而貴義與德大武三曾而偃武與力[大文三曾則文道行也故能成其德義大武三曾則武道行也故能偃其武力]

正第四十三　　短語十七

制斷五刑各當其名罪人不怨[服罪故不怨也]善人不驚曰刑[刑當故不]

黷如此者所謂刑也（小注）正之（所以勝姦正也）服之（所以服不能也）勝之（所以勝姦邪）飾之（修飾身也）必嚴其令而民則之曰政（令嚴則人併法之如此者政也）如四時之不貣如星辰之不變如宵如晝如陰如陽（宵晝陰陽皆有其常）如日月之明曰法（法之用守常不變）愛之生之養之成之利民不得（利雖及人不以爲德也）天下親之曰德（德用之恩萬物親之）無德無怨無好無惡萬物崇一陰陽同度曰道（道之用不二者）刑以弊之政以命之法以遏之德以養之（物待德養而成）道以明之（明是非也）刑以弊之毋失民命（刑斷合理故人命不失也）令之以終其欲明之毋徑以終（行令所以終人之欲使之明識正道不從邪徑也）遏之以絶其志意毋使民幸（用法正人之志意不使人有非分之幸也）養之以化其惡必自身始（身惡盡則人惡化）明之以察其生必修其理（恐有不修理故以明察之）致刑其民庸心以蔽（庸用也不用心以斷則濫及不辜）致政其民服信以聽（服用也謂用誠信聽理於人）致德其民和平以靜（君德及人以致和靜）致道其民付而不爭（人被道則相付任而不交爭）罪人當名曰刑（罪當其名刑之謂也）出令時當

曰正（令當於正時之謂也）當故不改曰法（不改當故法之謂也）愛民無私曰德（君愛無私德之謂也）會民所聚曰道（聚謂衆所宜也能令衆宜道之謂也）立常行政能服信乎（服信則政行常立）中和慎敬能日新乎（苟能和敬則其德日新也）正衡一靜能守慎乎（衡平也言但能守慎則政乎而靜一）廢私立公能舉人乎（但公而無私則能舉人也）臨政官民能後其身乎（後其身則能臨政官人也）能服信政此謂正紀（能行信正紀者正之紀）能服日新此謂行理（能行日新可謂行之理也）守慎正名僞詐自止（能慎則詐息也）舉人無私臣德咸道（無私則不妄舉故臣德皆合於道也）能後其身上佐天子（後身則先公故能上佐天子也）

九變第四十四（謂人之情變有九）　短語十八

凡民之所以守戰至死而不德其上者有數以至焉（或守或戰雖復至死不敢恃之以德於上則有數存焉於其閒故能至此也）曰大者親戚墳墓之所在也（一變）田宅富厚足居也（二變）不然則州縣鄉黨與宗族足懷樂也（三變）不然則上之教訓習俗慈愛之於民也厚無所往而得之（君之恩厚皆在於人）

（無所他往故得人之致死四變）不然則山林澤谷之利足生也（五變）不然則地形險阻易守而難攻也（六變）不然則罰嚴而可畏也不然則賞明而足勸也（七變）不然則有深怨於敵人也（八變）不然則有厚功於上也（功厚則祿多故亦自爲戰而不德於君九變）此民之所以守戰至死而不德其上者也今恃不信之人而求以智用不守之民而欲以固將不戰之卒而幸以勝此兵之三闇也

任法第四十五　　區言一

聖君任法而不任智任數而不任說任公而不任私任大道而不任小物（小物小事）然後身佚而天下治失君則不然舍法而任智故民舍事而好譽舍數而任說故民舍實而好言舍公而好私故民離法而妄行舍大道而任小物故上勞煩百姓迷惑而國家不治聖君則不然守道要處佚樂馳騁弋獵鍾

鼓竽瑟宮中之樂無禁圉也（宮中之樂所以悦體安性故不禁禦之也）不思不慮不憂不圖（但任法數故無所慮圖也）利身體便形軀養壽命垂拱而天下治（但任法數則事簡故身不勞壽命長而天下自理也）是故人主有能用其道者（道則謂上法數公正大道）不事心不勞意不動力而土地自辟囷倉自實蓄積自多甲兵自彊羣臣無詐僞百官無姦邪奇術技藝之人莫敢高言孟行以過其情以遇其主矣（孟大也遇待也不敢以謬妄姦言妄行以待其主也）昔者堯之治天下也猶埴已埏也（埏和也音羶）唯陶之所以爲猶金之在鑪恣治之所以鑄其民引之而來推之而往使之而成禁之而止故堯之治也善明法禁之令而已矣黄帝之治天下也其民不引而來不推而往不使而成不禁而止（比黄帝之於堯堯則有爲而黄帝無爲）故黄帝之治也置法而不變使民安其法者也所謂仁義禮樂者皆出於法（法行順仁義生）此先聖之所以一民者也（法所以齊一於民也）周書曰

國法（有國者有法也）法不一則有國者不祥（法不一則亂故不祥）民不道法則不祥

（道從）國更立法以典民則祥（更改也典主也言能觀宜改法以主於人則國理故祥也）羣臣不用

禮義教訓則不祥百官伏事者離法而治則不祥（服行也）故曰

法者不可恒也（法敝則當變故不恒）存亡治亂之所從出（法順則存治法違則亂亡）聖君

所以為天下大儀也（君為天下之儀表也）君臣上下貴賤皆發焉（莫不取法於君）

（臣發行也）故曰法古之法也（立法者必師古）世無請謁任舉之人（任保也以法取人則無請謁之）無

（保舉）無閒識博學辯說之士（閒雜亂也法行則博學辯說之人不敢閒亂識事也）無偉服無

奇行（偉服奇行皆過越法制者令止息者畏法故也）皆囊於法以事其主（囊者所以斂藏也謂人皆斂藏）

（過行以順於之上事其主）故明王之所恒者二一曰明法而固守之二曰禁民

私而收使之（謂以法收斂而使之）此二者主之所恒也（廢此二者則政亂）夫法者上之

所以一民使下也私者下之所以侵法亂主也故聖君置儀設

法而固守之然故諶杵習士聞識博學之人不可亂也（杵所以毀碎於）

物者也謂姦詐之人僞託於誠以毀君法習士謂習法之士聞識謂多聞廣識君守法堅故此等莫能亂也衆彊富貴私勇者不能侵也信近親愛者不能離也離猶違也珍怪奇物不能惑也萬物百事非在法之中者不能動也珍怪奇物比正法爲恠僻故法者天下之至道也道無越於法者聖君之實用也用法爲理國之實今天下則不然皆有善法而不能守也然故諶杵習士聞識博學之士能以其智亂法惑上衆彊富貴私勇者能以其威犯法侵陵謂侵陵於君也鄰國諸侯能以其權置子立相鄰國恃權能廢置君之子援立國相天臣能以其私附百姓謂用私恩誘百姓使附也翦公財以祿私士謂翦公財以祿私士凡如是而求法之行國之治不可得也謂從失法之後國不可得理也此皆以君不守法故也聖君則不然卿相不得翦其私羣臣不得辟其所親愛聖君赤明其法而固守之羣臣修通輻湊謂各得自通於君如輻之湊也以事其主百姓輯睦聽令道法以從其事道從也故曰有生法有守法有

法於法夫生法者君也君始制法故曰生法守法者臣也臣則守法而行法於法者
民也人則法君之法君臣上下貴賤皆從法此謂爲大治故主有三術
謂上主中主危主也夫愛人不私賞也惡人不私罰也置儀設法以度量斷
者上主也愛人而私賞之惡人而私罰之倍大臣離左右專以
其心斷者中主也臣有所愛而爲私賞之有所惡而爲私罰
之爲大臣愛惡之故而私賞罰也倍其公法損其正心謂損政教之正專聽其大臣者
危主也故爲人主者不重愛人不重惡人重愛曰失德重惡
曰失威君隨臣愛惡則威德皆在於臣故曰失也威德皆失則主危也故明王之所
操者六生之殺之富之貧之貴之賤之此六柄者主之所操也
主之所處者四一曰文二曰武三曰威四曰德此四位者主之所
處也藉人以其所操命曰奪柄藉人以其所處命曰失位奪
柄失位而求令之行不可得也既至於奪柄失位之後欲求令行不可得法不平令不

全是亦奪柄失位之道也法不平令不全則柄位不可得而保故曰奪柄失位之道故有爲枉法
有爲毀令此聖君之所以自禁也言有枉法毀令聖君則能禁止之故貴不能
威富不能祿賤不能事近不能親美不能淫也此五事解見下文也植
固而不動奇邪乃恐所立堅則不可動若奇邪則敗亡旋及故恐奇音羈奇革而邪化令往
而民移君之奇邪能有革化則令纔往而人已移心而從善也故聖君失度量置儀法聖君
見有失度量則置儀法以改也如天地之堅堅謂尊勝如列星之固自古至今不見天星有虧敗也如日
月之明無私燿臨如四時之信寒暑之氣來必以時然故令往而民從之君能苞上之四事故令
往人從也而失君則不然法立而還廢之令出而後反之枉法而從
私毀令而不全是貴能威之富能祿之賤能事之近能親之
美能淫之也此五者不禁於身君身不能自禁止也是以羣臣百姓人挾
其私而幸其主妄希非分之恩彼幸而得之則主日侵臣得不當得之恩則主日見侵也
彼幸而不得則怨日產若不得所幸則怨毒日生也夫日侵而產怨此失君

之所慎也凡爲主而不得用其法不能其意顧臣而行（凡有所行不敢自專顧望其臣而爲之也）離法而聽貴臣（貴臣雖有離法亦聽從之）此所謂貴而威之也（言貴臣能威於君也）富人用金王事主而來焉（謂以金王來事主也）主離法而聽之此所謂富而祿之也（言富人能祿於君也）賤人以服約卑敬悲色告愬其主（服約謂屈服隱約也）主因離法而聽之所謂賤而事之也（言賤人善諂君聽之）近者以偪近親愛有求其主主因離法而聽之此所謂近而親之也（言近者恃親以要君則君從）美者以巧言令色請其主主因離法而聽之此所謂美而淫之也（言美者能以言色淫動於君故君亦聽之）治世則不然不知親疏遠近貴賤美惡以度量斷之其殺戮人者不怨也（殺當其罪故不怨也）其賞賜人不德也（以功受賞故不德於君也）以法制行之如天地之無私也是以官無私論士無私議民無私說皆虛其匈以聽其上（匈恐懼貌）上以公正論以法制斷故任天下而不重也（法制行則事簡故不重也）今亂君則不

然有私視也故有不見也有私聽也故有不聞也有私慮也故有不知也（凡私則不周故有不見聞知也）夫私者壅蔽失位之道也上舍公法而聽私說故羣臣百姓皆設私立方以教於國（方謂異道術也）羣黨比周以立其私請謁任舉以亂公法人用其心以幸於上上無度量以禁之是以私說日益而公法日損國之不治從此產矣夫君臣者天地之位也民者衆物之象也各立其所職以待君令羣臣百姓安得各用其心而立私乎故遵主令而行之雖有傷敗無罰（遵令而行敗非己致故無罰也）非主令而行之雖有功利罪死（失令有功法所不赦故罪死）然故下之事上也如響之應聲也臣之事主也如影之從形也故上令而下應主行而臣從此治之道也夫非主令而行有功利因賞之是教妄舉也（賞不從令是教以妄爲舉措也）主令而行之有傷敗而罰之是使民慮利害而離法也羣臣百姓人

慮利害而以其私心舉措則法制毀而令不行矣

明法第四十六　區言二

所謂治國者主道明也 主道明則公法明故國治 所謂亂國者臣術勝也 臣術勝則私事立故國亂 夫尊君卑臣非計親也以執勝也 令尊君卑臣者其計非欲使親君也但令君執其勝也 百官識非惠也刑罰必也 必令百官識非公之惠而不敢受又知刑罰必行無妄求免罪非也 故君臣共道則亂 臣行君事故曰共道 專授則失 若君有所授與不合衆心而專之亦爲失也 夫國有四亡令求不出謂之滅 求不出令則下無所稟故滅 出而道留謂之擁 中道而留止故曰擁 下情求不上通謂之塞 求不上通則與君隔絕故曰塞也 下情上而道止謂之侵 下情雖欲上通中道爲左右所止此則臣侵上事也 故夫滅侵塞擁之所生從法之不立也是故先王之治國也不淫意於法之外 淫遊外也 不爲惠於法之內也 不屈法以成私惠也 動無非法者所以禁過而外私也 外遺也 威不兩錯 臣行君威爲兩置 政不二門 臣出政是爲二門也 以法治國則舉錯而已 言能以法理國

但舉而置之無不行。是故有法度之制者不可巧以詐偽（非法度不聽則許偽何施）有權衡之稱者不可欺以輕重（以權衡稱之輕重立見也）有尋丈之數者不可差以長短今主釋法以譽進能則臣離上而下比周矣（比周於下所以求譽）以黨舉官則民務交而不求用矣（交合則自進官何須求用）是故官之失其治也是主以譽為賞以毀為罰也（以毀譽為賞罰則官自然失理）然則喜賞惡罰之人離公道而行私術矣（行私術自然得賞安用就公道而求乎）比周以相為匿是（比周者凡有公是之事皆匿而不行也）忘主死交以進其譽故交眾者譽多（為交友致死其譽自進）外內朋黨雖有大姦其蔽主多矣是以忠臣死於非罪（朋黨共毀之故忠臣非罪而死）而邪臣起於非功（朋黨共譽之故邪臣非功而起）所死者非罪所起者非功也然則為人臣者重私而輕公矣（私則得利公而致禍故重私而輕公矣）十至私人之門（私人之門謂所與父私為朋黨者也）不一至於庭（謂之君庭）百慮其家不一圖國（重私輕公故也）屬數雖眾非以尊君也（所屬之數雖曰眾多無不黨私）

故非尊君也百官雖具非以任國也各務私故不任國事此之謂國無人國無人者非朝臣之衰也家與家務於相益不務尊君也大臣務相貴而不任國小臣持祿養交不以官爲事故官失其能官各失能則與無人同也是故先王之治國也使法擇人不自舉也使法量功不自度也設法者自著擇人量功之條故不勞自舉度也故能匿而不可蔽敗而不可飾也苟有材法自擇故不可隱蔽也無功而敗法自量之故不可虛飾也譽者不能進而誹者不能退也無材雖譽之而不能進也有功雖誹之而不能退也然則君臣之閒明別謂賢不肖有功者各明白而分別也明別則易治也明別則無僞濫故易治也主雖不身下爲謂不身爲其事而守法爲之可也但守法則法自爲之不勞身也

正世第四十七　區言三

古之欲正世調天下者必先觀國政料事務察民俗本治亂之所生知得失之所在然後從事從爲故法可立而治可行夫

萬民不和國家不安失非在上則過在下今使人君行逆不修道誅殺不以理重賦斂得民財急使令罷民力（使令急故人力疲也）財竭則不能毋侵奪（人財竭則侵奪以共上稅也）力罷則不能毋墮倪（倪傲也謂疲墮而傲從也）民已侵奪墮倪因以法隨而誅之則是誅罰重而亂愈起夫民勞苦困不足則簡禁而輕罪如此則失在上失在上而上不變則萬民無所託其命今人主輕刑政寬百姓薄賦斂緩使令然民淫躁行私而不從制飾智任詐負力而爭則是過在下過在下人君不廉而變（廉察也）則暴人不勝邪亂不止暴人不勝邪亂不止則君人者勢傷而威日衰矣故為人君者莫貴於勝所謂勝者法立令行之謂勝法立令行故羣臣奉法守職百官有常法不繁匿萬民敦愨反本而儉力（謂廉嗇而勤力也）故賞必足以使（謂使人從善也）威必足以勝（謂勝合姦邪也）然後下從故

古之所謂明君者非一君也五帝三王俱曰明君故曰非一其設賞有薄有厚其立禁有輕有重迹行不必同非故相反也皆隨時而變因俗而動夫民躁而行僻則賞不可以不厚禁不可以不重既躁而僻則難化須厚賞以誘之重禁以威之故聖人設厚賞非侈也立重禁非戾也賞薄則民不利禁輕則邪人不畏設人之所不利欲以使則民不盡力立人之所不畏欲以禁則邪人不止是故陳法出令而民不從故賞不足勸則士民不爲用刑罰不足畏則暴人輕犯禁民者服於威殺然后從見利然后用被治然后正得所安然后靜者也夫盜賊不勝邪亂不止彊劫弱衆暴寡此天下之所憂萬民之所患也憂患不除則民不安其居民不安其居則民望絶於上矣夫利莫大於治害莫大於亂夫五帝三王所以成功立名顯於後世者以爲天下致利除害也事

行不必同所務一也（莫不務於理也）夫民貪行躁而誅罰輕罪過不發（有罪過者不發擧也）則是長淫亂而便邪僻也有愛人之心而實合於傷民（輕刑以愛人姦多反傷人也）此二者不可不察也（二者謂愛與傷人）夫盜賊不勝則良民危（良人爲盜所害故危）法禁不立則姦邪繁故事莫急於當務（每事當其務則理也）治莫貴於得齊（齊謂無非人也）制民急則民迫民迫則窘窘則民失其所葆（葆謂所恃爲生者也）緩則縱縱則淫淫則行私行私則離公離公則難用故治之所以不立者齊不得也（謂上有非人也）齊不得則治難行故治民之齊不可不察也聖人者明於治亂之道習於人事之終始者也其治人民也期於利民而止（至於利人則止而物理也）故其位齊也不慕古不留今（留謂守常不變）與時變與俗化夫君人之道莫貴於勝（勝則無不服故君道立也）君道立然後下從下從故教可立而化可成也夫民不心服體從則不可以禮義

之文教也君人者不可以不察也

治國第四十八　　區言四

凡治國之道必先富民民富則易治也民貧則難治也奚以知其然也民富則安鄉重家安鄉重家則敬上畏罪敬上畏罪則易治也民貧則危鄉輕家（危謂不安其所居也）危鄉輕家則敢陵上犯禁陵上犯禁則難治也故治國常富而亂國必貧是以善爲國者必先富民然后治之昔者七十九代之君法制不一號令不同然俱王天下者何也必國富而粟多也夫富國多粟生於農故先王貴之凡爲國之急者必先禁末作文巧末作文巧禁則民無所游食民無所游食則必農（謂必務農）民事農則田墾田墾則粟多粟多則國富國富者兵彊兵彊者戰勝戰勝者地廣是以先王知衆民彊兵廣地富國之必

生於粟也故禁末作止奇巧而利農事今爲末作奇巧者一日作而五日食言取一日之利可共五日之食也農夫終歲之作不足以自食也然則民舍本事而事末作捨本事而事末作則田荒而國貧矣凡農者月不足而歲有餘者也而上徵暴急無時謂徭稅不以時則民倍貸以給上之徵矣倍貸謂貸一還二也耕耨者有時而澤不必足謂雨澤不足也則民倍貸以取庸矣澤不足則歲凶富者倍貸於貧不能還其倍價者則計所倍而取庸矣秋糴以五春糶以束是又倍貸也謂富者秋時以五糴之至春出糶便收其束矣此亦倍貸之類也束十足也故以上之徵而倍取於民者四謂上無時之徵一也澤不足二秋糴春糶三也下足關市府庫之徵四也關市之租府庫之徵粟什一廝輿之事此四時亦當一倍貸矣府庫謂府之庫新有徵稅言人供關市府庫之徵亦用粟之什一計四時常有所故亦當一倍貸之夫以一民養四主四主則上四倍貸也故逃徙者刑謂有刑罰而上不能止者粟少而民無積也常山之東河汝之間蚤生而晚殺五穀之所蕃

孰也四種而五穫四種謂四時皆種五穫謂五穀皆宜而有所穫中年畝二石一夫爲粟
二百石今也倉廩虛而民無積農夫以粥子者上無術以均
之也故先王使農士商工四民交能易作交能易作謂雖士亦善於農工雖農工亦通
於士業也終歲之利無道相過也道從也四人均能故其利無從相過之也是以民作一而
得均四人交能易作故曰一也民作一則田墾姦巧不生田墾則粟多粟多
則國富姦巧不生則民治富而治此王之道也不生粟之
國亡粟生而死者霸霸者或不能廣積粟故人有不生而致死者也粟生而不死者
王王者積粟既多故人保其生無復致死者也粟也者民之所歸也粟也者財之所歸
也有粟則人歸之粟也者地之所歸也積粟既多或有入地歸降者也粟多則天下之
物盡至矣故舜一徙成邑貳徙成都參徙成國舜非嚴刑
罰重禁令而民歸之矣去者必害謂背舜而去者從者必利也先
王者善爲民除害興利故天下之民歸之所謂興利者利

農事也所謂除害者禁害農事也農事勝則入粟多入粟多則國富國富則安鄉重家安鄉重家則雖變俗易習謂改易其常習歐衆移民至於殺之而民不惡也此務粟之功也上不利農則粟少粟少則人貧人貧則輕家輕家則易去易去則上令不能必行上令不能必行則禁不能必止禁不能必止則戰不必勝守不必固矣夫令不必行禁不必止戰不必勝守不必固命之曰寄生之君謂暫寄爲生不能長久此由不利農少粟之害也粟者王之本事也人主之大務有人之塗謂保有其人其塗因粟也治國之道也

管子卷第十五

管子卷第十六　　唐司空房　玄齡　注

内業四十九　封禪五十

小問五十一

内業四十九　　區言五

凡物之精此則爲生（精謂神之至靈者也得此則爲生）下生五穀上爲列星流於天地之閒謂之鬼神藏於胷中謂之聖人是故民氣（謂上之精者則人氣也）杲乎如登於天（杲明皃也）杳乎如入於淵淖（女教切）乎如在於海（淖約潤也）卒乎如在於己（人有氣則存故如在於己也）是故此氣也不可止以力（以力止氣愈去）而可安以德（静心念德氣自來也）不可呼以聲而可迎以音（謂其宮商使之克諧氣自來也）敬守勿失是謂成德（不失氣德自成）德成而智出（德成智自生也）萬物果得（以智安物物皆得宜）凡心之刑（刑法也謂得安心之法也）自充自盈（充盈謂完而無虧也）自生自成（生成謂每生心必有所成凡此皆得安心法故也）其所以失之必以憂樂喜怒欲利（此六者過常以亂於心則失矣）能

去憂樂喜怒欲利心乃反濟若能去六者則心反守其所而能濟成也彼心之情利安以寧安寧者心之所利也勿煩勿亂和乃自成若無煩亂心和自成折折乎如在於側忽忽乎如將不得折折明貌言心明察若在其側及其求之則忽忽然而不得渺渺乎如窮無極渺渺微遠貌言心之微遠如欲窮之則無其極此稽不遠日用其德常以此考心不遠之則日有所用也夫道者所以充形也自形內而虛者皆道而人不能固人不能固守其虛反以利欲塞也其往不復其來不舍既有利欲之心則道往而不復雖其有來無處可舍謀乎莫聞其音今謀欲尋於道則不聞其音卒乎乃在於心冥冥乎不見其形之尋至於極則近於心心方寸虛道之君乎淫淫乎與我俱生淫淫增進貌有生則有道故曰與我俱生也不見其形不聞其聲而序其成謂之道雖無形聲常依序而成故謂之道也

凡道無所善心安愛言道無他善唯愛心安也心靜氣理道乃可止若靜心則氣自調理故道來止也彼道不遠民得以產人得之所生則道在人故不遠也彼道不離民因以知人既因道而知則道常在而不離是故卒乎其如可與索推尋其終似可與索眇眇乎其如窮

無所（及欲窮之則眇眇然無所）被道之情惡音與聲（音聲者所以亂道故惡之也）脩心靜音

道乃可得道也者口之所不能言也目之所不能視也耳之所不能聽也所以脩心而正形也（雖不可以言語視聽用之脩心則外形自正也）人之所失以死所得以生也事之所失以敗所得以成也

凡道無根無莖無葉無榮（道非如卉木而有根莖花葉也）萬物以生萬物以成命之曰道（無根莖而能生無花葉而能成則陰陽不測者也故命之曰道）天主正（平分四時天之正也）地主平（均生萬物地之平也）人主安靜（無爲而無不爲人之安靜也）春秋冬夏天之時也山陵川谷地之枝也（爲地之枝條也）喜怒取予人之謀也（四者謀之用也）是故聖人與時變而不化（時自變耳聖本不化）從物而不移（物遷而從之聖本不移）能正能靜然后能定（必正靜然後定也）

定心在中耳目聰明四枝堅固（心苟定於中則耳目自聰明四枝自堅固者也）可以爲精舍（心者精之所舍）精也者氣之精者也（氣之尤精者爲之精）氣道乃生（氣得道能有生）生乃思（生則有心故思也）思乃知（思則知生也）知乃止矣（成智則理足故止也）凡心之形過知失

生安心之法智過其度則失其生一物能化謂之神一事能變謂之智一謂無也謂無心於物事
而物事自化變以爲神智也化不易氣變不易智惟執一之君子能爲此乎
苟執一故能一不易其氣智也執一不失能君萬物無心爲有心者主也君子使物不爲物使
無心故能使物而物不能使也得一之理治心在於中苟得中則心自治矣治言出於口治事
加於人則無狂事然則天下治矣一言得而天下服一言定而天下
聽公之謂也理心之謂形不正德不來中不靜心不治正形攝德天
仁地義則淫然而自至言欲正形攝德但能則天之仁法地之義則德淫然自至淫進貞也神明之極
照乎知照智者神明之極理萬物中義守不忒若常守中則無差忒不以物亂官貪物則官
亂不以官亂心貪官則心亂也是謂中得能忘官貨則中心自得也有神自在身中得則神
自在身也一往一來莫之能思神不測者也故往來不能思也失之必亂得之必治謂神
敬除其舍精將自來精想思之除謂有則想思之寧念治之寧靜思念則心自治
嚴容畏敬精將至定但能嚴敬則精至而定也得之而勿捨耳目不淫心無

他圖既得精守之而勿捨則耳目不淫心無他慮也正心在中萬物得度心在中而正則無過舉故萬物得度也
道滿天下普在民所民不能知也言人皆有道但不能自知耳一言之解上察於
天下極於地蟠滿九州若能解道之一言則能察天極地而中滿於九州蟠委地也何謂解之在於
心安解道者在於心安我心治官乃治我心安官乃安言官之治安皆從心生也治之者
心也安之者心也治之與安無不由心心以藏心言心亦藏於心也心之中又有心馬
以心藏心故心中又有心彼心之心謂心中所藏之心音以先言言從音生故音先言音然后形有音然后
見形也形然后言有形則是言也言然后使有言則出命故有所使令使然后治不治必
亂使而違理故亂亂乃死亂則凶禍至故死也精存自生其外安榮精存於中則自然長生至於外形靜
而榮茂也內藏以為泉原內藏於精則無窮竭若水之泉浩然和平以為氣淵言精既浩然和平則
能生氣故為氣淵淵之不涸四體乃固生氣之淵不有竭涸故四體固也泉之不竭九竅遂通
藏精之泉不竭故九竅通也乃能窮天地被四海體固竅通故能壽畢天地德被四海中無惑意外
無邪菑邪菑生於惑意故內無惑意則邪菑自銷也心全於中形全於外中全則外見不逢天

菑不遇人害天菑人害能禍不全者也謂之聖人人能正靜皮膚裕寬耳目聰
明筋信而骨強但能正靜則皮膚自裕寬耳目自聰明筋骨自中強乃能戴大圜天也而履大
方地也鑒於大清道也視於大明日月也敬慎無忒日新其德徧知天
下窮於四極敬發其充充謂道也是謂內得發行於道故內得也然而不反此
生之忒忒差也若不反守於道則生有差謬也
凡道必周必密周密則慎不泄必寬必舒寬舒則博而密必堅必固堅固則精不解守
善勿舍勿舍則善自成逐淫澤薄竟逐淫邪津澤浮薄既知其極反於道德知極反德
則常道自隆全心在中不可蔽匿有諸內必形於外也和於形容心和者容睟也見於膚
色內暢者體澤善氣迎人親於弟兄惡氣迎人害於戎兵不言之聲
疾於雷鼓謂全心以德感物者也德者不疾而速不崇朝而遍天下故疾於雷鼓也心氣之形明於日月察
於父母全心之氣發形於外則無不燿無不知若明於日月察於父母也賞不足以勸善慕賞乃善非本為善刑不
足以懲過畏刑懲過非本無過氣意得而天下服若不慕賞不畏刑意氣內得善者此誠善也故天下服

心意定而天下聽心意定則理明，故天下聽也摶氣如神萬物備存摶謂結聚也，結聚純氣則無所不變化，故如神而物備存矣能摶乎能一乎摶結則自一也能無卜筮而知吉凶乎吉凶在於逆順，故不須卜筮而知也能止乎能已乎謂正而求諸己也能勿求諸人而之己乎求人者惑，自得者明思之思之又重思之求己者必須再三思之也思之而不通鬼神將通之若再三思之而不通，則或致鬼神為通之也非鬼神之力也精氣之極也言今能致鬼神者，非鬼神自見其力，蓋由思之不已，精氣之極也四體既正血氣既靜一意摶心耳目不淫雖遠若近言既體正氣靜，意一心摶，耳目之用不有淫過，事雖遠大，可以近速而成也思索生知近而遇思索，其知自生慢易生憂疎慢輕易，必致凶禍，故生憂暴傲生怨殘暴傲虐傷害，必多故生怨也憂鬱生疾憂恚鬱塞，懷不通暢，故生疾也疾困乃死既疾而困，可謂彌留而死思之而不捨內困外薄思欲不捨，則五藏困於內，形骸薄於外也不蚤為圖生將巽舍既已內困外薄，尚不圖之如此，則生將巽遁其舍而至於死期也食莫若無飽飽食者善閉塞思莫若勿致致思者多困竭節適之齊彼將自至齊中也，言能節食適思，常莫過中，則生將自至凡人之生也天出其精言稟精於天也地出其形地出衣食以養成其形合此以為人言合

（天地精氣以成人）和乃生（二氣和乃成其生也）不和不生察和之道其精不見其徵不醜（醜類也言欲察和則其不可見至於徵驗又不知其類也）平正擅匈論治在心此以長壽（和之精類雖可知見但能平而正則和氣獨擅於匈中論其適理又不離心如此則可以益筭而長壽也）忿怒之失度乃爲之圖（若忿怒過度則常圖而去之）節其五欲去其二凶（喜怒過度皆能爲害故曰二凶）不喜不怒平正擅匈（不喜不怒可謂和也故能既平且正獨擅於匈中也）凡人之生也必以平正所以失之必以喜怒憂患是故止怒莫若詩（詩有清風之慰故能止怒）去憂莫若樂節樂莫若禮守禮莫若敬守敬莫若靜內靜外敬能反其性性將大定

凡食之道大充傷而形不臧（大充謂過於飽）大攝骨枯而血沍（大攝謂過於飽酒胃血銷減而凝沍）充攝之間此謂和成（間猶中也充攝得中則和暢而有所成也）精之所舍而知之所生（言精智生舍於和成）飢飽之失度乃爲之圖（圖之令合於度）飽則疾動（飽而疾動則食氣銷）飢則廣思（飢而廣思則忘其飢）老則長慮（老而長慮則遺其老）飽不疾動氣不通於四末（四末四支）飢不廣思飽而不廢（廢止也）老不長慮困乃遬遏

令老則益固而速竭大心而敢心既浩大又能勇敢寬氣而廣當寬舒其氣而廣有所容其形安而不移形安則志固故不移能守一而棄萬苛守一則惡煩故能棄萬苛也見利不誘見害不懼寬舒而仁獨樂其身是謂雲氣意行似天能調其氣故比於雲意之行氣似天之布雲也凡人之生也必以其歡歡則志氣和故生也憂則失紀怒則失端憂怒過常則失其端紀憂悲喜怒道乃無處憂怒則害道故道無所處愛欲靜之遇亂正之謂若愛慾則當靜之若遇亂則當正之勿引勿推福將自歸去而勿引來而勿推但任平而往福則自歸也彼道自來可藉與謀藉因也因其自來而與之謀則言意動而理盡靜則得之躁則失之靈氣在心一來一逝靜則來躁則逝其細無內其大無外所以失之以躁為害心能執靜道將自定得道之人理丞而屯泄匈中無敗謂腠理丞達屯聚泄散故匈中無敗節欲之道萬物不害能節欲則物無害也

封禪第五十

元篇亡今以司馬遷封禪書所載管子言以補之

桓公既霸會諸侯於葵丘而欲封禪管仲曰古者封泰山禪

梁父者七十二家而夷吾所記者十有二焉昔無懷氏（古之王者在伏羲前）封泰山禪云云（云云山在梁父東）虙羲封泰山禪云云神農封泰山禪云云炎帝封泰山禪云云黃帝封泰山禪亭亭（亭亭山在牟陰）顓頊封泰山禪云云帝俈封泰山禪云云堯封泰山禪云云舜封泰山禪云云禹封泰山禪會稽湯封泰山禪云云周成王封泰山禪社首（山名在博縣或云在鉅平南十三里）皆受命然後得封禪桓公曰寡人北伐山戎過孤竹西伐大夏涉流沙束馬懸車上卑耳之山（將上山纏束其馬懸鉤其車也卑耳即齊語所謂辟耳）南伐至召陵登熊耳山以望江漢兵車之會三而乘車之會六九合諸侯一匡天下諸侯莫違我昔三代受命亦何以異乎於是管仲睹桓公不可窮以辭因設之以事曰古之封禪鄗上之黍北里之禾（鄗上山也鄗音臛鄗上北里皆地名）所以為盛江淮之間一茅三脊（所謂靈茅）所以為

藉也東海致比目之魚各有一目不比不行其名曰鰈西海致比翼之鳥各有一翼不比不飛其名曰鶼鶼然后物有不召而自至者十有五焉今鳳皇麒麟不來嘉穀不生而蓬蒿藜莠茂鴟梟數至而欲封禪毋乃不可乎於是桓公乃止

小問第五十一　雜篇二

桓公問管子曰治而不亂明而不蔽若何管子對曰明分任職則治而不亂明而不蔽矣公曰請問富國奈何管子對曰力地而動於時則國必富矣謂勤力於地利其所動作必合於天時公又問曰吾欲行廣仁大義以利天下奚爲而可管子對曰誅暴禁非此大義也存亡繼絕而赦無罪此廣仁也則仁廣而義大矣公曰吾聞之也夫誅暴禁非而赦無罪者必有戰勝之器攻取之數而后能誅暴禁非而赦無罪公曰請問戰勝之器管子對曰選天下

之豪傑致天下之精材來天下之良工則有戰勝之器矣公曰攻取之數何如管子對曰毀其備散其積奪之食則無固城矣（毀備奪食則無以守故其城不固此謂攻也）公曰然則取之若何（謂取其士）管子對曰假而禮之（假謂假借之恩）厚而勿欺（厚謂重之以德）則天下之士至矣公曰致天下之精材若何（精材謂美材可爲軍之器用也）管子對曰五而六之九而十之不可爲數（欲致精材者必當貴其價故他處直五我酬之六他處直九我酬之十常令貴其一分不可爲定數如此則天下精材可致也）公曰來工若何管子對曰三倍不遠千里（酬工匠之庸直常三倍他處則工人不以千里爲遠皆至矣）桓公曰吾已知戰勝之器攻取之數矣請問行軍襲邑舉錯而知先後不失地利若何管子對曰用貨察圖（用貨爲反間則知其先後察彼國圖則不失地利也）公曰野戰必勝若何管子對曰以奇（奇謂權譎以勝敵也）公曰吾欲徧知天下若何管子對曰小以吾不識則天下不足識也（若能博聞多見齊其所不識則知天下遍矣吾之所識天下亦無人能識之也）公曰守戰遠見有患（爲國者必入守出戰令吾於此二者預見其患矣）

夫民不必死則不可與出乎守戰之難（守戰之難必致死然後可出也）不必信則不可恃而外知（人必誠信然後爲君視聽故知外事也）夫恃不死之民而求以守戰恃不信之人而求以外知此兵之三闇也（苟不死不信則守戰闇外闇故曰三闇）使民必死必信若何管子對曰明三本公曰何謂三本管子對曰三本者一曰固二曰尊三曰質公曰何謂也管子對曰故國父母墳墓之所在固也（人既戀本而哀墳墓則其心固）田宅爵禄尊也妻子質也三者備然后大其威厲其意則民必死而不我欺也（不我欺則信也）

桓公問治民於管子管子對曰凡牧民者必知其疾（疾謂患苦也）而憂之以德勿懼以罪勿止以力（煩力役則止而不來）慎此四者足以治民也

桓公曰寡人睹其善也何以爲寡也（謂四言雖善然以之理國恐其太少）管仲對曰夫寡非有國者之患也（患在不能行不在寡少也）昔者天子中立地方千里四言者該焉何爲其寡也（該備也謂四言足以備千里之化不爲少）夫牧民不知

其疾則民疾（疾謂憎嫌之也）不憂以德則民多怨懼之以罪則民多詐（設詐以避罪也）止之以力則往者不反（勦其力役之苦）來者鷙距（鷙疑也距止也聞其役煩則疑而止也）故聖王之牧民也不在其多也桓公曰善勿已如是又何以行之（其事既善雖然不但如是而已更有何事以行此四言也）管仲對曰質信極忠（質主也謂主能得信又極忠也）嚴以有禮慎此四者所以行之也桓公曰請聞其說管仲對曰信也者民信之忠也者民懷之嚴也者民畏之禮也者民美之語曰澤命不渝信也（謂恩澤之命不有渝變如此者信也）非其所欲勿施於人仁也（仁者忠於人也）堅中外正嚴也質信以讓禮也（主行於信又能遜讓如此者禮也）桓公曰善哉牧民何先管仲對曰有時先事有時先政有時先德有時先怨飄風暴雨不為人害涸旱不為民患百川道（百川之派皆從故道）年穀熟糴貸賤禽獸與人聚食民食（年穀熟則禽獸食人之食）民不疾疫當此時也民富且驕牧民者厚收善歲以充倉廩（善歲謂有

年禁藪澤此謂先之以事隨之以刑𣂷之以禮樂以振其淫振正也禮樂者所以止人淫放此謂先之以政飄風暴雨爲民害涸旱爲民患年穀不熟歲飢糴貸貴民疾疫當此時也民貧且罷牧民者發倉廩山林藪澤以共其財後之以事先之以恕以振其罷此謂先之以德其收之也不奪民財謂善歲也其施之也不失有德謂凶年也富上而足下此聖王之至事也桓公曰善桓公問管仲曰寡人欲霸以二三子之功既得霸矣今吾有欲王其可乎管仲對曰公當召易牙而問焉管仲知桓公不可王難以實對故推令問易牙鮑叔至公又問焉鮑叔對曰公當召賓胥無而問焉賓胥無趨而進公又問焉賓胥無對曰古之王者其君豐其臣教君豐臣教則君能制臣故可以王也今君之臣豐言德豐於君也公遵遁繆然遠二三子遂徐行而進言公之所遵行者皆迷遁繆妄之事無所比可謂遠於二三子見當遂而漸以取進耳欲王天下於米何公曰昔者大王賢王季賢文王賢武

王賢武王伐殷克之七年而崩周公旦輔成王而治天下僅能制於四海之内矣今寡人之子不若寡人寡人不若二三子以此觀之則吾不王必矣桓公曰我欲勝民言欲勝服於民為之奈何管仲對曰此非人君之言也人君之言當以化之不可直用刑勝也勝民為易夫勝民之為道非天下之大道也君欲勝民則使有司䟽獄而謁有罪者償謂䟽録獄囚謁告有罪者則償之也數省而嚴誅數省有過嚴其誅罪若此則民勝矣雖然勝民之為道非天下之大道也使民畏公而不見親嚴刑故也禍亟及於身二世嚴刑身戮望夷雖能不久雖能勝人不可久安則人持莫之弑也危哉持謂見刼執也弑謂殺親也君之國岋乎桓公觀於廄問廄吏曰廄何事最難廄吏未對管仲對曰夷吾嘗為圉人矣圉養馬者傅馬棧最難謂編次之棧馬所立木也先傅曲木曲木又求曲木編棧者先附曲木其次還須曲木求其類曲木已傅直木毋所施矣既用曲木又施直木則失其類而棧敗矣喻小人用即君子退也先傅直

木直木又求直木直木已傅曲木亦無所施矣喻君子用則小人退桓公
謂管仲曰吾欲伐大國之不服者奈何管仲對曰先愛四封
之内然后可以惡竟外之不善者四封之内見愛則人致死可以惡竟外之不善者先定卿
大夫之家然后可以危鄰之敵國卿大夫之家既定則國強故可以危鄰國是故先王
必有置也然后有廢也已國有置然後廢他國也必有利也然后有害也能利
已國然後可以害他國也桓公践位令釁社塞禱殺生以血澆落於社曰釁社祝鳧已疵獻
胙祝祝史鳧疵其名也胙祭肉也祝曰除君苛疾祝令除君煩苛之疾與若之多虛而少實
若似也謂君之材能多似有而非實如此者亦祝去之也桓公不說瞋目而視祝鳧已疵祝鳧已
疵授酒而祭之曰又與君之若賢謂君似賢亦當去之桓公怒將誅之而
未也以復管仲復猶告也管仲於是知桓公之可以霸也祝史誣君之惡君怒
而將誅之是心務善也故知可與霸也桓公乘馬虎望見之而伏桓公問管仲曰今
者寡人乘馬虎望見寡人而不敢行其故何也管仲對曰

意者君乘駮馬而湣桓迎日而馳乎（湣古盤字）公曰然管仲對曰此駮象也駮食虎豹故虎疑焉楚伐莒莒君使人求救於齊桓公將救之管仲曰君勿救也公曰其故何也管仲對曰臣與其使者言三辱其君顏色不變（辱其君而色不變則無羞恥也）臣使官無滿其禮三（三加其禮皆不滿足）強其使者爭之以死（不識不滿之意纔見激強之則爭之以死是不智）莒君小人也君勿救（其使不賢故知其君小人也）桓公果不救而莒亡桓公放春三月觀於野（春物放發故曰放春）桓公曰何物可比於君子之德乎隰朋對曰夫粟內甲以處中有卷城外有兵刃（種粟者甲在內而處葉居外而卷若城苗之纖芒在外有兵刃）未敢自恃自命曰粟（粟之物用雖如此然不敢自恃故自名曰粟粟則謹促之名也）此其可比於君子之德乎管仲曰苗始其少也眴眴（胡絢切目搖也）乎何其孺子也（眴眴柔順貌穀苗始則柔順故似孺子也）至其壯也莊莊乎何其士也（壯謂苗轉長大莊莊矜直貌也）至其成也由由乎茲免何其君子也（由由悅也實貌茲免謂益有謹勵）天下得

之則安（人以穀爲命）不得則危故命之曰禾（以其和調人之性命）此其可比於君
子之德矣桓公曰善
桓公北伐孤竹未至卑耳之谿十里闟然止瞠然視（闟住立皃瞠驚視皃）
援弓將射引而未敢發也謂左右曰見是前人乎左右對曰
不見也公曰事其不濟乎寡人大惑今者寡人見人長尺而
人物具焉冠右袪衣走馬前疾事其不濟乎寡人大惑豈有
人若此者乎管仲對曰臣聞登山之神有俞兒者長尺而人
物具焉霸王之君興而登山神見且走馬前疾道也袪衣示
前有水也右袪衣示從右方涉也至卑耳之谿有贊水者（謂贊引渡水者）
曰從左方涉其深及冠從右方涉其深至膝若右涉其大
濟桓公立拜管仲於馬前曰仲父之聖至若此寡人之抵罪
也久矣（抵當也不知仲父之聖是寡人當有罪久矣）管仲對曰夷吾聞之聖人先知無

形今已有形而後知之臣非聖也善承教也善承古人之法桓公使管仲求寗戚寗戚應之曰浩浩乎管仲不知至中食而慮之婢子曰公何慮管仲曰非婢子之所知也婢子曰公其毋少少毋賤賤昔者吳干戰于江邊地也未齓不得入軍門齓毀齒也國子擿其齒遂入爲干國多戰功曰多言於干戰國子功多也百里徯秦國之飯牛者也穆公舉而相之遂霸諸侯由是觀之賤豈可賤少豈可少哉管仲曰然公使我求寗戚寗戚應我曰浩浩乎吾不識婢子曰詩有之浩浩者水育育者魚水浩浩然盛大魚育育然相與而遊其中喻時人皆得配偶以居其室家寗戚有伉儷之思故陳此詩以見意未有室家而安召我居言誰當召我授之配足與之爲居乎也寗子其欲室乎桓公與管仲闔門而謀伐莒未發也而已聞於國其故何也管仲曰國必有聖人桓公曰然夫之役者有執席食以視上者必彼是邪桓公與管仲謀時役人於前乃有執席而食私因上視所以察君也必是人者知吾謀也於是

乃令之復役毋復相代時執席而食者代人入役因得察君今不令相代彼亦知若覺已必當來也少焉
東郭郵至桓公令儐者延而上儐謂贊引賓客者也與之分級而上公以客禮待之故與之分級而上謂使之就賓階也問焉曰子言伐莒者乎東郭郵曰然臣也桓公
曰寡人不言伐莒而子言伐莒其故何也東郭郵對曰臣
聞之君子善謀而小人善意善以意度之也臣意之也桓公曰子奚以
意之東郭郵曰夫欣然喜樂者鍾鼓之色也夫淵然清靜
者縗絰之色也漻然豐滿心在兵武形氣盛故其貌豐滿而手足拇動者中勇外形必應故手足拇動也兵甲之色也日者臣視二君之在臺上也口開而不
闔是言莒也莒字兩口故二君開口相對即知其言莒舉手而指勢當莒也且臣觀小
國諸侯之不服者唯莒於是唯莒不服於是知之臣故曰伐莒桓公曰善
哉以微射明此之謂乎言以形色之微知伐國之明也子其坐寡人與子同之同伐莒之謀也客或欲見於齊桓公請仕上官授祿千鍾公以告管仲

曰君子之客聞之曰臣不仕矣公曰何故對曰臣聞取人以人者以人之言然後取人其去人也亦用人吾不仕矣

管子卷第十六

中華古籍保護計劃

ZHONG HUA GU JI BAO HU JI HUA CHENG GUO

·成果·

（唐）房玄齡　注

宋本管子

第一册

國家圖書館出版社

圖書在版編目(CIP)數據

宋本管子:全三册/(唐)房玄齡注.-- 北京:國家圖書館出版社,2018.6

(國學基本典籍叢刊)

ISBN 978-7-5013-6369-8

Ⅰ.①宋… Ⅱ.①房… Ⅲ.①法家 ②《管子》-注釋 Ⅳ.①B226.12

中國版本圖書館 CIP 數據核字(2018)第 051236 號

書　　名 宋本管子(全三册)

著　　者 (唐)房玄齡 注

責任編輯 靳 諾

封面設計 徐新狀

出　　版 國家圖書館出版社(100034 北京市西城區文津街7號)
(原書目文獻出版社 北京圖書館出版社)

發　　行 010-66114536 66126153 66151313 66175620
66121706(傳真) 66126156(門市部)

E-mail nlcpress@nlc.cn(郵購)

Website www.nlcpress.com→投稿中心

經　　銷 新華書店

印　　裝 北京市通州興龍印刷廠

版　　次 2018年6月第1版 2018年6月第1次印刷

開　　本 880×1230(毫米) 1/32

印　　張 20.375

書　　號 ISBN 978-7-5013-6369-8

定　　價 60.00圓

《國學基本典籍叢刊》前言

國家圖書館出版社（原書目文獻出版社 北京圖書館出版社）成立三十多年來，出版了大量的中國傳統文化典籍。由於這些典籍的出版往往採用叢書的方式或綫裝形式，供公共圖書館和大學圖書館典藏使用，普通讀者因價格較高、部頭較大，不易購買使用。爲弘揚優秀傳統文化，滿足廣大普通讀者的需求，現將經、史、子、集各部的常用典籍，選擇善本，分輯陸續出版單行本。每書之前均加簡要説明，必要者加編目録和索引，總名《國學基本典籍叢刊》。歡迎讀者提出寶貴意見和建議，以使這項工作逐步完善。

編委會

二〇一六年四月

序　言

《管子》作爲先秦法家類著作的代表，是齊國管仲學派發揮管仲思想的集體創作，托名管仲（約前七二三—前六四五）撰，符合當時著作的習慣。管仲名夷吾，字仲，謚敬，稱管敬仲，潁上（今安徽阜陽）人。是先秦法家的先驅和早期代表，與戰國法家商鞅、韓非齊名，習稱『管商韓』。管仲任齊相四十年（前六八五—前六四五），輔佐桓公，變法圖强，使齊國『九合諸侯，一匡天下』（《論語·憲問》），成『春秋五霸』之首。管仲在齊國政治、經濟、軍事各領域建功立業，功勳卓著。

《管子》注者，歷代著録或説『房玄齡』，或説『尹知章』。如今可知，房玄齡撰《管子注》的説法，是後人假托。《四庫全書總目》對此有綜合考證。尹知章（？—七一八），絳州翼城（今屬山西）人。武則天長安年間入仕，終官國子博士。兩《唐書》有傳。尹氏勤學，曾注《孝經》《老子》《莊子》《韓非子》《管子》等。除《管子》尹氏注外，其餘注本，今已不存。

《管子》成書，經歷了漫長的歷史演變過程。《韓非子·五蠹》云：『藏《商》《管》之法者，家有之。』韓非根據見聞，言當時家家藏有《管子》，反映真實情况。漢代賈誼、晁錯、司馬遷等人著述，亦均有提及。可見《管子》在戰國時期到漢代，廣爲傳誦。

齊國托名管仲的各種著作版本，保存於齊國史館。至漢代，《管子》篇幅已擴展數倍。西漢末年，官方徵集圖書，經劉向（約前七七—前六）編輯，『校除複重』，定《管子》八十六篇，是後世所見《管子》版本之源。劉向編《管子》八十六篇，傳至今天，十篇遺失（有標題，無正文），實存七十六篇。《管子》發揮管仲思想，與衆多古籍記載相合，證明是真實的歷史文獻。

《管子》内容廣博，篇幅宏偉，是管仲學派在長期歷史演進中，對中國傳統文化思想融會貫通而成的創造性的綜合產物。該書總體突出法家論説，同時表現與諸子百家思想滲透融通的趨勢。《管子》適應春秋戰國時代需要，反映齊國變法實踐，表現相容百家、辯證綜合的著作特徵。其側重用道家哲學闡釋法家義理，體現道法結合、相容并包的學術意涵。

《管子》内容，涉及哲學、政治、經濟、法律、倫理、邏輯、教育、美學和軍事等諸多學科門類及研究領域，極大豐富了我國古代理論寶庫，促進了學術文化發展。《明法》篇提倡修明法度，闡發『以法治國』的命題。主張『動無非法』，一切按法度辦理。提出『政不二門』，宣導中央集權，政治統一，政出一門，是杰出的法律哲學論文，言簡意賅，發人深省，可爲今日依法治國啓迪借鑒。

《霸形》《霸言》篇提出以『百姓』爲本，『以人爲本』的命題，説：『本理則國固，本亂則國危。』《牧民》篇側重探討治國原則，把『禮、義、廉、恥』四種道德規範，稱爲『國之四維』，即治國的四大綱領。同時注重發展農業、振興經濟，與『禮、義、廉、恥』等意識形態、道德倫理教育相結合。《重令》篇説：『天道之數，至則反，盛則衰。人心之變，有餘則驕，驕則緩怠。』物極必反，對立轉化，管仲學派闡發天道人情的辯證規律，具有深邃的科學哲學意味，具有重要的啓示借鑒價值。

《權修》篇論教育説：『一年之計，莫如樹穀。十年之計，莫如樹木。終身之計，莫如樹人。一樹一獲者，穀也。一樹十獲者，木也。一樹百獲者，人也。』闡發百年樹人、培育人才的重要性，成爲至理名言。

《兵法》篇闡述用兵方法，重視權衡戰争整體的利弊得失，探索戰略決勝之道，是杰出的軍事哲學論文，涉及戰略、戰術、器備、訓練，以及戰争的主動性、靈活性、機動性等精妙絶倫的總結概括，文辭洗練，生動有趣，極富哲理。

《制分》篇説：『凡用兵者，攻堅則軔，乘瑕則神。攻堅則瑕者堅，乘瑕則堅者瑕。故堅其堅者，瑕其瑕者。屠牛坦朝解九牛，而刀可以莫鐵，則刃游間也。』用兵攻堅易受挫，攻弱易奏效。攻堅，其薄弱環節會變堅固。攻弱，其堅固部分會變薄弱。面對敵人堅固環節，穩住不動。面對敵人薄弱環節，設法削弱。以屠牛坦一天割解九頭牛爲例，屠刀鋭利能削鐵，這是因刀刃在骨縫間活動的原故。《管子》對用兵之道的精煉描述，活用老莊道家哲學精華，滲透對戰争規律的深刻理解，是軍事哲學的精言妙道，現代將帥必知必讀。

此《宋本管子》共二十四卷。每半葉十二行，行二十二至二十五字不等，小字雙行二十八至三十一字不等，白口，左右雙邊。首列楊忱北宋慶曆四年（一〇四四）《管子序》，次列目録。後列劉向《進書序録》。劉向書序後爲卷首，卷端署名題『唐司空房玄齡注』。卷尾有黄丕烈、戴望兩人手跋。鈐『玉蘭堂』『辛夷館印』『季振宜印』『乾學』『黄丕烈印』『汪士鐘印』『鐵琴銅劍樓』『祁陽陳澄中藏書記』等印記，知其曾經明清兩代藏書名家遞藏。

據卷末張嵲《讀〈管子〉》一篇可知，此本之刻在紹興九年己未（一一三九）之後。另據諱字及刻工姓名，可推定此本爲南宋初年浙江刻本，亦是存世《管子》宋刻孤本，彌足珍貴。今藏中國國家圖書館。《中華再造善本》曾據此影印，亦爲此次《國學基本典籍叢刊》影印底本。

《管子》在中國文化史上有獨特的學術價值，在中華傳統文化體系中占有重要地位。《管子》義理深邃，經後人不斷詮釋，對當今社會啓示良多，有重要的現實意義。研讀《管子》，可以領略這部經典的巨大吸引力、感染力、影響力和生命力。希望《宋本管子》的影印出版，有助於讀者大衆汲取《管子》思想精髓，轉化創新，活用傳統典籍文化。

孫中原

二〇一八年三月

總目録

第一册

第三册

卷第二十三

卷第二十四

第一册目録

據國家圖書館藏宋刻本影印原書版框高二十二點四厘米寬十五點五厘米

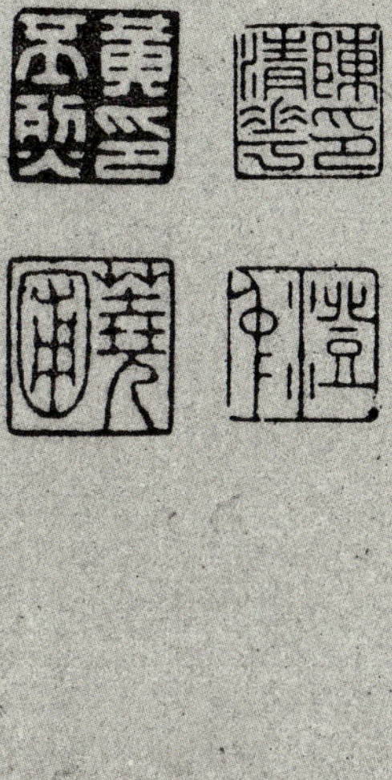

管子序

楊忱　撰

序曰春秋尊王不尊霸與中國不與夷狄始于平王避夷難也是王室遷而微也見于周書文侯之命微王也是王者失賞也費誓善其備夷是諸侯之正也秦誓尊征伐是諸侯之失禮也書春秋合體而異世也書以文侯之命終其治也春秋以平王東遷始其微也自東遷六十五年春秋無晉以其亡護亂也及其滅中國之國而後見其行事譏失賞也周之微也幸不夷其宗禝齊桓之功也其中國無與加其盛也其夷狄無與抗其力也見于衛詩美其存中國也春秋無與辭何異也存一國之風無其人則衛夷矣全王道之正與之霸是諸侯可專征伐也夫晉之爲霸也異齊遠矣桓正文譎夫桓

之爲正抑夷狄存中國文之爲譎陵中國微王室晋之風也無美其美無功其功外無他焉雖國人不與也然而桓之正非王道之正也以文譎而桓正也桓之功非王道之功也以攘狄而存周也無桓周滅有周桓賊桓卒齊衰楚人滅周周之不幸桓之早死也故曰周之存桓之功也桓之不幸管仲之早死也故曰桓之功管仲之力也自是楚滅諸國而熾矣今得其著書然後知攘狄之功皆遠略也儒譏霸信刑賞豈王者詆民哉霸嚴政令豈王者忌忽哉霸卿方略豈王者不先謀哉霸審勞佚豈王者暴師哉霸謹畜積豈王者使民不足哉亦時夷狄内騁大者畏威小者懷仁功亦至矣不幸名之不正然奈衰世何孔子曰微管仲吾其被髮左衽此其據也時

大宋甲申秋九月二十三日序

管子目錄

第一

第二

第三

第四

第五

輕重乙第八十一　輕重丙第八十二　輕重丁第八十三
輕重戊第八十四　輕重己第八十五　輕重庚第八十六
右二十四卷
凡八十六篇　內十篇

護左都水使者光祿大夫臣向言所校讎中管子書三百八十九篇太中大夫卜圭書二十七篇臣富參書四十一篇射聲校尉立書十一篇太史書九十六篇凡中外書五百六十四以校除復重四百八十四篇定著八十六篇殺青而書可繕寫也管子者潁上人也名夷吾號仲父少時嘗與鮑叔牙游鮑叔知其賢管子貧困常欺叔牙叔牙終善之鮑叔事齊公子小白管子事公子糾及小白立爲桓公子糾死管仲囚鮑叔薦管仲管仲既任政於齊齊桓公以霸九合諸侯一匡天下管仲之謀也故管仲曰吾始困時與鮑叔分財多自予鮑叔不以我爲貪知吾貧也嘗爲鮑叔謀事而更窮困鮑叔不以我爲愚知吾有利有不利也公子糾敗召忽死之吾幽囚受辱鮑叔不以我爲無耻知吾不羞小節而耻功名不顯於天下也生我者父母知我者鮑叔鮑叔

既進管仲而已下之子孫世祿於齊有封邑者十餘世常爲名大夫管子既相以區區之齊在海濱通貨積財富國彊兵與俗同好醜故其書稱曰倉廩實而知禮節衣食足而知榮辱上服度則六親固四維不張國乃滅亡下令猶流水之原令順人心故論卑而易行俗所欲因予之俗所否因去之其爲政也善因禍爲福轉敗爲功貴輕重慎權衡桓公怒少姬南襲蔡管仲因伐楚責包茅不入貢於周室桓公北征山戎管仲因而令燕脩召公之政柯之會桓公背曹沫之盟管仲因而信之諸侯歸之管仲聘於周不敢受上卿之命以讓高國是時諸侯爲管仲城穀以爲之乘邑春秋書之褒賢也管仲富擬公室有三歸反坫齊人不以爲侈管子卒齊國遵其政常彊於諸侯孔子曰微管仲吾其被髮左衽矣太史公曰余讀管

氏牧民山高乘馬輕重九府詳哉言之也又曰將順其美匡
救其惡故上下能相親愛𠃵管仲之謂乎九府書民間無有
山高一名形勢凡管子書務富國安民道約言要可以曉合
經義向謹第錄上

管子卷第一　唐司空房玄齡註

牧民第一　形勢第二
權脩第三　立政第四
乘馬第五

牧民第一（國頌　四維　四順　士經　六親五法）　經言一

凡有地牧民者務在四時（四時所以生成萬物也）守在倉廩（食者人之天也）國多財則遠者來地辟舉則民留處（舉盡也言地盡闢則人留而安居處也）倉廩實則知禮節衣食足則知榮辱上服度則六親固（留行也上行禮度則六親各得其所故能感恩）

（而結固之）四維張則君令行故省刑之要在禁文巧（文巧者刑罰所由生）守國之度在飾四維順民之經在明鬼神祗山川（鬼神山川皆有尊卑之序故敬明之）敬宗廟恭祖舊（謂恭承先祖之舊法）不務天時則財不生不務地利則倉廩不盈野蕪曠則民乃菅（菅當爲蕪）上無量則民乃妄文巧不禁則民乃淫不璋兩原則刑乃繁（璋當爲章章明也兩原謂妄之原上無量也淫之原不禁文巧也能明此法者則刑簡）不明鬼神則陋民不悟（不悟鬼神有尊卑之異也）不祗山川則威令不聞（言能登封降禪祗祀山川則威令遠聞）不敬宗廟則民乃上校（校効也君無所尊人亦效之）不恭祖舊則孝悌不備四維不張國乃滅亡

右國頌（頌容也謂陳爲國之形容）

國有四維一維絕則傾二維絕則危三維絕則覆四維絕則滅傾可正也危可安也覆可起也滅不可復錯也何謂四維一曰禮二曰義三曰廉四曰恥禮不踰節義不自進（自進謂不由薦舉也）廉

不蔽惡隱蔽其惡非貞廉也恥不從枉詭隨邪枉無羞之人故不踰節則上位安不自進則民無巧詐不蔽惡則行自全不從枉則邪事不生

右四維

政之所興在順民心政之所廢在逆民心民惡憂勞我佚樂之民惡貧賤我富貴之民惡危墜我存安之民惡滅絶我生育之能佚樂之則民爲之憂勞君於平康能佚樂人及其危人必爲之憂勞下三順皆然能富貴之則民爲之貧賤能存安之則民爲之危墜能生育之則民爲之滅絶故刑罰不足以畏其意殺戮不足以服其心畏意服心在於順其所欲不在刑罰殺戮故刑罰繁而意不恐則令不行矣殺戮衆而心不服則上位危矣故從其四欲則遠者自親行其四惡則近者叛之故知予之爲取者政之寶也謂與之生全取其死難也

右四順

錯國於不傾之地積於不涸之倉（涸竭也）藏於不竭之府下令於流水之原使民於不爭之官明必死之路開必得之門不爲不可成不求不可得不處不可久不行不可復錯國於不傾之地者授有德也積於不涸之倉者務五穀也藏於不竭之府者養桑麻育六畜也下令於流水之原者令順民心也使民於不爭之官者使各爲其所長也（各長其所長則順而悅故不爭也）明必死之路者嚴刑罰也開必得之門者信慶賞也不爲不可成者量民力也不求不可得者不彊民以其所惡也不處不可久者不偷取一世也（謂所處必可使百代常行）不行不可復者不欺其民也（復重也欺民之事不可重行也）故授有德則國安務五穀則食足養桑麻育六畜則民富令順民心則威令行使民各爲其所長則用備嚴刑罰則民遠邪信慶賞則民輕難量民力則事無不成不彊

民以其所惡則詐僞不生不偷取一世則民無怨心不欺其民則下親其上

右士經（士事也經常也謂陳事之可以常行者也）

以家爲鄉鄉不可爲也（言有家之親所以爲鄉之疎必生怨故不可爲也下三事同此）以鄉爲國國不可爲也以國爲天下天下不可爲也以家爲家（一親也）以鄉爲鄉（二親也）以國爲國（三親也）以天下爲天下（四親也）毋曰不同生遠者不聽（謂家也言有家之親而謂之曰不與汝同家而生用此以相疎遠者必不聽下同）毋曰不同鄉遠者不行毋曰不同國遠者不從如地如天何私何親（五親也）如月如日唯君之節（六親也天地日月取其耀臨言人君親下當如天地日月之無私也）御民之轡在上之所貴（言人從上之所貴若馬之從轡）道民之門在上之所先（上所先行人必從之若由門矣）召民之路在上之所好惡故君求之則臣得之（君將求之臣已先索得之也）君嗜之則臣食之君好之則臣服之君惡之則臣匿之（一法也）毋蔽汝惡毋

異汝度也 汝君 賢者將不汝助言室滿室言堂滿堂是謂聖王 二法也言堂室事而令滿取其露見不隱也 城郭溝渠不足以固守兵甲彊力不足以應敵博地多財不足以有衆 言城郭兵甲博地不足以固守應敵有衆其固守應敵有衆更在有道者也 唯有道者能備患於未形也故禍不萌 三法也 天下不患無臣患無君以使之天下不患無財患無人以分之 可以分與財者賢人也 故知時者可立以爲長無私者可置以爲政審於時而察於用而能備官者可奉以爲君也 四法也 緩者後於事吝於財者失所親信小人者失士 五法也

右六親五法

形勢第二

自天地以及萬物關諸人事莫不有形勢焉夫勢必因形而立故形端者勢必直狀危者勢必傾觸類莫不然可以一隅而反

經言二

山高而不崩則祈羊至矣淵深而不涸則沈玉極矣 極至也山不崩淵不

洄與雨之祥故羊王而祈祭耳羊以祭故曰祈羊天不變其常地不易其則春秋冬夏不更
其節古今一也今之天地即古之天地今之四時即古之四時故曰古今一也蛟龍得水而神可立也
虎豹託幽而威可載也至德處盛位天下可平載行也風雨無鄉而怨怒不及
也鄉方也既無方所故無從而怨怒也貴有以行令賤有以忘卑貴而行令令乃行賤而忘卑卑可移壽夭
貧富無徒歸也皆有理在焉銜命者君之尊也受辭者名之運也
言受君之辭以出命則名必運運行也上無事則民自試試用也抱蜀不言而廟堂既
脩抱持也蜀祠器也君人者但抱祠器以身率道雖復靜然不言廟堂之政既以脩理矣鴻鵠鏘鏘唯民歌之感德
化濟濟多士殷民化之紂之失也戒紂之失故化文王也飛蓬之問不在所
賓燕雀之集道行不顧蓬飛因風動搖不定諭一二三之聲問明主所不賓鷰燕爵翔集事之常細也故行道之人忽而不顧謂小事非大人所宜知犧牷圭璧不足以享鬼神鬼神享德不在圭璧主功有素
寶幣奚爲主能立功可謂有素有素則諸侯不敢犯寶玉幣帛何所爲乎羿之道非射也造父之
術非馭也奚仲之巧非斲削也羿之射貴其肆武服戎不在其落鳥中鵠造父之馭貴其軍容致遠不在轍跡

徧天下也奚仲之巧貴其九車以載不在斲削成光鑑也召遠者使無為焉親近者言無事焉
唯夜行者獨有也遠使無為所以優遠方也親於近者貴於恩厚不在於夜行謂陰行其德則人不與之爭故獨有之也平
原之隰奚有於高言平隰之澤雖有小封不成於高喻人有大失小善不成其美隰下溼也大山之隈奚
有於深隈山曲也言山既大矣雖有小隈不成為深喻人有高行雖有小過非不肖也訾讆之人勿與任大訾毀
賢讆譽惡也如此之人任之則亂大邦也譕臣者可與遠舉言行莫先謂之譕臣有大言行者可與圖國之遠也顧憂
者可與致道顧憂謂忘事勤臣道有如此者可致於道者也其計也速而憂在近者往
而勿召也小人之計得之雖速禍敗尋至則憂及之此人親近推之令去不須召也舉長者可遠見也舉用長和衆皆
見之故曰遠見裁大者衆之所比也裁斷也能斷大事衆必比之美人之懷定服而勿
厭也欲令人貴美而懷歸者須安定服行道德勿有疲厭必得之事不足賴也必諾之言不足
信也言人於事莫為疑動言必得應諾如此虛誕者耳不足賴信也小謹者不大立訾食者不肥體
言人無弘量但有小謹不能大立也訾惡也惡食之人憂嫌致瘠故不能肥體有無棄之言者必參於天地也
言無可棄動為法則若天地之無不容載故曰參之天地墜岸三仞人之所大難也而猿猱飲焉

故曰伐矜好專舉事之禍也猿遇墜岸而能飲喻智者逢禍而能息也不行其野不違其馬馬有識道之性不違馬而自得塗喻未經其事問其所經能予而無取者天地之配也天地施生不求所報與而不取可以配天地也怠倦者不及倦怠之人觸塗廢滯故多不及無廣者疑神神者在內不及者在門無得以已不及疑神不枯雖無形常在於內故曰在內也不及外見故曰在門也在內者將假在門者將待將假謂神將借已也待謂須自厲以待曙戒勿怠後穉逢殃毎曙而戒所以戒昔之事以待曙戒戒勿爲倦怠也朝忘其事夕失其功邪氣襲內正色乃衰君不君則臣不臣父不父則子不子上失其位則下踰其節上下不和令乃不行衣冠不正則賓者不肅進退無儀則政令不行且懷且威則君道備矣莫樂之則莫哀之常能樂人及其有難人必哀之也莫生之則莫死之常能生人及其有危人必死之往者不至來者不極此往情不至則復來意不然也道之所言者一也而用之者異道之所言其理不二但用之不同其事遂異也有聞道而好爲家者一家之人也雖聞道但好理家此但一家之人耳言無廣遠有聞道而好爲鄉者一鄉之人也有聞

道而好爲國者一國之人也有聞道而好爲天下者天下之人也（此亦仁者見之謂之仁智者見之謂之智也）有聞道而好定萬物者天下之配也（此則君子體斯道也）道往者其人莫往道來者其人莫來道之所設身之化也（道者均彼我忘是非故無來往之體然道之所設身必與之化也）持滿者與天安危者與人失天之度雖滿必涸上下不和雖安必危（能持滿者則與天合能安危者則與人合不合於天雖滿必涸不合於人雖安必危）欲王天下而失天之道天下不可得而王也得天之道其事若自然失天之道雖立不安其道既得莫知其爲之其功既成莫知其澤之藏之無形天之道也疑今者察之古不知來者視之往萬事之生也異趣而同歸古今一也生棟覆屋怨怒不及弱子下瓦慈母操箠（言人以生棟造舍雖至覆屋但自咎而已不敢怨及他人至弱子下瓦所損不多慈母便操箠而怒之喻人主過由已作雖大而吞聲過發他人雖小而振怒也）天道之極遠者自親（天道平分遠近無二故遠者自親也）人事之起近親造怨（人事則愛惡相攻故有近親造怨也）萬物之於人也無

私近也無私遠也 動物則有識而無知植物則有生而無識故於人也無私遠近 巧者有餘而拙者不足 萬物既無私於人故巧者用之有餘拙者用之不足 其功順天者天助之其功逆天者天圍之天之所助雖小必大天之所圍雖成必敗順天者有其功逆天者懷其凶不可復振也烏鳥之狡雖善不親 狡謂猜也言烏鳥之性多猜狃雖相善後終不親 不重之結雖固必解道之用也貴其重也毋與不可毋彊不能毋告不知與不可彊不能告不知謂之勞而無功見與之交幾於不親 見謂不忘而恃之也與親與也 見哀之役幾於不結 役而哀之雖有惻然見而不忘故彼不結也 見施之德幾於不報 雖有恩施之德然見而不忘故彼不報也 四方所歸心行者也 心行能不見則四方歸之 獨王之國勞而多禍 獨王謂無四鄰之援也 獨國之君卑而不威自媒之女醜而不信未之見而親焉可以往矣 未見而親親必無終故可往矣 久而不忘焉可以來矣日月不明天不易也山高而不見地不易也 日月無不明假令不明是天有雲氣而不易也山高無不見假令不見是地多嶮阻不平易也 言而

不可復者君不言也行而不可再者君不行也謂臣有忠言不可復言者則由君不言故也臣有善行不可再行者則由君不行也凡言而不可復行而不可再者有國者之大禁也

權脩第三 權者所以知輕重也君人者必知事之輕重然後國可為故須脩權 經言三

萬乘之國兵不可以無主無所主則無所統一也土地博大野不可以無吏無吏則不屬於墾闢百姓殷眾官不可以無長無長則無所稟令也操民之命朝不可以無政地博而國貧者野不辟也民眾而兵弱者民無取也兵無主故無所取則故末產不禁則野不辟賞罰不信則民無取野不辟民無取外不可以應敵內不可以固守故曰有萬乘之號而無千乘之用而求權之無輕不可得也國號萬乘及其兵用不滿於千如此者權必自輕也地辟而國貧者舟輿飾臺榭廣也賞罰信而兵弱者輕用眾使民勞也舟車臺榭廣則賦斂厚矣輕用眾使民勞

則民力竭矣賦斂厚則下怨上矣民力竭則令不行矣下怨上令不行而求敵之勿謀已不可得也欲爲天下者必重用其國欲爲其國者必重用其民欲爲其民者必重盡其民力（重爲矜惜之也）無以畜之則往而不可止也（往謂亡去也）無以牧之則處而不可使也（人雖留處無畜牧之道故不可使也）遠人至而不去則有以畜之也民衆而可一則有以牧之也見其可也喜之有徵（徵驗也必有恩錫以驗見善無空然矣）見其不可也惡之有刑賞罰信於其所見雖其所不見其敢爲之乎（所見之處賞罰旣信則所不見懼而從教不敢爲非）見其可也喜之無徵見其不可也惡之無刑賞罰不信於其所見而求其所不見之爲之化不可得也厚愛利足以親之明智禮足以教之上身服以先之（服行也凡所欲教人在上必身自行之所以率先於下也）審度量以閑之（所以防閑其姦僞也）鄉置師以說道之然后申之以憲令勸之以慶賞振之以刑罰（振整也）故百姓皆說爲善則暴亂

之行無由至矣地之生財有時民之用力有倦而人君之欲無窮以有時與有倦養無窮之君而度量不生於其閒度量不生則賦役無限也則上下相疾也上疾下之不供下疾上之無窮是以臣有殺其君子有殺其父者矣故取於民有度用之有止國雖小必安取於民無度用之不止國雖大必危地之不辟者非吾地也民之不牧者非吾民也凡牧民者以其所積者食之不可不審也其積多者其食多其積寡者其食寡無積者不食或有積而不食者則民離上有積多而食寡者則民不力有積寡而食多者則民多詐有無積而徒食者則民偷幸故離上不力多詐偷幸舉事不成應敵不用故曰察能授官班祿賜予使民之機也野與市爭民民務本業則野與市爭民家與府爭貨下務藏積則家與府爭貨金與粟爭貴所寶惟穀故金與粟爭貴鄉與朝爭治官各務其職故鄉與朝爭治故野不積草農事先也府不積貨藏

於民也市不成肆家用足也朝不合衆鄉分治也故野不積草府不積貨市不成肆朝不合衆治之至也人情不二故民情可得而御也審其所好惡則其長短可知也觀其交游則其賢不肖可察也二者不失則民能可得而官也（二者謂好惡交游也）地之守在城城之守在兵兵之守在人人之守在粟故地不辟則城不固有身不治奚待於人（待謂將治之言身既不能自治則無以治人也）有人不治奚待於家有家不治奚待於鄉有鄉不治奚待於國有國不治奚待於天下天下者國之本也國者鄉之本也鄉者家之本也家者人之本也人者身之本也身者治之本也故上不好本事則末產不禁末產不禁則民緩於時事而輕地利輕地利而求田野之辟倉廩之實不可得也商賈在朝則貨財上流（若桓靈之賣官也）婦言人事則賞罰不信（婦者所以休其蠶織此之不爲輒言人事婦人之性險詖故賞罰不信矣）男女無別則民

無廉恥貨財上流賞罰不信民無廉恥而求百姓之安難兵
士之死節不可得也朝庭不肅貴賤不明長幼不分度量不
審衣服無等上下凌節而求百姓之尊主政令不可得也上
好詐謀閒欺（閒隔也有所隔礙而欺詐也）臣下賦斂競得使民偷壹（偷取一時之快）則
百姓疾怨而求下之親上不可得也有地不務本事（本事謂農）君國
不能壹民而求宗廟社稷之無危不可得也上恃龜筮好用
巫醫則鬼神驟祟故功之不立名之不章爲之患者三（苟功不立名不章必爲三
患下獨王貧賤日不足是也）有獨王者（謂無黨也）有貧賤者有日不足者（有日不足之費也）
一年之計莫如樹穀十年之計莫如樹木終身之計莫如樹人
（樹人謂濟而成立之）一樹一穫者穀也一樹十穫者木也（果木過十年漸就枯悴故曰十穫也）一樹
百穫者人也（人有百年之壽雖使元百年子孫亦有嗣之而報德者故曰百穫也）我苟種之如神用之（一種
百穫近識者莫能測其由故曰如神用也）舉事如神唯王之門（王者貴神道設教也）凡牧民者使

士無邪行女無淫事士無邪行教也女無淫事訓也教訓成俗而刑罰省數也所角反凡牧民者欲民之正也欲民之正則微邪不可不禁也微邪者大邪之所生也微邪不禁而求大邪之無傷國不可得也凡牧民者欲民之有禮也欲民之有禮則小禮不可不謹也小禮不謹於國而求百姓之行大禮不可得也凡牧民者欲民之有義也欲民之有義則小義不可不行小義不行於國而求百姓之行大義不可得也凡牧民者欲民之有廉也欲民之有廉則小廉不可不脩也小廉不脩於國而求百姓之行大廉不可得也凡牧民者欲民之有恥也欲民之有恥則小恥不可不飾也小恥不飾於國而求百姓之行大恥不可得也凡牧民者欲民之脩小禮行小義飾小廉謹小恥禁微邪此厲民之道也民之脩小禮行小義飾小廉謹小恥禁微邪治之本

也凡牧民者欲民之可御也欲民之可御則法不可不審法者將立朝庭者也將立朝庭者則爵服不可不貴也爵服加于不義則民賤其爵服民賤其爵服則人主不尊人主不尊則令不行矣法者將用民力者也將用民力者則禄賞不可不重也禄賞加于無功則民輕其禄賞民輕其禄賞則上無以勸民上無以勸民則令不行矣法者將用民能者也將用民能者則授官不可不審也授官不審則民閒其治民閒其治則理不上通理不上通則下怨其上下怨其上則令不行矣法者將用民之死命者也用民之死命者則刑罰不可不審刑罰不審則有辟就有辟就則殺不辜而赦有罪殺不辜而赦有罪則國不免於賊臣矣故夫爵服賤禄賞輕民閒其治賊臣首難此謂敗國之教也

立政第四

三本 四固 五事 首憲 首事 省官 服制 九敗 七觀 經四言

國之所以治亂者三殺戮刑罰不足用也（三謂三本也謂治亂法各有三也）國之所以安危者四城郭險阻不足守也（四謂四固）國之所以富貧者五輕稅租薄賦斂不足恃也（五謂五事）治國有三本而安國有四固而富國有五事五事五經也（自三本已上惣其目）君之所審者三一曰德不當其位二曰功不當其祿三曰能不當其官此三本者治亂之原也故國有德義未明於朝者則不可加于尊位功力未見於國者則不可授與重祿臨事不信於民者則不可使任大官故德厚而位卑者謂之過德薄而位尊者謂之失寧過於君子而毋失於小人過於君子其爲怨淺失於小人其爲禍深是故國有德義未明於朝而處尊位者則良臣不進有功力未見於國而有重祿者則勞臣不勸有臨事不信於民而任大官者則材臣不

用三本者審則下不敢求三本者不審則邪臣上通而便辟制威如此則明塞於上而治壅於下正道捐棄而邪事日長三本者審則便辟無威於國道途無行禽（無禽獸之行）踈遠無蔽獄孤寡無隱治故曰刑省治寡朝不合衆

右三本

君之所慎者四一曰大德不至仁不可以授國柄（德雖大而仁不至或苞藏禍心故不可授國柄）二曰見賢不能讓不可與尊位三曰罰避親貴不可使主兵四曰不好本事不務地利而輕賦斂不可與都邑此四務者安危之本也故曰卿相不得衆國之危也大臣不和同國之危也兵主不足畏國之危也民不懷其產國之危也故大德至仁則操國得衆見賢能讓則大臣和同罰不避親貴則威行於鄰敵好本事務地利重賦斂則民懷其產

四固

君之所務者五一曰山澤不救於火草木不得成國之貧也二曰溝瀆不遂於隘鄣水不安其藏國之貧也三曰桑麻不殖於野五穀不宜其地國之貧也四曰六畜不育於家瓜瓠葷菜百果不備具國之貧也五曰工事競於刻鏤女事繁於文章國之貧也故曰山澤救於火草木殖成國之富也溝瀆遂於隘障水安其藏國之富也桑麻殖於野五穀宜其地國之富也六畜育於家瓜瓠葷菜百果備具國之富也工事無刻鏤女事無文章國之富也

右五事

分國以爲五鄉鄉爲之師分鄉以爲五州州爲之長分州以爲十里里爲之尉分里以爲十游游爲之宗十家爲什五家爲伍

什伍皆有長焉築障塞匿（匿隱）一道路博出入審閭閈慎筦鍵筦藏于里尉置閭有司以時開閉閭有司觀出入者以復于里尉（復白）凡出入不時衣服不中圈屬（羊豕之類也）羣徒（衆作役也）不順於常者閭有司見之復無時若在長家子弟臣妾屬役賓客則里尉以譙于游宗游宗以譙于什伍什伍以譙于長家譙敬而勿復（既譙能敬而從命無事可白則是教令行）一再則宥三則不赦凡孝悌忠信賢良儁材若在長家子弟臣妾屬役賓客則什伍以復于游宗游宗以復于里尉里尉以復于州長州長以計于鄉師鄉師以著于士師凡過黨其在家屬及于長家其在長家及于什伍之長其在什伍之長及于游宗其在游宗及于里尉其在里尉及于州長其在州長及于鄉師其在鄉師及于士師三月一復六月一計十二月一著凡上賢不過等（謂上賢雖才用絕倫無得過其勞級）使能不兼官罰有罪不獨及（罪必有首從及黨與也）

賞有功不專與孟春之朝君自聽朝論爵賞校官終五日季
冬之夕君自聽朝論罰罪刑殺亦終五日正月之朔百吏在朝
君乃出令布憲于國五鄉之師五屬大夫皆受憲于太史大朝
之日五鄉之師五屬大夫皆身習憲于君前太史既布憲入籍
于太府 入籍者入取籍於大府也 憲籍分于君前五鄉之師出朝遂于鄉官
致于鄉屬及于游宗皆受憲 憲所以察時令籍所以視功過 憲既布乃反致令
焉 致令於君 然后敢就舍憲未布令未致不敢就舍就舍謂之留令
死罪不赦五屬大夫皆以行車朝出朝不敢就舍遂行至都
之日 五屬之都 遂於廟致屬吏皆受憲憲既布乃發使者致令以
布憲之日蚤晏之時憲既布使者以發然後敢就舍憲未布
使者未發不敢就舍就舍謂之留令罪死不赦憲既布有不
行憲者謂之不從令罪死不赦考憲而有不合于太府之籍

者曰侈專制不足曰虧令罪死不赦首憲歲朝之憲既布然后可以布憲憲謂月朝之憲

右首憲

凡將舉事令必先出曰事將爲其賞罰之數必先明之立事者謹守令以行賞罰計事致令復賞罰之所加有不合於令之所謂者雖有功利則謂之專制罪死不赦首事既布然后可以舉事

右首事

脩火憲敬山澤林藪積草夫財之所出以時禁發焉使民於宮室之用薪蒸之所積虞師之事也決水潦通溝瀆修障防安水藏使時水雖過度無害于五穀歲雖凶旱有所秎扶門反穫司空之事也相高下視肥墝觀地宜明詔期前後農夫以時均

脩焉使五穀桑麻皆安其處由田之事也行鄉里視宮室觀樹蓺簡六畜以時鈞脩焉勸勉百姓使力作毋偷懷樂家室重去鄉里鄉師之事也論百工審時事辯功苦上完利監壹五鄉以時鈞脩焉使刻鏤文采毋敢造於鄉工師之事也

右省官

度爵而制服量祿而用財飲食有量衣服有制宮室有度六畜人徒有數舟車陳器有禁脩生則有軒冕服位穀祿田宅之分死則有棺槨絞衾壙壟之度雖有賢身貴體毋其爵不敢服其服雖有富家多資毋其祿不敢用其財天子服文有章而夫人不敢以燕以饗廟將軍大夫以朝官吏以命士止于帶緣散民不敢服雜采百工商賈不得服長鬈求圓反貂刑餘戮民不敢服絻一本作絲不敢畜連乘車

右服制

寢兵之說勝則險阻不守言事者競陳寢兵其說見用而得勝則武衛必偃雖有險阻不能守矣兼愛之說勝則士卒不戰兼愛之說勝則徐偃弱而行仁宋襄惑而慕古也全生之說勝則則廉恥不立全生之說勝則王孫自奉千金何侯日食一萬私議自貴之說勝則上令不行羣徒比周之說勝則賢不肖不分金玉貨財之說勝則爵服下流觀樂玩好之說勝則姦民在上位觀樂玩好之說勝則費仲以奉奇異而居顯位董賢以柔曼而處朝謁也請謁任舉之說勝則繩墨不正諂諛飾過之說勝則巧佞者用

右九敗

期而致使而往百姓舍己以上爲心者教之所期也始於不足見終於不可及一人服之萬人從之訓之所期也謂君將行令始獨發於心故不足見終則功成事遂故不可及也未之令而爲未之使而往上不加勉而民自盡竭俗之

所期也（君既盡心於俗所以能期於此也）好惡形於心百姓化于下罰未行而民畏恐賞未加而民勸勉誠信之所期也（君之好惡纔形於心百姓已化於天下）爲而無害成而不議得而莫之能爭天道之所期也（君能奉順天道所以能期於此）爲之而成求之而得上之所欲小大必舉事之所期也令則行禁則止憲之所及俗之所被（被合也謂俗與憲合）如百體之從心政之所期也

右七觀

乘馬第五（立國 大數 陰陽 爵位 務市事 士農工商 聖人 失時 地里）經言五

凡立國都非於大山之下必於廣川之上高毋近旱而水用足下毋近水而溝防省因天材就地利故城郭不必中規矩道路不必中準繩

右立國

無爲者帝爲而無以爲者王爲而不貴者霸不自以爲所貴

則君道也貴而不過度則臣道也

右大數

地者政之本也（政從地生）朝者義之理也（義國朝起）市者貨之準也（市所以準貨之輕重）黃金者用之量也諸侯之地千乘之國者器之制也五者其理可知也爲之有道

地者政之本也是故地可以正政也（地平可以正政）地不平均和調則政不可正也（不均平和調則地利或幾於息故不可不正也）政不正則事不可理也

春秋冬夏陰陽之推移也（夏秋推陽以生陰冬春推陰以生陽）時之短長陰陽之利用也（必長短相摩然後成陰陽之用也）日夜之易陰陽之化也（晝熱夜寒交易其氣此陰陽之化也）然則陰陽正矣雖不正有餘不可損不足不可益也（假令時有盈縮不正則百六之運數當然也雖有堯湯之聖不能免之故不可損益也）天地莫之能損益也（天地亦準陰陽不可損益也）

然則可以正政者地也故不可不正也正地者其實必正長亦

正短亦正小亦正大亦正長短小大盡正正不正則官不理（謂天地之正不正官不可得理）官不理則事不治事不治則貨不多是故何以知貨之多也曰事治何以知事之治也曰貨多貨多事治則所求於天下者寡矣爲之有道

右陰陽

朝者義之理也是故爵位正而民不怨民不怨則不亂然后義可理理不正則不可以治而不可不理也故一國之人不可以皆貴皆貴則事不成而國不利也（皆貴則無爲事者故事不成也）爲事之不成國之不利也使無貴者則民不能自理也是故辨於爵列之尊卑則知先後之序貴賤之義矣爲之有道

右爵位

市者貨之準也是故百貨賤則百利不得（謂不得過常之利也）百利不得

則百事治百事治則百用節矣是故事者生於慮（謀慮則事生也）成於務（專務則事成也）失於傲（輕傲則失事也）不慮則不生不務則不成不傲則不失故曰市者可以知治亂可以知多寡而不能為多寡為之有道

右務市事

黃金者用之量也辨於黃金之理則知侈儉知侈儉則百用節矣故儉則傷事侈則傷貨儉則金賤金賤則事不成故傷事侈則金貴金貴則貨賤故傷貨貨盡而後知不足是不知量也事已而後知貨之有餘是不知節也不知量不知節不可謂之有道天下乘馬服牛而任之輕重有制有壹宿之行（一宿有定準則百宿可知也）道之遠近有數矣是知諸侯之地千乘之國者所以知地之小大也所以知任之輕重也重而後損之是不知

任也輕而後益之是不知器也不知任不知器不可謂之有道
地之不可食者山之無木者百而當一涸澤百而當一地之無
草木者百而當一樊棘雜處民不得入焉百而當一藪鎌纆
得入焉九而當一蔓山其木可以爲材可以爲軸斤斧得入焉
九而當一汎山其木可以爲棺可以爲車斤斧得入焉十而當一
流水網罟得入焉五當一林其木可以爲棺可以爲車斤斧得
入焉五而當一澤網罟得入焉五而當一命之曰地均以實數
方六里命之曰暴五暴命之曰部五部命之曰聚聚者有市無
市則民乏五聚命之曰某鄉四鄉命之曰方官制也官成而立
邑五家而伍十家而連五連而暴五暴而長命之曰某鄉四
鄉命之曰都邑制也邑成而制事四聚爲一離五離爲一制
五制爲一田二田爲一夫三夫爲一家事制也事成而制器方

六里爲一乘之地也一乘者四馬也一馬其甲七其蔽五蔽所以捍車馬四乘其甲二十有八其蔽二十白徒三十人奉車兩器制也方六里一乘之地也方一里九夫之田也黃金一鎰百乘一宿之盡也無金則用其絹季絹三十三三莘其下者曰季制當一鎰無絹則用其布經暴布百兩當一鎰一鎰之金食百乘之一宿則所市之地六步一𣂁一本作一升命之曰中歲有市無市則民不乏矣方六里名之曰社有邑焉名之曰央亦關市之賦命出關市之賦黃金百鎰爲一篋其其貨一穀籠爲十篋其商苟在市者三十人其正月十二月黃金一鎰命之曰正分春曰書比立夏曰月程秋曰大稽與民數得亡三歲脩封五歲脩界十歲更制經正也十仞見水不大潦大潦一本作大潰繼也預貯水也五尺見水不大旱十一仞見水輕征征稅也十分去二三謂去十仞之二三二則去三四謂去十仞之三四則去四謂去十仞之四五則去半比之

於山五尺見水（言平地五仞見水同於山五尺見水）十分去一四則去三（八尺曰仞分九仞則堀毋分有二仞二尺去其三則餘有一丈八尺）三則去二二則去一三尺而見水比之於澤距國門以外窮四竟之內丈夫二犂童五尺一犂以爲三日之功正月令農始作服于公田農耕及雪釋耕始焉芸卒焉士聞見博學意察而不爲君臣者與功而不與分焉（此人而以爲君之臣也然以高尚其事而不爲若此者預食農收之功而不受力作之分也）賈知賈之貴賤日至於市而不爲官賈者與功而不與分焉爲工治容貌功能日至於市而不爲官工者與功而不與分焉不可使而爲工則視貸離之實而出夫粟是故智者知之愚者不知不可以教民（教民必以有智者）巧者能之拙者不能不可以教民（教人爲工必以巧者欲令愚知之人盡曉知之然後可以教人也）非一令而民服之也不可以爲大善非夫人能之也不可以爲大功是故非誠賈不得食于賈非誠工不得食于工非誠農不得食于農非信士不得立

于朝是故官虛而其敢爲之請君有珍車珍甲而莫之敢有君舉事臣不敢誣其所不能君知臣臣亦知君知巳也故臣莫敢不竭力俱操其誠以來道曰均地分力使民知時也民乃知時日之蚤晏日月之不足飢寒之至于身也是故夜寢蚤起父子兄弟不忘其功爲而不倦民不憚勞苦故不均之爲惡也地利不可竭民力不可殫不告之以時而民不知不道之以事而民不爲與之分貨則民知得正矣審其分則民盡力矣是故不使而父子兄弟不忘其功

右士農工商

聖人之所以爲聖人者善分民也（善令人知分故名爲聖人）聖人不能分民則猶百姓也於巳不足安得名聖（不能令人知分則巳尚不足何名爲聖人）是故有事則用（用謂人也）無事則歸之於民（謂令人退歸而居也）唯聖人爲善託業於民（謂託

(人以成功業也)民之生也辟則愚(縱其淫辟則昏愚也)閉則類(類善也閉其淫辟則自善)上爲一下爲二(下之效上必倍之也)

右聖人

時之處事精矣不可藏而舍也(時至則爲之不可藏而捨息也)故曰今日不爲明日亡貨(言不爲則失時)昔之日已往而不來矣(言日既往不還來也)

右失時

上地方八十里萬室之國一千室之都四中地方百里萬室之國一千室之都四下地方百二十里萬室之國一千室之都四以上地方八十里與下地方百二十里通於中地方百里

右地里

管子卷第一

拘九禺切蜀音猶絟七全切㬥彼各切比必異切

管子卷第二　唐司空房　玄齡

七法第六　版法第七

七法第六（謂則象法化決塞心術計數）（四傷百匿爲兵之數選陳）　經言六

言是而不能立言非而不能廢（謂之是不能立其人而用之謂之非不能廢其人而退之）有功而不能賞有罪而不能誅若是而能治民者未之有也是必立非必廢有功必賞有罪必誅若是安治矣未也（能此四者可以安治矣而猶未者則以未具下事故）是何也曰形勢器械未具猶之不治也形勢器械具四者備治矣（四者備謂立是廢非賞功誅罪）不能治其民而能彊其兵者未之有也（能治民然后能彊兵）能治其民矣而不明於爲兵之數猶之不可（雖能治民而欲彊兵必明於爲兵之數然後可）不能彊其兵而能必勝敵國者未之有也能彊其兵而不明於勝敵國之理猶之不勝也（雖能彊兵其欲勝敵國必須明審其理理之不明猶是不勝也）兵不必勝敵國而能正天下者未之有也兵必

勝敵國矣而不明正天下之分猶之不可故曰治民有器爲兵有數勝敵國有理正天下有分器數理分即下之七法也則象法化決塞心術計數此七法之目也根天地之氣寒暑之和水土之性人民鳥獸草木之生物雖不甚多皆均有焉而未嘗變也謂之則根元也生萬物者天地之元氣也義也名也時也似也類也比也狀也謂之象義者所以合宜也名者所以命事也時者名有所當也似類比狀謂立法者必有所倣倣不徙然也尺寸也繩墨也規矩也衡石也斗斛也角量也謂之法角亦器量之名凡此十二事皆立政者所以爲法也漸也順也靡也久也服也習也謂之化漸謂華物當以漸也順也靡也謂物順教而風靡也久也服也習也謂人服習教命之久予奪也險易也利害也難易也開閉也殺生也謂之決塞凡此十二事皆爲政者所以決斷而窒塞也實也誠也厚也施也度也恕也謂之心術凡此六者皆自心術生也剛柔也輕重也大小也實虛也遠近也多少也謂之計數凡此十二事必計數之以知其數也不明於則而欲出號令明則然後可以出號令猶立朝

夕於運均之上檐竿而欲定其末均陶者之輪也立朝夕所以正東西也今均既運則東西不可準也檐舉也夫欲定末者必先靜其本今既擧竿之本其末不定也不明於象而欲論材審用猶絕長以爲短續短以爲長鶴脛非所斷鳧脛非所續也不明於法而欲治民一衆猶左書而右息之息止也左手爲書右手從而止之則無時成書矣不明於化而欲變俗易教猶朝揉輪而夕欲乘車不明於決塞而欲敺衆移民猶使水逆流不明於心術而欲行令於人猶倍招而必拘之物有倍叛而招之者必有以慰悅之令其感服令反拘留之則彼逾叛矣不明於計數而欲舉大事猶無舟檝而欲經於水險也故曰錯儀畫制不知則不可論材審用不知象不可和民一衆不知法不可變俗易教不知化不可敺衆移民不知決塞不可布令必行不知心術不可舉事必成不知計數不可

右四傷

百匿傷上威（百匿百官也言百官皆匿情爲私則上威傷）姦吏傷官法姦民傷俗教賊盜傷國衆（盜賊之人常欲損敗於物也）衆傷則重在下（君威傷則臣得尊重）法傷則貨上流教傷則從令者不輯衆傷則百姓不安其居重在下則令不行貨上流則官徒毀（官者既不以德進但以貨成故官徒毀徒事也）從令者不輯則百事無功百姓不安其居則輕民處而重民散（輕民謂爲盜者用盜致富故處重民謂務農者爲盜破產故散）輕民處重民散則地不辟地不辟則六畜不育六畜不育則國貧而用不足國貧而用不足則兵弱而士不厲兵弱而士不厲（厲奮也）則戰不勝而守不固戰不勝而守不固則國不安矣故曰常令不審則百匿勝官爵不審則姦吏勝符籍不審則姦民勝刑法不審則盜賊勝國之四經敗人君泄見危（謂常令官爵符籍刑法四者爲政之經四者既敗則是君泄其事君泄其事則其身危矣）人君泄則言實之士不進言實之士不進則國之情僞不竭於上（下皆隱實言虛則是國情不竭）

（於上）世主所貴者寶也所親者戚也所愛者民也所重者爵祿也亡君則不然致所貴非寶也致所親非戚也致所愛非民也致所重非爵祿也故不爲重寶虧其命故曰令貴於寶（重寶而全命則當弃是令貴於寶）不爲愛親危其社稷故曰社稷戚於親（社稷者身之存亡故弃親而存社稷）不爲愛人枉其法故曰法愛於人（法者崇替所由故弃所愛而存其法）不爲重祿爵分其威故曰威重於爵祿（威者人君以服海內必不得已寧散爵祿不可分威也）不通此四者則反於無有（不達於四者用非其國故曰反於無有）故曰治人如治水潦（治水潦者必浚其隄防也）養人如養六畜（養六畜者必致其閑皂堅其羈絆）用人如用草木（用草木者時入山林輪轅不失其宜樵蘇各得其所）居身論道行理則群臣服教百吏嚴斷莫敢開私焉（君之於民其猶居身治之養之用之三者各各得宜論道而行理則無私不服也）論功計勞未嘗失法律也便辟左右大族尊貴大臣不得增其功焉疏遠卑賤隱不知之人不忘其勞故有罪者不怨上（罪得其人故不怨）愛賞者

無貪心賞不踰等故息其貪也則列陳之士皆輕其死而安難以要上事賞罰不濫則立功要功之士知其不誣故競而爲之本兵之極也爲兵之本其極要者在於明賞罰也

右百匿

爲兵之數存乎聚財而財無敵存謂專立意存之君無財士不來故存意於聚財則彼國之財不能敵也存乎論工而工無敵工者所以造軍之器用者也存乎制器而器無敵器謂兵器存乎選士而士無敵存乎政教而政教無敵政教軍中號令存乎服習而服習無敵服便也謂便習武藝存乎徧知天下而徧知天下無敵徧知天下謂徧知其地形險易主將工拙士卒勇怯存乎明於機數而明於機數無敵機者發內而動外爲近而成遠不疾而速不行而至見其爲之不知其所以爲有數存焉於其閒故曰機數也故兵未出境而無敵者八是以欲正天下財不蓋天下不能正天下財謂貨財不能蓋天下則無以正天下也財蓋天下而工不蓋天下工不能正天下工蓋天下而器不蓋天下不能正天下財雖蓋天下而工與器不能蓋則無以正天下餘皆放此器蓋天下而士不蓋天下

不能正天下士蓋天下而敎不蓋天下不能正天下敎蓋天下而習不蓋天下不能正天下習蓋天下而不徧知天下不能正天下徧知天下而不明於機數不能正天下故明於機數者用兵之勢也大者時也小者計也（王之征伐能立大功者在於合天時也至小者捷勝亦在人計謀也）王道非廢也而天下莫敢窺者王者之正也（大寶之位神器也古今所共傳非有斬是廢而天下莫敢窺窬者以王者當樂推之運應天人之正）衡庫者天子之禮也（衡者所以平輕重庫者所以藏寶物不令外知者也言王者用心常當準平天下旣知輕重審用於心無令長耳目者所得此則天子之禮然也）是故器成卒選則士知勝矣（選謂簡其精練）徧知天下審御機數則獨行而無敵矣所愛之國而獨利之所惡之國而獨害之則令行禁止是以聖王貴之（貴謂貴兵）勝一而服百則天下畏之矣立少而觀多則天下懷之矣（立少謂興亡國雖少天下共觀之故曰觀多桓公救邢遷衛用此術也或曰觀當爲勸）罰有罪賞有功則天下從之矣故聚天下之精財論百工之銳器春秋角試

以練精銳爲右（右上也）成器不課不用不試不藏（兵器雖成未經課試則不用不藏）收天下之豪傑有天下之駿雄故舉之如飛鳥動之如雷電發之如風雨莫當其前莫害其後獨出獨入莫敢禁圉成功立事必順於理義故不理不勝天下不義不勝人故賢知之君必立於勝地故正天下而莫之敢御也

右爲兵之數

若夫曲制時舉不失天時（制雖委曲順天而舉不失天時也）毋壙地利其數多少其要必出於計數（壙空也天之所覆空地謂山河陂澤所以營作而興利者也必計數其多步之要然後度材而用之）故凡攻伐之爲道也計必先定于內然後兵出乎境計未定於內而兵出乎境是則戰之自勝攻之自毀也（自勝謂自勝於巳其敗可知也）是故張軍而不能戰圍邑而不能攻得地而不能實三者見一焉則可破毀也故不明于敵人之政不能加也（不明敵故未可加兵）不明于

敵人之情不可約也（不明敵情未可約士約誓）不明于敵人之將不先軍也不明于敵人之士不先陣也是故以衆擊寡以治擊亂以富擊貧以能擊不能以教卒練士擊毆衆白徒（白徒謂不練之卒無武藝）故十戰十勝百戰百勝故事無備兵無主則不蚤知（既無備無主故敵來攻不能先知之）野不辟地無吏則無蓄積官無常下怨上而器械不功（功謂堅利）朝無政則賞罰不明賞罰不明則民幸生（僥倖以偷生也）故蚤知敵人如獨行（蚤知敵人則有以備之敵人望風自退故曰獨行也）有蓄積則久而不匱器械功則伐而不費賞罰明則人不幸人不幸則勇士勸之故兵也者審於地圖謀十官（地圖謂敵國險易之形軍之部置十官必伍什則有長故曰十官又須謀得其人也）日量蓄積齊勇士徧知天下審御機數兵主之事也故有風雨之行故能不遠道里矣（行疾如風雨故不以道里為遠）有飛鳥之舉故能不險山河矣（輕捷如飛鳥故不以山河為險）有雷電之戰故能獨行而無敵矣（雷電天之威怒故莫敢為敵）有

水旱之功故能攻國救邑（謂其功可以為彼水旱）有金城之守故能定宗廟育男女矣有一體之治故能出號令明憲法矣（謂上下同心其猶一體）

風雨之行者速也飛鳥之舉者輕也雷電之戰者士不齊也（懼雷電之威故彼士不齊）水旱之功者野不收耕不穫也（能令彼有水旱故不得使收穫也）金城之守者用貨財設耳目也（貨財所以養敢死之士耳目所以聽鄰國之動靜令必知之）一體之治者去奇說禁雕俗也（奇說謂譎詐之言雕俗謂浮僞之俗）不遠道里故能威絕域之民不險山河故能服恃固之國獨行無敵故令行而禁止

故攻國救邑不恃權與之國故所指必聽（雖有權與之國不顧而恃之權與謂權為親與也）定宗廟育男女天下莫之能傷然后可以有國制儀法出号令莫不嚮應然后可以治民一衆矣

右選陳

版法第七（選擇政要載之於版以為常法）

凡將立事（立經國之事）正彼天植（謂順天道以種植必令得其正）風雨無違（君道不虧則風雨無違也）遠近高下各得其嗣（高下猶多少也謂君之賦稅因其遠近之別以多少之差輕重合宜故可嗣之以常行嗣續也）三經既飭君乃有國（三經謂上天植風雨高下也是三者既以飭整故君可以有國也）喜無以賞怒無以殺喜以賞怒以殺怨乃起令乃廢驟令不行民心乃外（有外叛之心也）外之有徒禍乃始牙（徒謂黨與也外叛者有黨與禍由是生故曰始牙）衆之所忿置不能圖（衆忿難犯故必置之誰能圖之）舉所美必觀其所終（凡人之情靡不有初鮮克有終故須觀之）廢所惡必計其所窮（蜂蠆有毒故必計其所窮知困獸猶鬬其所終將何爲也）慶勉敦敬以顯之（人有敦敬則慶勉以顯之也）富祿有功以勸之（人之有功則富貴以勸之）爵貴有名以休之（賢者有名則爵貴以休之）兼愛無遺謂君必先順教萬民鄉風（上之敦敬有功名之士必爵祿順而與之所以教之急也如此則民向風而從化）旦暮利之衆乃勝任（有功名之士既旦暮得利衆自厲而勝任）取人以已成事以質（將欲取人必先審已才略能用彼不質謂準的將欲成事必先立其準的事不違質然后爲善）審用財慎施報察稱量故用財不可以嗇用力不可以

苦用財嗇則費嗇於用財不以賞賜則立功之士懈怠敵人來侵其費更多嗇悋用力苦則勞民不足令乃辱民不足則令不行故辱也民苦殃令不行施報不得禍乃始昌禍昌不寤民乃自圖謀爲叛已正法直度罪殺不赦夫正直之法度罪殺有過終不免赦殺僇必信民畏而懼武威既明令不再行頓卒怠倦以辱之頓卒猶困苦其有怠倦不勤則困苦以辱罰罪宥過以懲之殺僇犯禁以振之植固不動倚邪乃恐言執法者必當深植而固守則不可動移若乃頓倚而邪則法亂而身危故可恐也倚革邪化令往民移既能正倚化邪歸於正直如此化出令纔往則民移法天合德天之資始無有私德象地無親地之資生無所私親參於日月日月無私燿也佐於四時賞以春夏刑以秋冬悅在施有將悅於下在於施無令有眾在廢私將欲齊眾在於廢私召遠在修近修近則遠者至閉禍在除怨除怨則禍端塞修長在乎任賢任賢則國祚長安高在乎同利與下同利則高位安

管子卷第二

管子卷第三　唐司空房　玄齡　注

幼官第八　幼官圖第九　五輔第十

幼官第八 幼始也陳從始輔官齊政之法 經言八

若因夜虛守靜人物人物則皇 言欲候氣聽聲以知凶吉必因夜虛之時守其安靜以聽候人物此時人物則皇暇故吉凶之驗不安 五和時節 土生數五土氣和則君順時節而布政 君服黃色味甘味聽宮聲 此土王之時故服黃味甘聽宮也然土雖均王四季而正位在六月也 治和氣 土主和故治和氣 飲於黃后之井 中央井也 以倮獸之火爨 倮獸謂淺毛之獸虎豹之屬 藏溫儒 藏謂苞之在心君之所藏者溫和儒緩所以助土氣 行歐養 謂禽獸之屬能爲苗害者時敺逐之所以養嘉穀也 坦氣修通 坦平也平土政則其氣脩通 凡物開靜形生理常至命 凡土正之時所生之物但開通安靜則其形自生既循理之常則無殘盡於所賦之命也 尊賢授德則帝 帝者之臣其實師也故尊賢授德則可爲帝也 身仁行義服忠用信則王 服行 審謀章禮選士利械則霸 章明 定生處死謹賢修伍則衆 生者安定之死者處置之斂葬其柩 信賞審罰爵材祿能則強 有材者爵

之有能者祿之計凡付終務本飭末則富凡謂都數也付終謂財日月既終付之後人明法審

數立常備能則治常謂五常也備能謂才能之士備有之同異分官則安同異之職分官而治

通之以道畜之以惠親之以仁養之以義報之以德結之以

信接之以禮和之以樂期之以事攻之以官攻治發之以力威

之以誠一舉而上下得終謂初會諸侯上下得終其禮自此至九舉說九合諸侯之所致再舉而

民無不從三舉而地辟散成成謂諸侯自盟要不事於齊至三會則諸侯散其成而朝齊四舉

而農佚粟十四會之後傜役減省故農人佚樂而粟得十全五舉而務輕金九五會之後兵戰既息事務

轉輕而金得九全一以供官也六舉而絜知事變絜圍度也胡結反七舉而外內爲用外謂

諸侯八舉而勝行威立九舉而帝事成形九會之後威行海內雖居侯伯帝王之事既以成形

九本搏大人主之守也自九本已下管氏但舉其目或有數在於他篇但此書多從散逸無得而知然九本所以搏擊

強大故人主守之八分有職卿相之守也十官飾勝備威將軍之守也

六紀審密賢人之守也五紀不解庶人之守也動而無不從靜

而無不同強動弱必從強靜弱必同治亂之本三卑尊之交四富貧之終五盛衰之
紀六安危之機七強弱之應八存亡之數九練之以散群傰署傰猶曹也凡上之諸數既
已精練然后散之於衆使傰曹署著其名以司之凡數財署數謂國用之數使財者署殺僇以聚財或因亡國或因滅家莫不籍沒其財故曰
殺戮以聚財也勸勉以遷衆使二分具本使上之傰署財署分知其事各具其名籍之本則財署知聚財傰署
知遷衆發善必審於密執威必明於中發善謂行賞執威謂行刑此居圖方
中此五時之政管氏別五其圖謂之方圖而土位居中春行冬政肅肅寒也冬之氣乘之故也行秋政雷春陽
秋陰陰乘陽故雷行夏政閹春既陽夏又陽陽氣偎併故掩閉也十二地氣發戒春事自此已下陰陽之數
日辰之名于時國異政家殊俗此但齊獨行不及天下且經秦焚書或爲煨燼無得而詳焉闕之以待能者十二小卯出耕十二
天氣下賜與十二義氣至修門閭十二淸明發禁十二始卯毋
合男女十二中卯十二下卯三卯同事謂三卯所用事同他皆倣此八舉時
節木成數八木氣舉君則順時節布政君服青色味酸味聽角聲此木王之時故服青味酸聽角治
燥氣春多風而旱故治燥氣用八數八亦木成數也飲於青后之井東方井以羽獸

之火爨羽南方朱鳥用南方之火故曰羽獸之火藏不忍行歐養坦氣修通凡物開靜形生理合內空周外春主仁故所藏者不忍之理合聚於內出空於外強國爲圈弱國爲屬強國所以禁禦弱國弱國圈然也動而無不從靜而無不同強動弱必從強靜弱必同舉發以禮時禮必得強國舉發必當以禮時也禮也必得其宜和好不基貴賤無司事變日至鄰國和好不基貴賤之位無司存如此則事變日至無思乎居基漸此居於圖東方方外夏行春政風春箕宿多風也行冬政落寒氣肅殺故凋落也重則雨雹其災重則雨雹水寒所致行秋政水秋畢宿多霖雨十二小郢至德十二絕氣下下罰賞十二中郢賜與十二中絕收聚十二大暑至盡善十二中暑十二大暑終三暑同事七舉時節火成數七火氣舉君則順時節而布政君服赤色味苦味此火王之時故服赤味苦也聽羽聲羽北方聲也火王之時不聽徵而聽羽者所以抑盛陽用七數七亦火之成數飲於赤后之井南方井也以毛獸之火爨毛獸西方白虎用西方之火故曰毛獸之火藏薄純盛陽之性失在奢縱故所藏者省薄純素也行篤厚陽性寬和故行篤厚坦氣

修通凡物開靜形生理（物形既生自然修理而長育也）定府官明名分而審責於羣臣有司則下不乘上賤不乘貴法立數得而無比周之民則上尊而下卑遠近不乖此居於圖南方方外秋行夏政葉（盛陽氣乘之故卉木生葉）行春政華（少陽氣乘之故卉木更生華）行冬政耗（盛陰肅殺故虛耗也）十二期風至戒秋事十二小卯薄百爵十二白露下收聚十二復理賜與十二始節賦事十二始卯合男女十二中卯十二下卯三卯同事九和時節（金成數九金氣和君則順時節而布政）君服白色味辛味聽商聲（此金王之時故服白味辛聽商）治濕氣（秋多霖雨水故治濕）用九數（九亦金之成數）飲於白后之井（西方井）以介蟲之火爨（介蟲北方玄武也用其方之火故曰介蟲之火）藏恭敬（金性廉絜故所藏者恭敬也）行搏銳（兑金性勁銳時方肅殺故曰行搏銳以勁銳搏擊所以順殺氣也）坦氣修通凡物開靜形生理間男女之畜（男女之畜有內外之異故須間之也）修鄉閭之什伍（殺氣方至可以出師征伐故修什伍）量委積之多寡定府官之計數養老弱而勿通

老少異粮故其養勿通信利周而無私申布秋利既令周徧無得有私此居於圖西方方外

冬行秋政霧秋多陰霧行夏政雷盛陽乘盛陰故雷也行春政烝泄少陽乘陰故烝泄也

十二始寒盡刑十二小榆賜予十二中寒收聚十二中榆

大收十二寒至靜十二大寒之陰十二大寒終三寒同事六

行時節水成數六水氣行君則順時節而布政也君服黑色味鹹味此水王之時故服黑味鹹聽徵

聲不聽羽而聽徵者亦所以抑盛陰也治陰氣不治則盛陰太過太過則治陰氣也用六數六亦水之成數飲

於黑后之井北方井也以鱗獸之火爨鱗獸東方青龍也用東方之火故曰鱗獸之火藏慈

厚若人者好生惡殺故於刑殺之時藏於慈厚所以示其不忍也行薄純冬物朴素故行省薄純儉坦氣修通

凡物開靜形生理器成於僇冬行刑之時故成僇器也教行於鈔鈔末也冬爲四時之

未歲之將終也動靜不記行止無量記動靜則行止可量戒審四時以別息息生

也四時生物各有不同故須別之異出入以兩易出入既異又並令無差故曰兩易也明養生以解固

固謂護悋也生既須養則物不可悋故曰解固審取予以總之又恐所養過時故審取與之多少以揔統之一

會諸侯令曰非玄帝之命毋有一日之師役玄帝北帝之帝齊桓初會命諸侯不使非時出師故令曰若非玄帝有命之時毋得有一日之師役一日尚不可況多乎再會諸侯令曰養孤老食常疾收孤寡三會諸侯令曰田租百取五百分取五分市賦百取二關賦百取一毋乏耕織之器四會諸侯令曰修道路偕度量一稱數偕同也稱斤兩也數多少也藪澤以時禁發之草木零落然後入山林獺祭魚然后修澤梁也五會諸侯令曰修春秋冬夏之常祭食常所祭常所食各有時物也天壤山川之故祀必以時六會諸侯令曰以爾壤生物共玄官玄官主禮天之官也請四輔四輔即三公四輔也所以助祭行禮將以禮上帝七會諸侯令曰官處四體而無禮者流之焉莠命官處謂處官也處官位而四體無禮者謂之莠命而流放焉莠命者謂穢亂教命若莠之穢苗也八會諸侯令曰立四義而毋議者尚之于玄官聽于三公四義者謂無障谷無貯粟無易樹子無以妾爲妻諸侯能順命而無異議者則尚之于天子玄官聽三公之錫命尚上也九會諸侯令曰以爾封內之財物國之所有爲幣爲幣禮九

會大命焉出常至謂上九會既出大令故天下諸侯常至非此之外則朝聘之數遠近各有差也千里之外
二千里之内諸侯三年而朝習命因朝而習教命二年三卿使四輔諸侯
三卿使天子四輔以受節制也一年正月朔日令大夫來修受命三公習所受命於三公二
千里之外三千里之内諸侯五年而會至習命因會而至以習命也三年
名卿請事二年大夫通吉凶十年重適入正禮義重適謂承重也適諸侯之
世子也五年大夫請受變請所變更之教令也三千里之外諸侯世一至
道路既遠故世一至置大夫以爲廷安其遠國大夫則爲置廷館每來於此以安之也入共受命焉
入共國所有因以受命此居於圖北方方外必得文威武官習勝善勝敵者必得
文德之威武藝之官與之練習士卒則可以勝之務時因勝之時是也務是因脩不遂於理可以得勝也終無方勝
之從始至終計出無方者勝幾行義勝之庶幾行義者可以勝理名實勝之整理名實不謬妄可以得
勝急時分勝之敗敵所得之物應受分者急分與之可以得勝事察伐勝之伐功行賞之事必察有功不令
無功者妄受以得勝行備具勝之行師用兵必備其攻戰之具可以得勝原無象勝之奇計若神

無象可原者勝本定獨威勝用師之本定能獨威者勝定計財勝計謀財用先審定者勝定聞
知勝聞知敵謀能審定者勝定選士勝精選士卒能審定者勝定制祿勝制祿亦與有功能審
定者勝也定方用勝異方所用各有不同能審定者勝也定綸理勝經綸之理能審定者勝也定死生
勝定成敗勝定依奇勝所依奇策能審定者勝定實虛勝定盛衰勝
舉機誠要則敵不量發舉兵機誠得其要則敵不能量也用利至誠則敵不校
用兵便利又能至誠則敵不敢校也明名章實則士死節明忠義之名章功勞之實士則死節不求苟生奇
舉發不意則士歡用奇謀之舉發彼不意則士樂為用交物因方則械器備交質
之物因方之有則器械備具也因能利備則求必得因彼所能所利而以備之則所求必得執務明
本則士不偷執所營之務明所為之本則士不苟且備具無常無方應也其所備具無有常者
所以應敵無方聽於鈔故能聞未極鈔深遠也所聽在於深遠故能聞於極理視於新故能
見未形未形者新事將起所視者在新故見未形也思於濬故能知未始未始者事之深濬者
所思在深故知未始發於蘢故能至無量發舉可蘢故敵不能量動於昌故能得

其寶（舉動昌盛故敵懼而輸寶貝也）立於謀故能實不可故也（其所建立皆用深謀故常堅實不復衰故）器成教守則不遠道里（器用完成教令堅守故欲往則至不憚道里之遠也）號審教施則不險山河（號令審悉教命施行則赴湯火而不顧豈險難於山河也）博一純固則獨行而無敵（德博而一行純而固則仰我如時雨歡我如椒蘭誰能敵之）愼號審章則其攻不待（愼號令審旗章則攻者爭先登豈顧後而相待乎）權與明必勝則慈者勇（權謀明略必能勝敵則慈仁者猶致勇奮況惡少哉）器無方則愚者智（器用無方應卒必備則愚者習而成智況不愚乎）攻不守則拙者巧（我攻既妙彼不能守則拙者習而成巧況不拙乎）數也動愼十號（兵既數動必愼一號九章等此有因其數在他篇）明審九章飾習十器善習五官謹修三官必設常主計必先定（軍之主將既必有常軍之計謀亦須先定）求天下之精材（精材可以爲軍之器用者）論百工之銳器器成角試否臧收天下之豪傑有天下之稱材（稱材謂材稱其所用也）說行若風雨發如雷電此居於圖方中（此中圖之副也）旗物尚青（木用事故尚青）兵尚矛（象春物之芒銳）刑則交寒害釱

（其行刑戮則於初旦夜盡之交其時尚寒主春人不得已而行刑故難言而欽哉欽哉爲欽）器成不守（器用既成則敵不能圍守也）經不知（經法也用兵之法敵不能知也）教習不著（我之教習敵不能著著猶明著）發不意（其所舉發出敵不意）經不知故莫之能圍發不意故莫之能應莫之能應故全勝而無害莫之能害故必勝而無敵四機不明不過九日而游兵驚軍（四機即上不守不知不著不意也）障塞不審不過八日而外賊得間（障塞者所以防守要路也）由守不慎不過七日而內有讒謀（由守所由而防守者）詭禁不脩不過六日而竊盜者起（詭禁所以禁詭常也）死亡不食不過四日而軍財在敵（死亡者不享食鬼神必怨怒故軍財在敵）此居於圖東方方外（此東圖之副也）旗物尚赤（火用事故尚赤）兵尚戟（象夏物之森聳）刑則燒交疆郊（其刑則於疆郊焚燒而交也）必明其一（一謂號令不二）必明其將必明其政必明其士四者備則以治擊亂以成擊敗數戰則士疲數勝則君驕驕君使疲民則國危至善不戰（用兵之善者其唯不戰乎）其次一之（其次善者雖戰而號令一）大

勝者積衆積衆然后可以大勝勝無非義者焉可以爲大勝所以勝皆大義故成大勝
也大勝無不勝也此居於圖南方方外此南圖之副也旗物尚白金用事故
尚白兵尚劒象金性之利也刑則詔昧斷絶其用刑則繼晝之昧斷絶而戮之也始乎無端
卒乎無窮始乎無端道也卒乎無窮德也道不可量德不可
數不可量則衆強不能圖不可數則爲詐不敢鄉兩者備施
兩者謂道德也動靜有功畜之以道養之以德畜之以道則民和養
之以德則民合故能習習故能偕偕謂同爲其事偕習以悉悉盡也莫
能傷也此居於圖西方方外此西圖之副也旗物尚黑水用事故尚黑兵尚
脅盾象時物之閉盾或署之於脅故曰脅盾刑則游仰灌流其用刑則游縱之所使仰藥死而既乃投之於
灌流察數而知治審器而識勝明謀而適勝通德而天下定
定宗廟育男女宗廟存則男女育也官四分則可以立威行德制法儀
出號令擇才授官四面分設至善之爲兵也非地是求也罰人是君至善

之兵不求其地所以君可罰人若紂桀之人比屋可誅也立義而加之以勝至威而實之以德守之而後脩勝心焚海內既獲敵人之國順而守之然后修其法制如此則強勝之心可以焚灼於海內民之所利立之所害除之則民人從立利除害則人從也立爲六千里之侯則大人從旣九會之後天子加命立爲侯伯面各三千里四方相距六千里大人謂天子三公四輔也使國君得其治則人君從會國君謂天下同盟諸侯矣請命於天地知氣和則生物從謂郊祀天地神祇使之合德則四氣和可知故生物從之計緩急之事則危危而無難緩急之事皆已計定則二者之危無所難緩急之事皆有可危之理故曰危危明於器械之利則涉難而不變察於先後之理則兵出而不困通於出入之度則深入而不危審於動靜之務則功得而無害也著於取與之分則得地而不執謂不恡執愼於號令之官則舉事而有功此居於圖北方方外此北圖之副也

幼官圖第九西方本圖　西方副圖　南方本圖　中方本圖　北方本圖　南方副圖　中方副圖　北方副圖　東方本圖　中方副圖　經言九

秋行夏政葉行春政華行冬政耗十二期風至戒秋事十二
小卯薄百爵十二白露下收聚十二復理賜予十二始前節
弟賦事十二始卯合男女十二中卯十二下卯三卯同事九
和時節君服白色味辛味聽商聲治濕氣用九數飲於白
后之井以介蟲之火爨藏恭敬行摶銳坦氣脩通凡物開
靜形生理間男女之畜修鄉里之什伍量委積之多寡定府
官之計數養老弱而勿通信利害而無私此居於圖西方方外

右西方本圖

旗物尚白兵尚劍刑則紹昧斷絕始乎無端卒乎無窮始乎
無端道也卒乎無窮德也道不可量德不可數不可量則衆
強不能圖不可數則爲詐不敢鄉兩者備施動靜有功畜之
以道養之以德畜之以道則民和養之以德則民合和合故

能習習故能偕偕習以悉莫之能傷也此居於圖西方方外

右西方副圖

夏行春政風行冬政落重則雨雹行秋政水十二小郢至德十二絶氣下下爵賞十二中郢賜與十二中絶收聚十二大暑至盡善十二中暑十二小暑終三暑同事十舉時節君服赤色味苦味聽羽聲治陽氣用七數飲於赤后之井以毛獸之火爨藏薄純行篤厚坦氣修通凡物開靜形生理定府官明名分而審責於群臣有司則下不乘上賤不乘貴法立數得而無比周之民則上尊而下卑遠近不乖此居於圖南方方外

右南方本圖

若因處虛守靜人物則皇五和時節君服黃色味甘味聽宮聲治和氣用五數飲於黃后之井以倮獸之火爨藏温

儒行歐養坦氣修通凡物開辭形生理常至命尊賢授德
則帝身仁行義服忠用信則王審謀章禮選士利械則霸定
生處死謹賢修伍則衆信賞審罰爵材祿能則強計凡付終
務本飾末則富明法審數立常備能則治同異分官則安通
之以道畜之以惠親之以仁養之以義報之以德結之以信
接之以禮和之以樂期之以事攻之以言發之以力威之以
誠一舉而上下得終再舉而民無不從三舉而地辟散成四
舉而農佚粟十五舉而務輕金九六舉而絜知事變七舉而
內外爲用八舉而勝行威立九舉而帝事成形九本搏大人
主之守也八分有職卿相之守也十官飾勝備威將軍之守
也六紀審密賢人之守也五紀不解庶人之守也治亂之本
三卑尊之交四富貧之終五盛衰之紀六安危之機七強弱

之應八存亡之數九練之以散群傰署凡數財署殺僇以聚
財勸勉以遷衆使二分具本發善必審於竊執威必明於中
此居圖方中

右中方本圖

冬行秋政霧行夏政雷行春政烝泄十二始寒盡刑十二小
榆賜予十二中寒收聚十二中榆大收十二寒至靜十二大
寒之陰十二大寒終三寒同事六行時節君服黒色味鹹味
聽徵聲治陰氣用六數飲於黒后之井以鱗獸之火爨藏慈
厚行薄純坦氣修通凡物開靜形生理器成於僇教行於鈔
動靜不記行止無量戒審四時以別息異出入以兩易明養
生以解固審取與以總之一會諸侯令曰非玄帝之命毋有
一日之師役再會諸侯令曰養孤老食常疾收孤寡三會諸

侯令曰田租百取五市賦百取二關賦百取一毋乏耕織之
器四會諸侯令曰修道路偕度量一稱數毋征藪澤以時禁
發之五會諸侯令曰修春秋冬夏之常祭食天壤山川之故
祀必以時六會諸侯令曰以爾壤生物共玄官請四輔將以
祀上帝七會諸侯令曰官處四體而無禮者流之焉莠命入
會諸侯令曰立四義而無議者尚之于玄官聽於三公九會
諸侯令曰以爾封內之財物國之所有爲幣九會大令焉出
常至千里之外二千里之內諸侯三年而朝習命三年三卿
使四輔一年正月朔日令大夫來修受命三公二千里之外
三千里之內諸侯五年而會至習命三年名卿請事二年大
夫通吉凶七年重適入正禮義五年大夫請變三千里之外諸
侯世一至置大夫以爲廷安入共受命焉此居於圖北方方外

右北方本圖

旗物尚赤兵尚戟刑則燒交疆郊必明其一必明其將必明其政必明其士四者備則以治擊亂以成擊敗數戰則士疲數勝則君驕驕君使疲民則危國至善不戰其次一之大勝者積衆勝而無非義者焉可以爲大勝大勝無不勝也此居於圖南方方外

右南方副圖

必得文威武官習勝之務時因勝之終無方勝之幾行義勝之理名實勝之急時分勝之事察伐勝之行備具勝之原無象勝之本定獨威勝定計財勝定知聞勝定選士勝定制祿勝定方用勝定綸理勝定死生勝定成敗勝定依奇勝定實虛勝定盛衰勝舉機誠要則敵不量用利至誠則敵不校明

名章實則士死節奇舉發不意則士歡用交物因方則械器備因能利備則求必得執務明本則士不偷備具無常無方應也聽於鈔故能聞無極視於新故能見未形思於濬故能知未始發於驚故能至無量動於昌故能得其寶立於謀故能實不可故也器成教守則不遠道里號審教施則不險山河博一純固則獨行而無敵慎號審章則其攻不待權與明必勝則慈者勇器無方則愚者智攻不守則拙者巧數也動慎十號明審九章飾習十器善習五官謹修三官必設常主計必先定求天下之精材論百工之銳器器成角試否臧收天下之豪傑有天下之稱材說行若風雨發如雷電此居於圖方中

右中方副圖

獸物尚黑兵尚脅盾刑則游仰灌流察數而知治審器而識
勝明謀而適勝通德而天下定定宗廟育男女官四分則可
以立威行德制法儀出號令至善之爲兵也非地是求也罰
人是君也立義而加之以勝至威而實之以德守之而後修
勝心焚海內民之所利立之所害除之則民人從立爲六千
里之侯則大人從使國君得其治則人君從會請命於天地
知氣和則生物從計緩急之事則危危而無難明於器械之
利則涉難而不變察於先後之理則兵出而不困通於出入
之度則深入而不危審於動靜之務則功得而無害也著於
取與之分則得地而不執愼於號令之官則舉事而有功此
居於圖北方方外

右北方副圖

春行冬政肅行秋政雷行夏政則闇十二地氣發戒春事十二小卯出耕十二天氣下賜與十二義氣至修門閭十二清明發禁十二始卯合男女十二中卯十二下卯三卯同事八舉時節君服青色味酸味聽角聲治燥氣用八數飲於青后之井以羽獸之火爨藏不忍行歐養坦氣修通凡物開靜形生理合內空周外強國爲圈弱國爲屬動而無不從靜而無不同舉發以禮時禮必得和好不基貴賤無司事變日至此居於圖東方方外

右東方本圖

旗物尚青兵尚矛刑則交寒害鈦器成不守經不知敎習不著發不意經不知故莫之能圉發不意故莫之能應莫之能應故全勝而無害莫之能圉故必勝而無敵四機不明不過

九日而游兵驚軍障塞不審不過八日而外賊得閒由守不慎不過七日而內有讒謀詭禁不修不過六日而竊盜者起死亡不食不過四日而軍財在敵此居於圖東方方外

右東方副圖

五輔第十　外言一

（謂六興七體八經五務三度此五者可以輔弱國政也）

古之聖王所以取明名廣譽厚功大業顯於天下不忘於後世非得人者未之嘗聞（不得於人而能使名譽顯當時功業流後世者則未嘗聞）暴王之所以失國家危社稷覆宗廟滅於天下非失人者未之嘗聞（不失於人而能使失國覆宗者亦未嘗聞）今有土之君皆處欲安動欲威戰欲勝守欲固大者欲王天下小者欲霸諸侯（言諸侯欲大利則王天下欲小利則霸諸侯也）而不務得人是以小者兵挫而地削大者身死而國亡（既不務得人故必致禍小則地削大則國亡）故曰人不可不務也（當務得之於人）此天下之極也曰然則得人之

道莫如利之利之之道莫如教之以政故善爲政者田疇墾而國邑實朝廷閒而官府治公法行而私曲止倉廩實而囹圄空賢人進而姦民退其君子上中正而下諂諛其士民貴武勇而賤得利（賤苟得之利也）其庶人好耕農而惡飲食（惡費用之飲食）於是財用足（好耕農故財用足）而飲食薪菜饒（省費用則薪菜饒）是故上必寬裕而有解舍（解放也舍免也）下必聽從而不疾怨上下和同而有禮義故處安而動威戰勝而守固是以一戰而正諸侯不能爲政者田疇荒而國邑虛朝廷兇（小人競邀故兇）而官府亂（小人用法故亂）公法廢而私曲行倉廩虛而囹圄實賢人退而姦民進其君子上諂諛而下中正其士民貴得利而賤武勇其庶人好飲食而惡耕農於是財用匱而食飲薪菜乏上彌殘苟（居上位者小人故殘賊苟且也）而無解舍下愈覆鷙而不聽從（覆察也鷙疑也上既賊苟而不舍故下伺察而懷疑鷙勑吏反）上

下交引而不和同上引下以供御下引上以恩覆二俱不得故不和同也故處不安而動不威戰不勝而守不固是以小者兵挫而地削大者身死而國亡故以此觀之則政不可不慎也德有六興義有七體禮有八經法有五務權有三度所謂六興者何曰辟田疇利壇宅壇堂基修樹藝勸士民勉稼穡修牆屋此謂厚其生上六者可以厚養其生也發伏利利人之事積久隱伏者發而用之輸墆積墆貯積也修道途便關市謂所置關市皆令要便也慎將宿將送貨財必慎止宿此謂輸之以財上五者皆生財之術故曰輸財所以納財於民導水潦利陂溝決潘渚潘溢也決潘溢者疏決之令通潘音翻潰泥滯泥塗壅為滯者亦潰決之令通也通鬱閉鬱閉亦謂川瀆有過塞者慎津梁此謂遺之以利上之六者所以遺利於民薄徵斂輕征賦弛刑罰赦罪戾宥小過此謂寬其政上之五者所以寬裕其政養長老慈幼孤恤鰥寡問疾病弔禍喪此謂匡其急上之五者所以救民之急衣凍寒食飢渴匡貧窶振罷露疾憊裸露者有以振救之資乏絕此謂振

其窮（上之五者所以振民之窮也）凡此六者德之興也六者既布則民之所欲無不得矣夫民必得其所欲然后聽上聽上然后政可善爲也故曰德不可不興也曰民知德矣而未知義然后明行以導之義（行即七義）義有七體七體者何曰孝悌慈惠以養親戚恭敬忠信以事君上中正比宜以行禮節（比合也行既中正而又合宜也）整齊撙詘以辟刑僇（撙節也言自節而卑屈也）纖嗇省用以備飢饉（纖細也嗇悋也既細又悋故財用省也）敦懞純固以備禍亂（懞厚也音莫江反）和協輯睦以備冦戎凡此七者義之體也夫民必知義然后中正中正然后和調和調乃能處安處安然后動威動威乃可以戰勝而守固故曰義不可不行也曰民知義矣而未知禮然后飾八經以導之禮所謂八經者何曰上下有義貴賤有分長幼有等貧富有度凡此八者禮之經也故上下無義則亂貴賤無分則爭長

幼無等則倍（倍乖戾也）貧富無度則失（失其節制）上下亂貴賤爭長幼倍貧富失而國不亂者未之嘗聞也是故聖王飭此八禮以導其民八者各得其義則爲人君者中正而無私爲人臣者忠信而不黨爲人父者慈惠以教爲人子者孝悌以肅爲人兄者寬裕以誨爲人弟者比順以敬（比和）爲人夫者敦懞以固爲人妻者勸勉以貞夫然則下不倍上臣不殺君賤不踰貴少不陵長遠不間親新不間舊小不加大淫不破義凡此八者禮之經也夫人必知禮然后恭敬恭敬然后尊讓尊讓然后少長貴賤不相踰越少長貴賤不相踰越故亂不生而患不作故曰禮不可不謹也曰民知禮矣而未知務然后布法以任力任力有五務五務者何曰君擇臣而任官大夫任官辯事（辯明也能明所任之事也）官長任事守職士修身功材（材謂藝能士既脩身必於藝能有功）

也庶人耕農樹藝君擇臣而任官則事不煩亂大夫任官辯事則舉措時官長任事守職則動作和士修身功材則賢良發庶人耕農樹藝則財用足故曰凡此五者力之務也夫民必知務然后心一心一然后意專心一而意專然后功足觀也故曰力不可不務也曰民知務矣而未知權然后考三度以動之所謂三度者何曰上度之天祥下度之地宜中度之人順此所謂三度故曰天時不祥則有水旱地道不宜則有飢饉人道不順則有禍亂此三者之來也政召之曰審時以舉事時則天祥地宜人順之時也得其時則事可成以事動民事成則民可動以民動國民昌則國可動以國動天下國強則天下可動也天下動然后功名可成也故民必知權然后舉錯得權謂能知三度舉錯得則民和輯民和輯則功名立矣故曰權不可不度也故曰五經既布然后逐姦民詰詐偽屏讒慝

而毋聽淫辭毋作淫巧若民有淫行邪性樹爲淫辭作爲淫巧以上謟君上而下惑百姓移國動衆以害民務者其刑死流（大罪死小罪流）故曰凡人君之所以內失百姓外失諸侯兵挫而地削名卑而國虧社稷滅覆身體危殆非生於謟淫者未之嘗聞也何以知其然也曰淫聲謟耳淫觀謟目耳目之所好謟心心之所好傷民民傷而身不危者未之嘗聞也曰實壙虛墾田疇修牆屋則國家富節飲食撙衣服則財用足舉賢良務功勞布德惠則賢人進逐姦人詰詐僞去讒慝則姦人止修飢饉救災害賑罷露則國家定明王之務在於彊本事去無用然後民可使富（本事謂農桑也無用謂末作也）論賢人用有能而民可使治薄稅斂毋苟於民（謂無苟取於民）待以忠愛而民可使親三者霸王之事也事有本而仁義其要也今工以巧矣而民不足於

備用者其悅在玩好（君悅玩好則民務末作故備用不足）農以勞矣而天下飢者其悅在珍怪方丈陳於前（方丈陳前則役用廣故農勞而不免於飢）女以巧矣而天下寒者其悅在文繡（君悅文繡則女工傷成天下寒）是故博帶梨（梨博帶以就狹也梨割也）大袂列（列大袂以從小）文繡染（染文繡爲純色）刻鏤削（削刻鏤爲純素）雕琢采（采雕琢爲純慢）關幾而不征（幾察也但使察非常而不征賦也）市鄽而不稅（鄽市中置物處但藉知其數不稅斂）古之良工不勞其知巧以爲玩好是故無用之物守法者不失（或爲無用物守法者必得而誅之無所漏失也）

管子卷第三

傰音朋

管子卷第四 唐司空房玄齡注

宙合第十一 樞言第十二 外言二

宙合第十一（古往今來曰宙也所陳之道既通往古又合來今無不苞羅也）

左操五音右執五味（第一舉目）懷繩與准鉤多備規軸減溜大成是唯時德之節（第二舉目）春采生秋采蓏夏處陰冬處陽（第三舉目）大賢之德長明乃哲哲乃明奮乃苓明哲乃大行（第四舉目）毒而無怒怨而無言欲而無謀（第五舉目）大揆度儀若覺卧若晦明若敖之在堯也（第六舉目）毋訪于佞毋蓄于諂毋育于凶毋監于讒不正廣其荒（第七舉目）不用其區區烏飛准繩（第八舉目）讂（火縣反）充末衡易政利民（第九舉目）毋犯其凶毋邇其求而遠其憂高爲其居危顛莫之救（第十舉目）可淺可深可浮可沈可曲可直可言可默（第十一舉目）天不一時地不一利人不一事可正而視定而履深而迹（第十

二舉目夫天地一險一易若鼓之有揅宅耕反擿丁歷反擋丁用反則擊

天地萬物之橐宙合有橐天地第十三舉目左操五音右執五味此言君

臣之分也左陽君道右陰臣道故曰君臣之分也君出令佚故立于左君但出令故曰佚凡右爲用事

故左佚而右勞臣任力勞故立于右臣則任力故曰勞夫五音不同聲而能調此

言君之所出令無妄也五音雖有不同樂師盡能調之喻百度雖各有別君則盡能裁之故所出無妄而無

所不順順而令行政成君出令皆順奉之則政成五味不同物而能和此言

臣之所任力無妄也五味宰夫能和之百職臣守任之而無妄也而無所不得得而力

務財多臣能任職得宜務而財必多也故君出令正其國而無齊其欲民欲既異常隨其欲

而敍之也一其愛而無獨與是正臣其愛宜一率土周之無所獨與則是愛不一毋獨與是也王施而無

私則海內來賓矣臣任力同其忠而無爭其利不失其事而

無有其名分敬而無妬則夫婦和勉矣君失音則風律必流

流謂蕩散流則亂敗臣離味則百姓不養臣離味百職曠故百姓不養也百姓不

養則衆散亡君臣各能其分則國寧矣故名之曰不德懷繩與准鉤多備規軸減溜大成是唯時德之節夫繩扶撥以為正准壞險以為平（准必壞舊高峻而後以為平也）鉤入枉而出直（工人用鉤則就枉取直也）此言聖君賢佐之制舉也（言制以舉賢之法用鉤也）博而不失因以備能而無遺（所舉既博則枉直咸盡故無所失雖雞鳴狗盜無所不取皆有所長故能備之）國猶是國也民猶是民也桀紂以亂亡湯武以治昌（湯之國人亦桀之國人武之國人亦紂之國人桀紂以之亡亂之故也湯武以之昌治之故也）章道以教明法以期民之興善也如化湯武之功是也（湯武之昌教化明也人之興善亦章明也）多備規軸者成軸也（規者正圓器軸者轉規大小悉須備故多備方王嚴剛圓主柔和令用規者欲施恩引物也）夫成軸之多也其處大也不究其入小也不塞（究窮也大軸用大處小用小故因物施宜故有大小也）猶迹求履之憲也（迹者履之所出善者恩之所生憲法也擬迹而求履法履法可得施恩而求善心善心可生也）夫焉有不適善（以恩驅善故無不適也）適善備也僊也是以無乏（僊輕順貌既皆適善能備以恩為善者輕順人君善既備順何所乏哉則求者無不善也）故諭教者取辟焉

辟法也取為規矩也天清陽無計量地化生無法崖清古音字天以陽氣育生萬物物生不可計量地以
陰化無物不化故乃法以制崖畔君之恩法天地之厚廣也所謂是而無非非而無是亦既行恩又須順物當順
而是之不得有非當順而非之不得有是也是非有必交來苟信是以有不可先規之
是非既有必使二者俱來得以驗之是既信之有矣非則不可掩故先以恩意令息改也必有不可識慮之然將卒
而不戒不可識謂其非謀隱伏意在不測或苞藏禍心故必有以防慮之如其事將然即必當陰備待之不可戒告於彼也故聖人
博聞多見畜道以待物以道待物物無不容也物至而對形曲均存矣對配
也物至矣以多少之恩配大小之形如此則均平皆在於恩而無遺失也減盡也溜發也言偏環畢莫不備
得故曰減溜大成減溜盡發君既均施以恩故物盡發於善亦既盡善君教不偏減順圜圓之周無不備得也成功之
術必有巨獲巨大也功大成大獲必周於德審於時時德之遇事之會
也若合符然故曰是唯時德之節德既周時又審二者遇會若合符契則何功而不成也春
采生秋采蓏夏處陰冬處陽此言聖人之動靜開闔詘信浧
弋逞反儒取與之必因於時也時則動不時則靜是以古之士

有意而未可陽也故愁其治言含愁而藏之也有意齊世時亂方將未可明論

故曰理代之言陰愁而藏之賢人之處亂世也知道之不可行則沈抑以辟罰

靜默以侔免也侔取辟之也猶夏之就凊七性反冬之就温焉可

以無反於寒暑之菑矣夏不就凊冬不就温更以寒暑致災終無益也喻前賢者豈不避亂世更慆刑譴何桀之可得

哉非為畏死而不忠也賢人之避亂世豈畏死而不忠哉但以無益而徒死也夫強言以為

僇而功澤不加時非所言必致刑僇既刑僇矣何功澤之加哉進傷為人君嚴之義臣進而遇

傷人君因此益加其嚴酷也退害為人臣者之生退而不遇害而人臣因此轉更偷生也其為不利

彌甚不避亂世而遇害則君益其嚴酷臣益偷生不利彌甚也故退身不舍端脩業不息版

版牘也以待清明賢者雖復退身終不捨其端操不息脩業亦不息其版籍所以俟亂世清明候風雲以舉翼也故微子

不與於紂之難而封於宋以為殷主先祖不滅後世不絕故

曰大賢之德長可久可大則賢人之德業明乃哲哲乃明奮乃苓苓明哲乃

大行此言擅美主盛自奮也以琅湯琅音浪湯音場凌轢人之敗也

常自此是故聖人著之簡策傳以告後進曰奮盛苓落也
盛而不落者未之有也故有道者不平其稱不滿其量不依
其樂不致其度有道者則湯武也所以不平稱滿量依樂致度者所以晦其明爵尊即肅士祿豐
則務施功大而不伐業明而不矜夫名實之相怨久矣是故
絕而無交有名有實必為人怨其來久所以絕四鄰之好杜賓客之交惡其名實之聞也惠者知其不可兩
守乃取一焉故安而無憂名實不可兩守故但存其一怨從此而息所以安安而無憂也毒而無
怒此言止忿速濟沒法也毒者陰為賊害從而怒之彼知其所以行毒怨恨續赴其行毒之法沒而不用今不
為怒者所以止此忿速濟斷沒法也怨而無言言不可不慎也言不周密反傷其
身言怨怒但可藏之在心不言之口以泄其恨陰懷他計反被傷身也故曰欲而無謀言謀不可以泄
謀泄菑極既欲其事方始圖之無使謀泄泄謀災必至故曰災極至夫行忿速遂沒法賊發
言輕謀泄菑必及於身故曰毒而無怒怨而無言欲而無謀
大揆度儀若覺臥若晦明言人君材質雖不慧但大揆度儀法有疑則問之賢者覺而臥聽若從晦而視明可

以成大也言淵色以自詰也靜默以審慮依賢可用也君有所未晤當淵寂其色以自窮詰靜默其神以審思慮有所不晤依賢以問之故其爲可用也仁良既明通於可不利害之理循發蒙也問於仁良其事既明見利害之理則通晤循而用之其蒙自發明也故曰若覺卧若晦明若敖之在堯也敖堯子丹朱慢而不恭故曰敖敖在堯時雖凡下材但以聖人在上賢人在下位動而履規矩常自禮法言以攺邪爲明故寘虞朝讓德尊后書曰無若丹朱敖毋訪于佞言毋用佞人也用佞人則私多行毋蓄于諂言毋聽諂聽諂則欺上毋育于凶言毋使暴使暴則傷民毋監于讒言毋聽讒聽讒則失士夫行私欺上傷民失士此四者用所以害君義失正也夫爲君上者既失其義正而倚以爲名譽爲臣者不忠而邪以趨爵禄亂俗數世以偷安懷樂雖廣其威可須也故曰不正廣其荒是以古之人阻其路塞其遂守而物修故著之簡筴傳以告後世人曰其爲怨也深是以威盡焉不用其區區者虛也人而無良焉故曰

虛也凡堅解而不動陼隄而不行其於時必失失則廢而不濟失植之正而不謬不可賢也植而無能不可善也所賢美於聖人者以其與變隨化也淵泉而不盡微約而流施是以德之流潤澤均加于萬物故曰聖人參于天地鳥飛準繩此言大人之義也鳥飛准繩曲以爲直大人之義權而合道夫鳥之飛也必還山集谷不還山則困不集谷則死山與谷之處也不必正直而還山集谷曲則曲矣而名繩焉以爲鳥起於北意南而至于南起於南意北而至于北苟大意得不以小缺爲傷鳥意將集南北亦隨山谷而曲飛苟遂南北之大意不以曲飛小缺爲傷聖人行權亦猶是也苟得合義之大致不以反經小過而爲傷也故聖人美而著之美鳥飛之事著之簡策也曰千里之路不可扶以繩繩直千里路必窮也萬家之都不可平以准平准萬家居必塞也言大人之行不必以先帝常義立之謂賢守常違變道必躓也故爲上者之論其下也議欲理也不可以失此術也此術權道讂火縣反遠也

充言心也心欲忠末衡言耳目也耳目欲端中正者治之本也耳司聽聽必順聞聞審謂之聰（耳之所聞既順且審故謂之聰）目司視視必順見見察謂之明（目之順視曰明）心司慮慮必順言言得謂之知（心之所慮既順且得故謂之智）聰明以知則博博而不惛所以易政也（聰也明也智也三者既博故事無過舉乃得中可制禮作樂易先古政）政易民利利乃勸勸則告（民既勸勉故可以禮樂告之）聽不愼不審不聰不審不聰則繆視不察不明不察不明則過慮不得不知不得不知則昬繆過以惛則憂憂則所以伇苛伇苛所以險政政險民害害乃怨怨則凶故曰讒充末衡言易政利民也毋犯其凶言中正以蓄愼也毋邇其求言上之敗常貪於金玉馬女而吝愛於粟米貨財也厚藉斂于百姓則萬民懟怨遠其憂言上之亡其國也常邇其樂立優美而外淫于馳騁田獵內縱于美色淫聲下乃解怠惰失百吏皆失

其端則煩亂以亡其國家矣高爲其居危顛莫之救此言尊高滿大而好矜人以麗主盛處賢而自予雄也（言君王高豪盛處己以賢自許以爲英雄子計也）故盛必失而雄必敗夫上既主盛處賢以操士民國家煩亂萬民心怨此其必亡也猶自萬仞之山播而入深淵其死而不振也必故曰毋遹其求而遠其憂高爲其居危顛莫之救也可淺可深可沈可浮可曲可直可言可默此言指意要功之謂也（凡此淺深曲直諸事皆可詳之言之指意要必得此然可以成功）天不一時（春夏秋冬各有其時）地不一利（五土十地各有其利）人不一事（士農工商各有其事）是以著業不得不多人之名位不得不殊（天時地利猶有不一況於人之所著事業及其名位豈得不多而殊乎）方明者察于事故不官（官主也）于物而旁通于道（方謂法術言法術通明之士察於天地知不可專一故云不主一物功用無方旁通於道也）道也者通乎無上詳乎無窮運乎諸生（諸物由道而生）是故辯于一言察于一治攻于一事者可以曲說而不可以廣舉（言寡

能之人但聽一言察一理攻一事如此者唯可以示一曲之説未足以廣苞也聖人由此知言之不可兼也故
博爲之治而計其意知一言不可兼羣言故博爲理衆言而復計度所言之意以告諭之也知事之
不可兼也故名爲之説而況其功又知一事不足以兼衆事故毎事皆立名而爲此説又恐
未明其功故此況而曉告之歲有春秋冬夏月有上下中旬日有朝暮夜
有昏晨半星星半隱半見也辰序各有其司故曰天不一時此以上各舉天
時不一半星辰序言其星辰晝隱夜出常見半至於次序有司以爲法也山陵岑巖淵泉閎流泉踰
瀷瀷奏漏之流也而不盡薄承瀷而不滿泉踰而前瀷隨而後欲其流不盡至溪谷小既停薄隨至而盈
雖承瀷而常不滿之流也高下肥墝物有所宜故曰地不一利此以上略言地利不一也鄉
有俗國有法食飲不同味衣服異采世用器械規矩繩准稱
量數度品有所成故曰人不一事此以上舉人之事不一也此各事之儀其詳
不可盡也此天地人三者之儀但略舉之故其詳不盡也可正而視言察美惡審別良苦
不可以不審操分不雜故政治不悔定而履言處其位行其

路爲其事則民守其職而不亂故葆統而好終深而迹言明墨章書道德有常則後世人人修理而不迷故名聲不息夫天地一險一易若鼓之有桴（桴當爲響）擿擋則擊（險易猶否泰夫天地否泰應德而至猶鼓之含響應擊而鳴者也）言苟有唱之必有和之和之不差因以盡天地之道（唱則擊也小則小和大則大和故曰和象而不差應擊爲響象天地應德爲否泰也）景不爲曲物直響不爲惡聲美（物曲則影曲聲惡則響惡亦況天道福善禍淫隨事而至也）是以聖人明乎物之性者必以其類來也（惡聲往則惡響來猶積善餘慶積惡餘殃）故君子繩繩乎愼其所先天地萬物之橐也（君子知善惡必報繩繩戒愼先天地以類善天地萬物從而應之則善在先應在後如橐之成物也故曰天地萬物之橐）宙合有橐天地（宙合之道教以先天地行善故橐橐天地也）天地苴（子餘反）萬物故曰萬物之橐（苴裹萬物在天地之中故爲橐橐也）宙合之意上通於天之上下泉於地之下外出於四海之外合絡天地以爲一裹（宙合廣積善以通天上入地下包絡天地爲一裹也）散之至于無閒不可名而山（宙合之裏故散其緫上能無偷觀猶不可得其名若山然也）是大之

無外小之無内故曰有橐天地其義不傳苟非其人道不虛行故其義不可妄傳也一典品之不極一薄然而典品無治也典常也宙合之道專一而能常行則不有窮若乃輕薄不能崇重則此道或幾乎息矣常品之人不能重理也多内則富時出則當而聖人之道貴富以當奚謂當本乎無妄之治運乎無方之事應變不失之謂當變無不至無有應當本錯不敢忽當謂行賞以當功當功所以錯而不用者則以變不至也故雖不用物不敢忽慭也故言而名之曰宙合尋古遺言之立名名曰宙合也

樞言第十二樞者居中以運外動而不窮者也言則慮心而發口變而無主者也其用若樞故曰樞言　外言三

管子曰道之在天者日也日者萬物由之以煦萬象由之以顯功莫大焉故謂之道也其在人者心也心者萬物由之以慮應萬理由之以斷云爲莫大焉故謂之道故曰有氣則生無氣則死日與心以生成爲功而生成以氣焉言此言氣者道之用也尤宜重也有名則治無名則亂治者以其名物既生成須立法以治之在於名實相副故實稱其名則治名重其實則亂樞言曰愛之利之益之安之四者道之出四者從道而生故曰道之出也帝王者用之而天下治矣帝王者審

所先所後先民與地則得矣 民者君之地君者民之天先此二者則無所不得也 先貴與驕則失矣 貴而不已則驕驕而不已則亡先此二者則無所不失矣 是故先王慎貴在所先所後人主不可以不慎貴不可以不慎民不可以不慎富慎貴在舉賢慎民在置官慎富在務地故人主之卑尊輕重在此三者不可不慎 慎三則尊以重忽三則卑以輕 國有寶有器有用城郭險阻蓄藏寶貨也 城郭完險阻脩則寇盜息蓄藏積民無飢故爲寶也 聖智器也 聖無不通智無遺策二者可操以成事故曰器 珠玉末用也 珠玉者飢不可食寒不可衣費多而益少故爲末用也 先王重其寶器而輕其用故能爲天下生而不死者二 謂寶與器 立而不立者四 人君雖欲自立而重珠玉則不令得立者四謂喜怒惡欲 喜也者怒也者惡也者欲也者天下之敗也而賢者寶之爲善者非善也 非善此珠玉也 故善無以爲也故先王貴善 貴善蓄藏 王主積于民 無不足 霸主積于將戰士 卒勇奮 衰主積于貴人 益其驕 亡主積于婦女珠玉 速其亡也 故先王慎其所積疾之疾之

萬物之師也為之為之萬物之時也強之強之萬物之脂也
凡國有三制有制人者有為人之所制者有不能制人人亦
不能制者何以知其然德盛義尊而不好加名於人（加名于人者人亦加
之也）人衆兵強而不以其國造難生患（患難于人者人亦患難之）天下有大事
而好以其國後（謙受益也）如此者制人者也（下人者在人上）德不盛義不
尊而好加名于人人不衆兵不強而好以其國造難生患恃
與國幸名利（言恃黨與之國又不為推讓每輒幸其名利也）如此者人之所制也（陵人者人反陵之息
侯伐鄭之比）人進亦進人退亦退人勞亦勞人佚亦佚進退勞佚
與人相胥（胥視也常視人與之俱進退勞佚也）如此者不能制人人亦不能制也
愛人甚而不能利也（愛甚不利生其怨心）憎人甚而不能害也（憎甚不害生其賊心）
故先王貴當（愛必利憎必害）貴周（深密不測則周也）周者不出于口不見于色
一龍一蛇（一則為龍一則為蛇喻人行藏）一日五化之謂周（行藏五變故曰五化）故先王不

以一過二以少喻多眾所驩也先王不獨舉不擅功獨舉擅功人之所疾先王不約
束不結紐約束則解有束故可得而解結紐則絶有紐故可得而絶故親不在
約束結紐相親從心生也先王不貨交貨交則人心有親疏不列地列地則人心有向背以
爲天下天下不可改也親疏向背是其改也改謂分別而可以鞭箠使也若乃不改而以
鞭箠威之則無思不服時也利也出爲之也先王有所出爲必上得天時下盡地利餘目不明餘
耳不聽苟非時利雖目視有餘不用其明耳聽有餘不用其聰也是以能繼天子之容天子之容時利而已
官職亦然亦時利也時者得天義者得人義即利也既時且義故能得
天與人先王不以勇猛爲邊竟則邊竟安邊竟安則鄰國
親鄰國親則舉當矣人故相憎也人之心悍故爲之法法出于
禮禮出于治治禮道也萬物待治禮而后定凡萬物陰陽兩
生而參視先王因其參而慎所入所出以卑爲卑卑不可得
以尊爲尊尊不可得桀舜是也先王之所以最重也得之必

生失之必死者何也唯無得之堯舜禹湯文武孝己斯待以
成天下必待以生故先王重之一日不食比歲歉三日不食比
歲飢五日不食比歲荒七日不食無國土十日不食無疇類
盡死矣先王貴誠信誠信者天下之結也信誠者所以結固天下之心也賢大
夫不恃宗室士不恃外權坦坦之利不以功坦坦之備不爲
用坦坦謂平平非有超而異者故不能立功而成用也故存國家定社稷在卒謀之間耳聖
人用其心沌沌乎博而圜豚豚乎莫得其門一本作沌乎博而圜豚豚乎莫得而
闚也紛紛乎若亂絲遺遺乎若有從治故曰欲知者知之欲利
者利之欲勇者勇之欲貴者貴之彼欲貴我貴之人謂我有
禮彼欲勇我勇之人謂我恭彼欲利我利之人謂我仁彼欲
知我知之人謂我慜戒之戒之微而異之人心不同其猶面焉今既順欲穫失時無所收
動作必思之無令人識之卒來者必備之信之者仁也不可

欺者智也既智且仁是謂成人賤固事貴不肖固事賢貴之所以能成其貴者以其貴而事賤也賢之所以能成其賢者以其賢而事不肖也惡者美之充也卑者尊之充也賤者貴之充也故先王貴之天以時使地以村使人以德使鬼神以祥使禽獸以力使所謂德者先之之謂也故德莫如先應適莫如後先王用一陰二陽者霸盡以陽者王以一陽二陰者削盡以陰者亡量之不以少多稱之不以輕重度之不以短長不審此三者不可舉大事能戒乎能敕乎能隱而伏乎能而稷乎能而麥乎春不生而夏無得乎衆人之用其心也愛者憎之始也德者怨之本也唯賢者不然先王事以合交德以合人二者不合則無成矣無親矣凡國之亡也以其長者也人之自失也以其所長者也故善游者死于梁也善

射者死于中野命屬于食治屬于事無善事而有善治者自古及今未嘗之有衆勝寡疾勝徐勇勝怯智勝愚善勝惡有義勝無義有天道勝無天道凡此七勝者貴衆用之終身者衆矣人主好佚欲亡其身失其國者殆其德不足以懷其民者殆明其刑而賤其士者殆諸侯假之威久而不知極已者殆身彌老不知敬其適子者殆蓄藏積陳朽腐不以與人者殆凡人之名三有治也者有恥也者有事也者事之名二正之察之五者而天下治矣名正則治名倚則亂無名則死故先王貴名先王取天下遠者以禮近者以體體禮者所以取天下遠近者所以殊天下之際日益之而患少者惟忠日損之而患多者惟欲多忠少欲智也爲人臣者之廣道也爲人臣者非有功勞于國也家富而國貧爲人臣者之大罪也爲人

臣者非有功勞于國也爵尊而主卑爲人臣者之大罪也無功勞于國而貴富者其唯尚賢乎衆人之用其心也愛者憎之始也（愛盡而憎）德者怨之本也（德竭而怨生）其事親也妻子具則孝衰矣其事君也有好業家室富足則行衰矣爵祿滿則忠衰矣唯賢者不然（賢者有始有卒）故先王不滿也人主操逆人臣操順先王重榮辱榮辱在爲天下無私愛也無私憎也爲善者有福爲不善者有禍禍福在爲故先王重爲明賞不費明刑不暴賞罰明則德之至者也故先王貴明天道大而帝王者用愛惡愛惡天下可祕愛惡重閉必固釜鼓滿則人概之人滿則天概之故先王不滿也先王之書心之敬執也而衆人不知也故有事事也毋事亦事也吾畏事不欲爲事吾畏言不欲爲言故行年六十而老吃也

管子卷第四

管子卷第五　　唐司空房　玄齡　注

八觀第十三　　法禁第十四

重令第十五

外言四

八觀第十三

大城不可以不完郭周不可以外通里域不可以橫通橫通謂從旁而通也閭閈不可以毋闔闔扉也宮垣關閉不可以不脩故大城不完則亂賊之人謀郭周外通則姦遁踰越者作里域橫通則攘奪竊盜者不止閭閈無闔外內交通則男女無別宮垣不備關閉不固雖有良貨不能守也故形勢不得為非則姦邪之人慤愿禁衛周固形勢不得為非則姦邪之人無從生心而變為慤愿禁罰威嚴則簡慢之人整齊憲令著明則蠻夷之人不敢犯賞慶信必則有功者勸教訓習俗者衆則君民化變而不自知也習俗而善不知善之為善猶入芝蘭之室不知

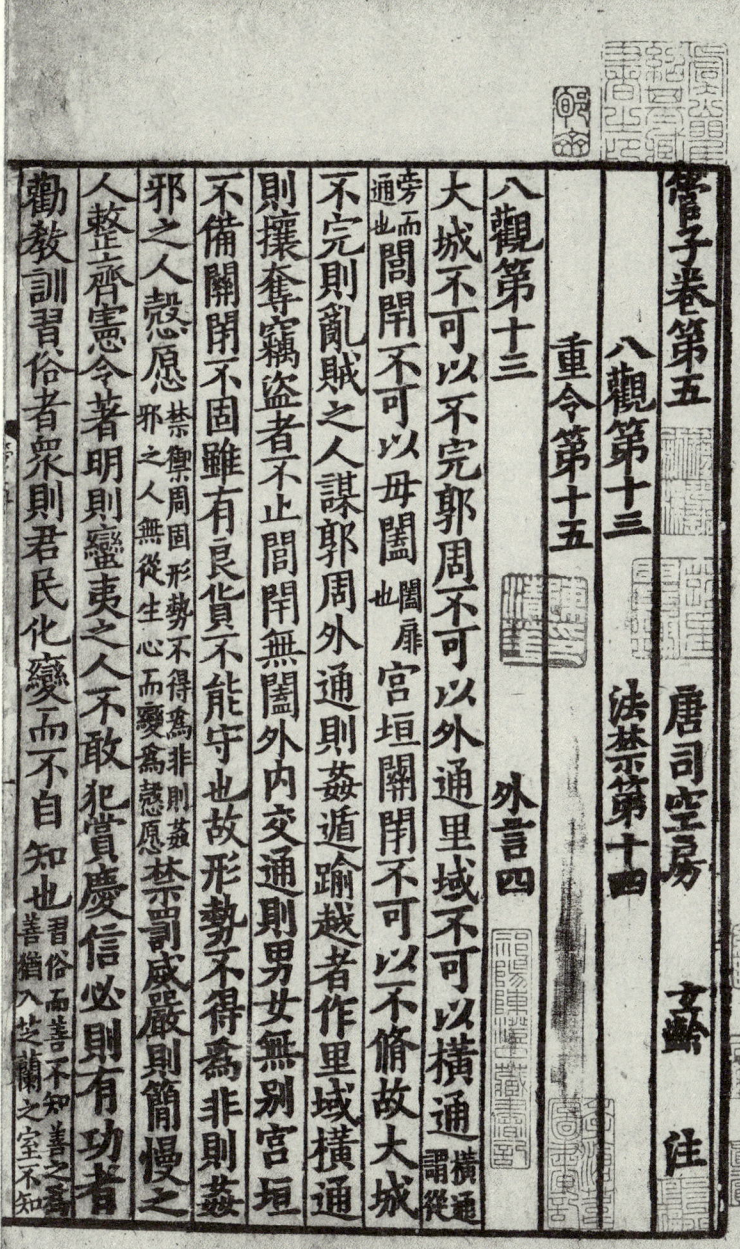

芳之爲芳也是故明君在上位刑省罰寡非可刑而不刑非可罪而不罪也明君者閉其門塞其塗弇其迹使民毋由接於淫非之地既閉出非之門又塞生過之塗成罪之迹莫不掩匿如此則自然端直欲接淫非之地其路無由也是以民之道正行善也若性然故罪罰寡而民以治矣

行其田野視其耕芸計其農事而飢飽之國可以知也其耕之不深芸之不謹地宜不任草田多穢耕者不必肥荒者不必墝以人猥計其野猥衆也以人衆之多少計其野之廣狹也草田多而辟田少者雖不水旱飢國之野也若是而民寡則不足以守其地若是而民衆則國貧民飢以此遇水旱則衆散而不收彼民不足以守者其城不固民飢者不可以使戰衆散而不收則國爲丘墟故曰有地君國而不務耕芸寄生之君也故曰行其田野視其耕芸計其農事而飢飽之國可知也

行其山澤觀其桑麻計其六畜之產而貧富之國可知也夫山澤廣大則草木易多也壤地肥饒則桑麻易殖也薦子見反草多衍則六畜易繁也薦茂草也莊周曰麋鹿食薦山澤雖廣草木毋禁壤地雖肥桑麻毋數薦草雖多六畜有征征賦閉貨之門也無貨可出若閉門然故曰時貨不遂金玉雖多時貨謂穀帛畜產也謂之貧國也故曰行其山澤觀其桑麻計其六畜之產而貧富之國可知也

入國邑視宮室觀車馬衣服而侈儉之國可知也夫國城大而田野淺狹者其野不足以養其民城域大而人民寡者其民不足以守其城宮營大而室屋寡者其室不足以實其宮室屋衆而人徒寡者其人不足以處其室囷倉寡而臺榭繁者其藏不足以共其費囷倉所藏不足以供臺榭之費故曰主上無積而宮室美氓家無積而衣服脩氓家謂民家也乘車者飾觀望步行者雜文采本

貲少而末用多者（本資謂穀帛）侈國之俗也國侈則用費用費則民貧民貧則姦智生姦智生則邪巧作故姦邪之所生生於匱不足匱不足之所生生於侈侈之所生生於毋度故曰審度量節衣服儉財用禁侈泰爲國之急也不通於若計者（若計謂審度量以下）不可使用國故曰入國邑視宮室觀車馬衣服而侈儉之國可知也課凶饑計師役觀臺榭量國費而實虛之國可知也凡田野萬家之衆可食之地方五十里可以爲足矣萬家以下則就山澤可矣（萬家以下其人少可以就山澤逐便利）萬家以上則去山澤可矣（萬家以上其人多則去山澤就原陸而山澤有禁也）彼野悉辟而民無積者國地小而食地淺也田半墾而民有餘食而粟米多者國地大而食地博也國地大而野不辟者君好貨而臣好利者也（君臣好貨利則妨農功故其野不辟）辟地廣而民不足者上賦重流其藏者也（上賦重則人藏流散也）故曰粟行於三百里（賦重）

則粟賤故人遠行而糶之或遠人來糴也則國毋一年之積粟行於四百里則國毋二年
之積粟行於五百里則衆有飢色其稼亡三之一者命曰小凶
三分常稼而亡其一時有凶災故也故謂小凶也小凶三年而大凶比三年不熟故曰大凶也大凶則衆有
大遺苞矣時既大凶無復畜積雖相振濟但苞裹升斗以相遺也什一之師什三毋事則稼
亡三之一師法也十一而稅周禮之通法今乃十三而稅無事於舊稼亡三之一也稼亡三之一而非有故蓋
積也則道有損瘠矣既已亡三之一又無故積則道行之人有毀損羸瘠者也什一之師三年不
解非有餘食也則民有鬻子矣既師十一三年而不解此當有餘食而不餘則以遇歲凶故也所以人有
鬻子者故曰山林雖近草木雖美宮室必有度禁發必有時是何
也曰大木不可獨伐也大木不可獨舉也大木不可獨運也
大木不可加之薄墻之上凡此必資衆力則妨農事故宮室須有度禁發須有時也故曰山林雖
廣草木雖美禁發必有時國雖充盈金玉雖多宮室必有度
江海雖廣池澤雖博魚鼈雖多罔罟必有正多少小大之正船網不可

一財而成也（必多財然後成）非私草木愛魚鼈也惡廢民於生穀也故
曰先王之禁山澤之作者博民於生穀也彼民非穀不食穀
非地不生地非民不動（動謂發生穀物）民非作力毋以致財天下之
所生生於用力（天下所以存其生各由用力也）用力之所生生於勞身是故主
上用財毋已是民用力毋休也（財從力生故用財不已則用力不休也）故曰臺榭相
望者其上下相怨也（上怨下不供下怨上多稅）民毋餘積者其禁不必止（民飢
貧則爲盜賊故禁不止也）衆有遺苞者其戰不必勝（戰士飢則力屈故戰不勝）道有損瘠
者其守不必固（損瘠則死期將至故守不固也）故令不必行禁不必止戰不必
勝守不必固則危亡隨其後矣故曰課凶飢計師役觀臺榭
量國費實虛之國可知也
入州里觀習俗聽民之所以化其上（君斯作矣人胥効矣故人莫不化上）而治亂之
國可知也州里不鬲（無限鬲也）閭閈不設出入毋時早晏不禁則

攘奪竊盜攻擊殘賊之民毋自勝矣（自從也既不設備則盜賊無從而勝）食谷水巷鑿井（谷水巷井則出汲者生其姪放）場圃接（鄉家子女易得交通）樹木茂（姪非者易為）宮牆毀壞門戶不閉外內交通則男女之别毋自正矣鄉毋長游（什長游宗也）里毋士舍（士謂里尉毋里當置舍使尉居焉）時無會同（鄉里毋時當有會同所以結恩好也）喪蒸不聚（蒸冬祭名）禁罰不嚴則齒長輯睦毋自生矣（鄉里長弟當以齒也）故昏禮不謹則民不脩廉論賢不鄉舉則士不及行貨財行於國則法令毀於官請謁得於上則黨與成於下鄉官毋法制百姓羣徒不從此亡國弒君之所自生也故曰入州里觀習俗聽民之所以化其上者而治亂之國可知也

入朝廷觀左右本求朝之臣（謂原本尋求朝之得失）論上下之所貴賤者而彊弱之國可知也功多為上祿賞為下則積勞之臣不務盡力（戰功曰多謂積勞之臣論其功多則居於衆二及行祿賞翻在衆下故不務盡力也）治行為上爵列為下

則豪桀材臣不務竭能便辟左右不論功能而有爵祿則百姓疾怨非上賤爵輕祿左右不論能而有爵祿則百姓非但疾怨又非上輕賤爵祿也金玉貨財商賈之人不論而在爵祿不論志行使之在爵祿之位也則上令輕法制毀權重之人不論才能而得尊位則民倍本行而求外勢彼積勞之人不務盡力則兵士不戰矣豪桀材人不務竭能則內治不別矣百姓疾怨非上賤爵輕祿則上毋以勸衆矣上令輕法制毀則君毋以使臣臣毋以事君矣民倍本行而求外勢則國之情僞竭在敵國矣人既倍本求外則國之情僞盡在於敵矣竭盡也故曰入朝廷觀左右本朝之臣論上下之所貴賤者而彊弱之國可知也

置法出令臨衆用民計其威嚴寬惠行於其民與不行於其民可知也法虛立而害疏遠謂其立法但能害疏遠而不行親近故曰虛立也令一布而不聽者存不聽者存是令不行賤爵祿而毋功者富無功者富則有功者貧也然則衆必

輕令而上位危輕令則有無君之心故上位危故曰良田不在戰士三年而兵弱良田所以賞戰士不賞則士無戰志故兵弱也賞罰不信五年而破上賣官爵十年而亡倍人倫而禽獸行十年而滅戰不勝弱也地四削入諸侯被也離本國徙都邑亡也有者異姓滅也有其國者異姓之人則宗廟滅也故曰置法出令臨衆用民計威嚴寬惠而行於其民不行於其民可知也

計敵與量上意察國本觀民產之所有餘不足而存亡之國可知也敵國彊而與國弱諫臣死而諛臣尊私情行而公法毀然則與國不恃其親謂黨與之國不恃已以爲親也而敵國不畏其彊冦敵之國不畏已以爲彊也豪傑不安其位而積勞之人不懷其祿悅商販而不務本貨則民偷處而不事積聚豪傑不安其位則良臣出積勞之人不懷其祿則兵士不用民偷處而不事積聚則囷倉空

虛如是而君不爲變（不改常而更化）然則攘奪竊盜殘賊進取之人起矣內者廷無良臣（豪傑不安其位）兵士不用（積勞之人不懷其祿故也）囷倉空虛（民偷奥而不事積聚故也）而外有彊敵之憂則國居而自毀矣（居然自致滅毁）故曰計敵與量上意察國本觀民產之所有餘不足而存亡之國可知也故以此八者觀人主之國而人主毋所匿其情矣

法禁第十四　　外言五

法制不議則民不相私（君出法制下不敢議則人奉公不相與爲私）刑殺毋赦則民不偷於爲善（有過必誅則善惡明故下不爲苟見之善）爵祿毋假則下不亂其上（爵必有德祿必有功不妄假人則人知君我者必賢德故不亂於上）三者藏於官則爲法施於國則成俗其餘不彊而治矣（三者謂法刑爵也藏於官謂下不得擅其用如此則法施俗成自期之外雖不勉彊莫不從理矣）君壹置其儀則百官守其法上明陳其制則下皆會其度矣君之置其儀也不一則下之倍法而立私理者必多矣是以人用其

私廢上之制而道其所聞既廢上之制故競道其所聞與遂其私欲故下與官列法而上與君分威國家之危必自此始矣下謂庶人上謂權臣列亦分也昔者聖王之治其民也不然廢上之法制者必負以恥負猶被也廢法制者必被之以恥辱也財厚博惠以私親於民者正經而自正矣臣厚財而作福則正禮經以示之其人自正矣亂國之道易國之常賜賞恣於已者聖王之禁也賜賞者人君所獨用也臣為君事故須禁之也聖王既殁受之者衰嗣君不德君人而不能知立君之道以為國本則大臣之贅下而射人心者必多矣越職行恩曰贅福下者君之事也今臣為之故曰贅臣之作福所邀射人心必使歸己也君不能審立其法以為下制則百姓之立私理而徑於利者必衆矣徑謂邪行以趣疾也

昔者聖王之治人也不貴其人博學也欲其人之和同以聽令也博學而不聽令姦人之雄也泰誓曰紂有臣億萬人亦有億萬之心武王有臣三千而一心故紂以億萬之心亡武王以一心存故有國

之君苟不能同人心一國威齊士義通上之治以爲下法則雖有廣地衆民猶不能以爲安也君失其道則大臣比權重(與權重者相比)以相舉於國小臣必循利以相就也故舉國之士以爲亡黨(爲叛亡之黨也)行公道以爲私惠(費公以樹私也)進則相推於君退則相譽於民各便其身而忘社稷以廣其居(容受博也)聚徒威羣(蓄黨以威衆)上以蔽君下以索民(求人附己)此皆弱君亂國之道也故國之危也擅國權以深索於民者聖王之禁也其身毋任於上者聖王之禁也進則受祿於君退則藏祿於室毋事治職但力事屬私(其所勉力事務者但屬意於私)王官私君事去(王之官私事則營之君事則去之也)非其人而人私行者聖王之禁也(臣既非其人故其人但爲私行所以禁之也)脩行則不以親爲本(簡孝敬也)治事則不以官爲主(邀虛譽也)舉毋能進毋功者聖王之禁也交人則以爲己賜(臣或下交於人恃之以爲己之恩賜)舉人則

以爲己勞爲國舉賢恃之以爲己之功勞仕人則與分其祿者薦人令仕得祿與共分也聖王之禁也交於利通而獲於貧窮臣所與交通者皆貨利末業則農桑廢故獲於貧窮輕取於其民而重致於其君下取於人輕然不難上致於君僞飾成重削上以附下枉法以求於民者削上威用附下成恩枉君公法求人私悅也聖王之禁也用不稱其人家富於其列其祿甚寡而資財甚多者列業也臣有用少而家業富祿寡而資財多則以枉法取於人故也聖王之禁也拂世以爲行非上以爲名常反上之法制以成羣於國者拂世非上反違法制以結連朋黨亦所謂姦人之雄也聖王之禁也飾於貧窮而發於勤勞權於貧賤內富而外飾於貧窮內逸而外發於勤勞可以致勢而權於貧窮也身無職事家無常姓列上下之閒議言爲民者聖王之禁也姓生也身既無職事家又無常生自列於上下之閒其有言議每輒爲人以求名譽非純粹之道故聖王禁之也壹士以爲亡資脩田以爲亡本每以壹飡濟士以爲亡去之資若趙孟之爲又脩營田業以爲亡去之本也則生之養私不死既有所備預則私養其生雖亡而不死也然後失矯以深與上爲市者自恃其備然後君失必矯其有不從則示以去就之形而要之故曰與上爲市聖

王之禁也審飾小節以示民飾虛譽也時言大事以動上示君以不側也以遠
交以踰羣假爵以臨朝者遠交四鄰以越羣黨虛假高爵威臨本朝也聖王之禁也卑
身雜處不簡儔類隱行辟倚倚依也自隱其行以避所依也側入迎遠側身而入國挺出而迎遠遁上
而遁民者卑身雜處所以遁上隱行避倚所以遁民聖王之禁也詭俗異禮大言法行大為
言譽以為法使人遵行也難其所為而高自錯者錯置也聖王之禁也守委閒
居博分以致衆守其委積以閒居博分其財以致衆勤身遂行說人以貨財勤勞其身以遂其行
施其貨財以悅於人濟人以買譽濟施人貨財所以買其聲譽其身甚靜而使人求者靜而
多財故人求之聖王之禁也行僻而堅言詭而辯術非而博順惡而澤
者所順習者惡事善潤飾之令有光澤聖王之禁也以朋黨為友以蔽惡為仁朋黨
有惡相為隱蔽用此為仁以數變為智以重斂為忠以遂忿為勇者聖王之
禁也固國之本其身務往於上深附於諸侯者每國自有其本臣無境外之交
今雖身務歸於上而心有異託外深附於諸侯聖王之禁也聖王之身治世之時德行必

有所是道義必有所明故士莫敢詭俗異禮以自見於國莫敢布惠緩行脩上下之交以和親於民從容養民謂之緩行故莫敢超等踰官漁利蘇功以取順其君飾詐以釣君利謂之漁利因少搆多謂之蘇功蘇生息也聖王之治民也進則使無由得其所利退則使無由避其所害必使反乎安其位樂其羣務其職榮其名而后止矣能如上事則止而循常也故踰其官而離其羣者必使有害不能其事而失其職者必使有恥是故聖王之教民也以仁錯之以恥使之脩其能致其所成而止故曰絕而定絕邪僻靜而治安而尊舉錯而不變者聖王之道也

重令第十五　外言六

凡君國之重器莫重於令令重則君尊君尊則國安令輕則君卑君卑則國危故安國在乎尊君尊君在乎行令行令在

乎嚴罰罰嚴令行則百吏皆恐罰不嚴令不行則百吏皆喜故明君察於治民之本本莫要於令故曰虧令者死益令者死（增益令者殺無赦）不行令者死留令者死（令當行而故留之）不從令者死五者死而無赦惟令是視（設令者必不赦此五死也）故曰令重而下恐爲上者不明令出雖自上而論可與不可者在下（不明之君雖日出令至於可否必與下論而後定如此者臣反制君何令之爲）夫倍上令以爲威則行恣於己以爲私百吏奚不喜之有（倍公則得成私虧令而喜不亦宜乎）且夫令出雖自上而論可與不可者在下是威下繫於民也（可否定於下則是威下繫也）威下繫於民而求上之毋危不可得也（下彊則上危也）令出而留者無罪則是教民不敬也（王言如絲其出如綸所謂敬也留者不誅是教不敬）令出而不行者毋罪行之者有罪是皆教民不聽也（不行無罪行之反誅人之不聽上教之然也）令出而論可與不可者在官是威下分也（官謂百官可否定於百官則是威下分也）益損者毋罪則是教民邪途也

虛取姦邪得行毋能上通則大臣不和（小人好事）臣下不順上令難行則應難不捷（人心不一）倉廩空虛財用不足則國毋以固守（人飢則逃散也）三者見一焉則敵國制之矣（見一尚制況兼有乎）故國不虛重兵不虛勝民不虛用令不虛行凡國之重也必待兵之勝也而國乃重凡兵之勝也必待民之用也而兵乃勝凡民之用也必待令之行也而民乃用凡令之行也必待近者之勝也而令乃行（先勝服近習令乃得行）故禁不勝於親貴罰不行於便辟法禁不誅於嚴重而害於疏遠慶賞不施於卑賤而求令之必行不可得也能不通於官受祿賞不當於功號令逆於民心動靜詭於時變有功不必賞有罪不必誅令焉不必行禁焉不必止在上位無以使下而求民之必用不可得也將帥不嚴威民心不專一陳士不死制卒士不輕敵而求兵之必勝不可得也內守

不能完外攻不能服野戰不能制敵侵伐不能威四鄰而求國之重不可得也德不加於弱小威不信於強大征伐不能服天下而求霸諸侯不可得也威有與兩立（下亦有立威者）兵有與分爭（征伐有自諸侯出）德不能懷遠國令不能一諸侯而求王天下不可得也地大國富人衆兵彊此霸王之本也然而與危亡爲鄰矣天道之數人心之變（所以與危亡爲鄰則以天道數終人心變易故也）天道之數至則反（終於下者則反於上）盛則衰（日中則昃月盈則蝕）人心之變有餘則驕（不足者必謙）驕則緩怠夫驕者驕諸侯驕諸侯者諸侯失於外（天子驕則諸侯叛）緩怠者民亂於內（緩怠必輕於始故民亂）諸侯失於外民亂於內天道也（驕怠者必失外亂內此天之道）此危亡之時也若夫地雖大而不并兼不攘奪人雖衆不緩怠不傲下國雖富不侈泰不縱欲兵雖彊不輕侮諸侯動衆用兵必爲天下政理此正天下之本而霸王之主也

凡先王治國之器三，攻而毀之者六。明王能勝其攻，故不益於三者而自有國，正天下（明王雖勝攻於三器亦不加益即勝能自有其國兼正天下）。亂王不能勝其攻，故亦不損於三者而自有天下而亡（亂王既不能勝攻三器自毀更不滅此三者縱有天下之大而遂滅亡也）。三器者何也？曰：號令也，斧鉞也，祿賞也。六攻者何也？曰：親也，貴也，貨也，色也，巧佞也，玩好也。三器之用何也？曰：非號令毋以使下，非斧鉞毋以威衆，非祿賞毋以勸民。六攻之敗何也（言六攻能敗三器者謂何也）？曰：雖不聽而可以得存者（謂親貴也），雖犯禁而可以得免者（謂貨色也），雖毋功而可以得富者（謂巧佞玩好也）。凡國有不聽而可以得存者，則號令不足以使下；有犯禁而可以得免者，則斧鉞不足以威衆；有毋功而可以得富者，則祿賞不足以勸民。號令不足以使下，斧鉞不足以威衆，祿賞不足以勸民，若此則民毋為自用（既有罪不誅有功不賞故人不自用其力也）。民毋為自用則戰不勝，戰

不勝而守不固守不固則敵國制之矣然則先王將若之何
曰不爲六者變更於號令不爲六者疑錯於斧鉞不爲六者
益損於禄賞若此則遠近一心遠近一心則衆寡同力衆寡同
力則戰可以必勝而守可以必固非以并兼攘奪也以爲天
下政治也此正天下之道也

管子卷第五

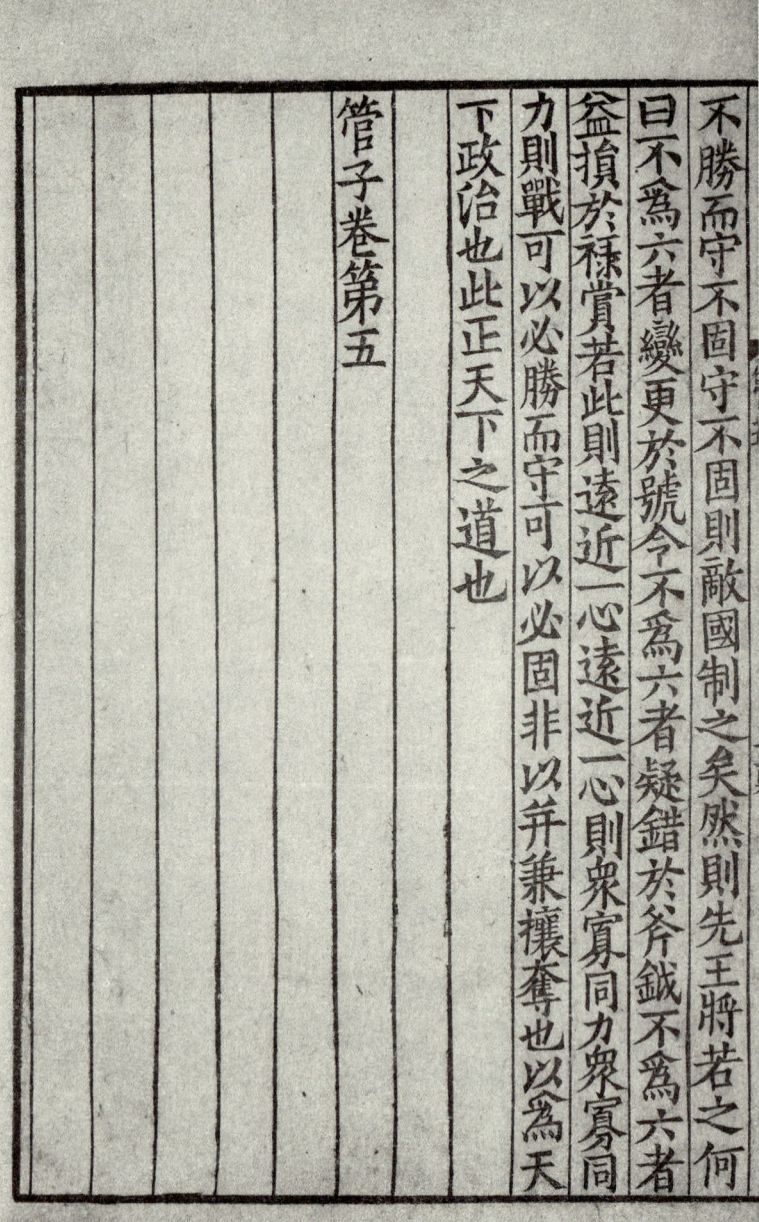

管子卷第六　　唐司空房　玄齡　注

法法第十六　　兵法第十七

法法第十六　　外言七

不法法則事毋常（不設法以法下故事無常）法不法則令不行（雖復設法不得法之宜故令不行）令而不行則令不法也法而不行則脩令者不審也（法既得宜而猶不行則以脩令者未審之故也）審而不行則賞罰輕也（脩令者既審而猶不行則以上輕於賞罰也）重而不行則賞罰不信也（賞罰既重而猶不行則以雖賞罰而不信也）信而不行則不以身先之也（賞罰既信而猶不行則以身不先自行其法也）故曰禁勝於身（身從禁也）則令行於民矣聞賢而不舉殆（聞賢不舉不若不聞所以有殆）聞善而不索殆見能而不使殆親人而不固殆同謀而離殆危人而不能殆（危人不能不若不危）廢人而復起殆（既廢更起或發其宿嫌）可而不為殆（可為而不為多生後悔）足而不施殆（足而不施怨疾必生）幾而不密殆（幾事不密則害成）人主不周密則正言直行之士

危（所謂君不密則失臣）正言直行之士危則人主孤而毋內（策謀毋自入也）人主孤而毋內則人臣黨而成羣（君子道消則小人道長也）使人主孤而毋內人臣黨而成羣者此非人臣之罪也人主之過也（君不密之過）民毋重罪過不大也（有大過然後有重罪）民毋大過上毋赦也（不赦則懼而脩德）上赦小過則民多重罪積之所生也（所謂積小以成高大）故曰赦出則民不敬（有罪不誅則安用敬）惠行則過日益（特恩不恭非過而何）惠赦加於民而囹圄雖實殺戮雖繁姦不勝矣（造姦以待赦也）故曰邪莫如蚤禁之（無使滋蔓蔓難圖也）赦過遺善則民不勵（善即惠也）有過不赦有善不積勵民之道於此乎用之矣故曰明君者事斷者也君有三欲於民三欲不節則上位危三欲者何也一曰求二曰禁三曰令求必欲得禁必欲止令必欲行求多者其得寡（無厭則難供故其得寡）禁多者其止寡（法令滋章盜賊多有）令多者其行寡（再三則瀆故其行寡）求而不得則威日損（獨唱莫和非損而何）禁

而不止則刑罰侮（愈禁愈犯非侮而何）令而不行則下凌上（不稟其命非凌而何）故未有能多求而多得者也未有能多禁而多止者也未有能多令而多行者也故曰上苛則下不聽下不聽而彊以刑罰則爲人上者衆謀矣爲人上而衆謀之雖欲毋危不可得也號令已出又易之禮義已行又止之度量已制又遷之刑法已錯又移之如是則慶賞雖重民不勸也殺戮雖繁民不畏也故曰上無固植（植志）下有疑心國無常經民力必竭數也（數理也國無常經人力必竭而曰不竭者此非理之言也）明君在上位民毋敢立私議自貴者（立私議者必自恃爲貴也）國毋怪嚴毋雜俗毋異禮士毋私議（國不作奇怪則嚴肅而無雜俗有常禮士皆公議）倨傲易令錯儀畫制作議者盡誅（易令謂變令錯儀謂別置儀畫制謂更畫制凡此盡以法誅之）故彊者折銳者挫堅者破引之以繩墨繩之以誅僇故萬民之心皆服而從上推之而往引之而來彼下有立

其私議自貴分爭而退者則令自此不行矣立議分爭退而不誅從此之後令不
復行故曰私議立則主道卑矣況主倨傲易令錯儀畫制變易
風俗詭服殊說猶立立私說尚能卑主況其倨傲易風俗而猶有立者乎上不行君令下不
合於鄉里變更自爲易國之成俗者命之曰不牧之民於上不行君令
於下不合鄉里但率意自爲易國之成俗故曰不牧之民言其不可養也不牧之民繩之外也繩之外誅
使賢者食於能鬭士食於功賢者食於能則上尊而民從鬭
士食於功則卒輕患而傲敵上尊而民從卒輕患而傲敵二
者設於國則天下治而主安矣
凡赦者小利而大害者也苟悅衆心故曰小利人則習而易犯法故曰大害也故久而不勝其
禍犯法漸廣轉欲危君故曰不勝其禍毋赦者小害而大利者也人初不悅故曰小害創而脩德故曰大
利也故久而不勝其福家正而天下定則太平可致故曰不勝其福也故赦者犇馬之委轡
必也覆佚也毋赦者痤徂禾切癰也雎之礦石也疾可瘳也爵不尊祿不重者

不與圖難犯危以其道爲未可以求之也（以其道未可求故不與之尊爵重祿既與之尊爵重祿其可與之圖難犯危也）是故先王制軒冕足以著貴賤不求其美設爵祿所以守其服不求其觀也使君子食於道小人食於力君子食於道則上尊而民順小人食於力則財厚而養足上尊而民順財厚而養足四者備體則胥足上尊時而王不難矣（胥相也）文有三侑（侑寬也）武毋一赦惠者多赦者也先易而後難久而不勝其禍法者先難而後易久而不勝其福故惠者民之仇讎也（惠者生其禍故爲仇讎也）法者民之父母也（法者生其福故爲父母也）太上以制制度其次失而能追之（能追海也）雖有過亦不甚矣明君制宗廟足以設賓祀不求其美爲宮室臺榭足以避燥濕寒暑不求其大爲雕文刻鏤足以辯貴賤不求其觀故農夫不失其時百工不失其功商無廢利民無游日（無關閒之日）財無砥墆（墆久積也）故曰儉其

道乎

今未布而民或爲之而賞從之則是上妄予也未布而爲所謂先時者也當刑而賞故曰妄與也上妄予則功臣怨功臣怨而愚民操事於妄作愚民操事於妄作則大亂之本也令未布而罰及之所謂不令而罰則是上妄誅也上妄誅則民輕生民輕生則暴人興輕生故爲暴亂曹黨起而亂賊作矣令已布而賞不從則是使民不勸勉不行制不死節民不勸勉不行制不死節則戰不勝而守不固戰不勝而守不固則國不安矣令已布而罰不及則是教民不聽民不聽則彊者立彊者立則主位危矣故曰憲律制度必法道號令必著明賞罰必信密此正民之經也凡大國之君尊小國之君卑大國之君所以尊者何也曰爲之用者衆也小國之君所以卑者何也曰爲之用者寡也然則爲之用者衆則尊

爲之用者寡則卑則人主安能不欲民之衆爲己用也使民衆爲己用柰何曰法立令行則民之用者衆矣法不立令不行則民之用者寡矣故法之所立令之所行者多而所廢者寡則民不誹議民不誹議則聽從矣法之所立令之所行與其所廢者鈞則國毋常經國毋常經則民妄行矣法之所立令之所行者寡而所廢者多則民不聽民不聽則暴人起而姦邪作矣計上之所以愛民者爲用之愛之也爲愛民之故不難毀法虧令則是失所謂愛民矣夫以愛民用民則民之不用明矣夫用人者當以法令以愛人廢法而用之則人不可用也夫至用民者殺之危之勞之飢之渴之用民者將致之此極也而民毋可與慮害己者至善也夫善用人者必以法其不從法甚者危殺之其次勞苦飢渴之將欲用之必致此極則姦者不敢爲非善者悅而從命欲求可與謀害已者其可得哉

明王在上道法行於國民皆舍所好而行所惡所好者私欲也所惡者公義也

故善用民者軒冕不下儗而斧鉞不上因〔不以私寵下妄以軒冕有所許儗不因上有私憾妄以斧鉞有所誅戮也〕如是則賢者勸而暴人止賢者勸而暴人止則功名立其後矣蹈白刃受矢石入水火以聽上令上令盡行禁盡止引而使之民不敢轉其力〔轉猶避也〕推而戰之民不敢愛其死不敢轉其力然后有功不敢愛其死然後無敵進無敵退有功是以三軍之衆皆得保其首領父母妻子完安於內故民未嘗可與慮始而可與樂成功是故仁者知者有道者不與大慮始〔大猶衆也〕國無以小與不幸而削亡者必主與大臣之德行失於身也官職法制政教失於國也諸侯之謀慮失於外也故地削而國危矣〔言國無以小與不幸而削亡者其削亡也則以臣主有失故也〕國無以大與幸而有功名者必主與大臣之德行得於身也官職法制政教得於國也諸侯之謀慮得於外也然后功立而名成〔言國無以大與幸而有功

名者其有功名也則以臣主有得名故也然則國何可無道人何可無求得道而導之得賢而使之將有所大期於興利除害期於興利除害莫急於身而君獨甚傷也必先令之失先身無害而有利然後可以及物令君獨立無與則是有害故甚可傷所以然者則由先令之失也人主失令而蔽失令則爲下所蔽塞也已蔽而封已封而弑凡人君之所以爲君者勢也故人君失勢則臣制之矣勢在下則君制於臣矣勢在上則臣制於君矣故君臣之易位勢在下也在臣期年臣雖不忠君不能奪也臣得勢期年君雖知其不忠而不能奪無如之何也在子期年子雖不孝父不能服也亦無如之何故春秋之記春秋即周公之凡例而諸侯之國史也臣有弑其君子有弑其父者矣故曰堂上遠於百里堂下遠於千里門廷遠於萬里今步者一日百里之情通矣堂上有事十日而君不聞其事適在堂上耳而君遂十日不聞此所謂遠於百里也步者十日千里之情通矣堂下有事一月而君不聞此所

謂遠於千里也步者百日萬里之情通矣門廷有事期年而
君不聞此所謂遠於萬里也故請入而不出謂之滅臣有請告既入而不
出此則左右不爲通於下其事遂消滅也出而不入謂之絶其事既出而不入此則左右不爲通於上其事遂斷絶也入而
不至謂之侵其事既入不得至於君此則左右侵君事故也出而道止謂之壅其事既出中道而止此則左右
壅君事故也滅絶侵擁之君者非杜其門而守其戶也爲政之有
所不行也政之不行自致侵擁非由杜門守戶也故曰令重於寶社稷先於親戚法
重於民威權貴於爵祿故不爲重寶輕號令不爲親戚後社
稷不爲愛民枉法律不爲爵祿分威權故曰勢非所以予人
也凡此上事其勢不可當與人故君專之政者正也正也者所以正定萬物之命也萬物之命
由正而定是故聖人精德立中以生正德精而不過其正自生也明正以治國故正
者所以止過而逮不及也正者中立故過者令止之不及者令逮之過與不及也皆非
正也正在於中立非正則傷國一也過猶不及故傷國一也勇而不義傷兵不及於勇故傷兵也

仁而不法傷正 不及於仁故傷正 故軍之敗也生於不義 不義則失宜故軍敗 法之侵也生於不正 不正則入邪故法侵也 故言有辯而非務者 言辯而浮誕則非要務也 行有難而非善者 行難而詭推故非正善也 故言必中務不苟爲辯行必思善不苟爲難規矩者方圜之正也雖有巧目利手不如拙規矩之正方圜也故巧者能生規矩不能廢規矩而正方圜雖聖人能生法不能廢法而治國故雖有明智高行倍法而治是廢規矩而正方圜也一曰 管氏稱古言故曰一曰 凡人君之德行威嚴非獨能盡賢於人也 人君之德行雖當威嚴既不能事事盡賢亦須納賢而自輔故曰能自得師者王 曰人君也故從而貴之不敢論其德行之高卑 人曰此人君也謂其道備德成不察其是非即從而貴之豈敢更論其高卑乎 有故爲其殺生急於司命也 秉人君之勢怒則伏尸流血喜則軒冕塞路故急於司命也 富人貧人使人相畜也 人君富人亦可貧人亦可使以富畜貧亦可 貴人賤人使人相臣也 貴人亦可賤人亦可使人以貴臣賤亦可 人主操此六者以畜其臣 六者謂生殺富貴貧賤 人臣亦望此六

者以事其君人臣事君亦望操此六者以臨下君臣之會六者謂之謀君臣所以相合皆欲謀操六者六者在臣期年臣不忠君不能奪在子期年子不孝父不能奪故春秋之記臣有弒其君子有弒其父者得此六者而君父不智也令臣子得此六者是君父之不智也六者在臣則主蔽矣主蔽者失其令也故曰令入而不出謂之蔽令出而不入謂之壅令出而不行謂之牵牵於左右令入而不至謂之瑕君臣相間故曰瑕牵瑕蔽壅之事君者非敢杜其門而守其戶也為令之有所不行也此其所以然者由賢人不至而忠臣不用也故人主不可以不慎其令令者人主之大寶也一曰賢人不至謂之蔽忠臣不用謂之塞令而不行謂之障禁而不止謂之逆蔽塞障逆之君者不敢杜其門而守其戶也為賢者之不至令之不行也凡民從上也不從口之所言從情之所好者也上好勇則民輕

死上好仁則民輕財故上之所好民必甚焉是故明君知民之必以上爲心也故置法以自治立儀以自正也故上不行則民不從彼民不服法死制則國必亂矣是以有道之君行法脩制先民服也（服行也先自行法以率人）凡論人有要（論人才行各有綱要）矜物之人無大士焉（大士不矜謙以接物）彼矜者滿也滿者虛也（所謂滿招損者也）滿虛在物在物爲制也（既滿而虛則制之在物）矜者細之屬也（自矜者小人之類）凡論人而遠古者無高士焉（高士必順考古道也）既不知古而易其功者無智士焉（智士必知古而謹功也）德行成於身而遠古卑人也事無資遇時而簡其業者愚士也（德行雖日成而乃遠古卑人則是事無資稟若遇有道之時其業必見簡弃如此者可謂愚士）釣名之人無賢士焉（賢士必脩實而成名）釣利之君無王主焉（王主必度義而取利）賢人之行其身也忘其有名也王主之行其道也忘其成功也賢人之行王主之道其所不能已也（不能已而後動）明君公國一民以聽於世（賢明之君

必公誠於國以一其民人之心忠臣直進以論其能忠臣必直道而求進明君不以祿爵私所愛唯賢是與忠臣不誣能以干爵祿量能而必祿也君不私國臣不誣能行此道者雖未大治正民之經也治雖未大足成正民之經今以誣能之臣事私國之君而能濟功名者古今無之誣能之人易知也誣能之人功名所以不濟易可知起下文也臣度之先王者臣管氏自稱也舜之有天下也禹為司空契為司徒皋陶為李古治獄之官作此李官后稷為田此四士者天下之賢人也猶尚精一德謂各精一事也以事其君今誣能之人服事任官皆兼四賢之能自此觀之功名之不立亦易知也結上文也故列尊祿重無以不受也德不足以與其位也勢利官大無以不從也直以勢利官大故每舉必從之以此事君此所謂誣能篡利之臣者也世無公國之君則無直進之士無論能之主則無成功之臣昔者三代之相授也安得二天下而殺之三代無能授於有能桀紂失之湯武得之今之天下即古之天下豈有二天下而行

其刑殺哉貧民傷財莫大於兵危國憂主莫速於兵此四患者明矣古今莫之能廢也兵當廢而不廢則古今惑也兵有四患則當廢也五材並用則不當廢廢與之理難明故惑也此二者不廢而欲廢之則亦惑也二者謂廢與不廢既不廢矣久欲廢之則亦惑也此二者傷國一也廢之則寇來無以禦則傷國也不廢則費財憂主亦傷國也故曰一也黃帝唐虞帝之隆也資有天下制在一人資用也率土之濱莫非王臣故曰制在一人當此之時也兵不廢今德不及三帝天下不順三帝之時天下皆服不須用兵而求廢兵不亦難乎故明君知所擅知所患國治而民務積此所謂擅也擅專也君之所專爲在於國而治民務積聚也動與靜此所患也動靜失宜則患生也是故明君審其所擅以備其所患也猛毅之君不免於外難懦弱之君不免於內亂猛毅之君者輕誅輕誅之流道正者不安輕誅則爭正故道正之士不安道正者不安則材能之臣去亡矣彼智者知吾情僞爲敵謀我則外難自是至矣智者則道正之士從此亡之敵國既知我情必爲敵謀我所以外難至也故

曰猛毅之君不免於外難懦弱之君者重誅（難爲誅罰）重誅之過行邪者不革行邪者久而不革則羣臣比周羣臣比周則蔽美揚惡（蔽君美揚君惡）蔽美揚惡則內亂自是起矣故曰懦弱之君不免於內亂明君不爲親戚危其社稷社稷戚於親不爲君欲變其令令尊於君不爲重寶分其威威貴於寶不爲愛民虧其法法愛於民

兵法第十七　外言八

明一者皇察道者帝通德者王（一者氣質未分至一者也道者物由以生者也德者物由以成者也夫皇帝王道隨世立名者也其實則一也）謀得兵勝者霸（所謀必得用兵必勝故霸）故夫兵雖非備道至德也然而所以輔王成霸（兵者不祥之器不得已而用之故於道則未備於德則未至然用之上可以輔王下可以成霸）今代之用兵者不然不知兵權者也（權者所以知輕重既不知兵權則失輕重之節）故舉兵之日而境內貧（行師十萬日費千金）戰不必勝勝則多死（雖今得勝死者已多）

得地而國敗（雖復得地既貧且死所以國敗）此四者用兵之禍者也（四者謂内貧不勝多死國敗也）四禍其國而無不危矣（一舉兵而國四禍則何爲而不危哉）大度之書曰（謂大陳法度之書）舉兵之日而境内不貧戰而必勝勝而不死得地而國不敗爲此四者若何（四者謂不貧得勝不死不敗也）舉兵之日而境内不貧者計數得也戰而必勝者法度審也勝而不死者教器備利而敵不敢校也得地而國不敗者因其民因其民則號制有發也（號令制度因彼而發）教器備利則有制也（有制則能備利）法度審則有守也（有所守則法度審）計數得則有明也（有明則計數得）治衆有數（自治其軍有數存焉）勝敵有理（勝於敵國有理存焉）察數而知理審器而識勝（器備利則敵可勝也）明理而勝敵（勝敵者在於明理也）定宗廟（寇寧則宗廟定）遂男女（人安則男女遂）官四分（既定且寧則四分官以守之）則可以定威德制法儀出號令然後可以一衆治民兵無主則不蚤知敵（兵無主則人懷苟且故不能知敵）野無吏則無蓄積（野無田吏則人惰本業故無蓄積）官無常則下怨上（官無常則

徵賦不節故下怨上器械不巧則朝無定（器械不巧則寇敵見凌故朝無定）賞罰不明則民輕其產（賞罰不明則人無聊生故輕其產）故曰早知敵而獨行有蓄積則久而不匱器械巧則伐而不費賞罰明則勇士勸也三官不繆五教不亂九章著明則危危而無害窮窮而無難（危危窮窮皆重有其事）故能致遠以數縱彊以制（有數則遠可致有制則強可縱）三官一曰鼓鼓所以任也（任猶載也謂令之儆裝也）所以起也所以進也二曰金金所以坐也所以退也所以免也三曰旗旗所以立兵也所以利兵也所以偃兵也此之謂三官有三令而兵法治也五教一曰教其目以形色之旗（五色之旗各有所當若春尚青夏尚赤之類）二曰教其身以號令之數（謂坐起之數）三曰教其足以進退之度四曰教其手以長短之利（長兵短兵各有所利遠用長近用短也）五曰教其心以賞罰之誠（貪賞畏罰士乃自厲）五教各習而士負以勇矣（負恃也恃其便習而勇也）九章一曰舉日章則晝行二曰舉月章則夜行三曰舉

龍章則行水四曰舉虎章則行林五曰舉鳥章則行陂六曰舉蛇章則行澤七曰舉鵲章則行陸八曰舉狼章則行山九曰舉韓章則載食而駕韓韜也謂韜其章而舉之則載其所食而駕行矣九章既定而動靜不過三官五教九章始乎無端卒乎無窮無端無窮者出敵不意彼不能測知也始乎無端者道也卒乎無窮者德也道不可量德不可數也故不可量則衆彊不能圖不可數則僞詐不敢嚮兩者備施則動靜有功徑乎不知徑謂卒然直指故敵不知發乎不意徑乎不知故莫之能禦也發乎不意故莫之能應也故全勝而無害因便而教准利而行教無常教既因便故無常也行無常行既準利故亦無常也兩乃備施動乃有功兩者謂教與行器成教施追亡逐遁若飄風擊刺若雷電絕地不守謂孤絕之地無險固可恃故不守恃固不拔拔恃固之守必多費而無功也中處而無敵令行而不留用兵之道常能處可否之中則彼遠避而不能敵有令必行而不留也器成教散之無方聚之

不可計教器備利進退若雷電而無所疑匱匱竭也一氣專定則
傍通而不疑精一其氣專而且定故不疑厲士利械則涉難而不匱士既厲械又利故不匱
進無所疑退無所匱敵乃為用既無疑匱敵乃服從而為己用淩山阬不待鉤
梯習山故也歷水谷不須舟檝習水故也歷謂淩歷而度徑於絕地攻於恃固獨
出獨入而莫之能止見其隟故寶不獨入而莫之能止浮厥寶玉必選精勇與俱
故曰不獨入也寶不獨見與精勇俱見之故莫之能斂寶貝玉所以禮神使無水旱之災故取之不嫌也無
名之至盡盡其取寶玉也潛伏不名至能盡獲而不匱也盡而不意故不能疑神既盡寶玉皆非
彼所意故不能疑度謂之為神畜之以道則民和養之以德則民合和合故能
諧諧故能輯輯諧輯以悉莫之能傷我之軍士悉以諧輯故敵不能傷也定一至行二
要縱三權施四教發五機設六行論七數守八應審九器章十
號自一至己下管氏不言其數無得而知也故能全勝大勝全勝謂全我而勝彼大勝謂遍服諸國無守也故
能守勝無守謂不守一數故能常守其勝也數戰則士罷數勝則君驕夫以驕君

使罷民則國安得無危故至善不戰（服之以德）其次一之（雖勝不驕）破大勝彊一之至也（不以勝爲勝故能破大勝彊也）亂之不以變（亂敵不設變計也）乘之不以詭（乘敵不以詭故）勝之不以詐（勝敵不以詐謀）一之實也（凡此皆至一之實也）近則用實遠則施號（謂號）十力不可量彊不可度氣不可極德不可測一之原也（原本也凡此皆我守其一彼不能知）衆若時雨寡若飄風一之終也（用衆貴詳審故若時雨之漸用寡貴機速故若飄風之卒至此亦以一爲本故能終致此道）利適器之至也（兵刃利而適者其器得宜之至）用適敎之盡也（士卒用命而適者則敎練之盡）不能致器者不能利適不能盡敎者不能用敵（器既不利敎又不盡敵則不服豈能用之哉）不能用敵者窮（既不能用敵敵則反侵故窮也）不能致器者困（既不能致器則無以應敵故困也）遠用兵而可以必勝（兵遠用所以紀其反顧之心故必勝）出入異塗則傷其敵（出入異塗或有所傷也有迷而失道故爲敵所傷也）深入危之則士自脩（深入敵國其處又危所謂置之死地故士自脩以求生也）士自脩則同心同力善者之爲兵也使敵若據虛（居常畏懼）若搏景（繫無所獲）無設無形焉無不可

以成也無策可以設無形可以尋所向皆無故不可以成功也無形無爲焉無不可以化也無形可以觀無計可以爲所在皆無故不可以變化也此之謂道矣無形迹可尋詰者道之謂若亡而存若後而先威不足以命之善用兵者體道以爲變化者也故若亡者而乃存若後者而乃先今以威武命之去之遠矣

管子卷第六

管子卷第七

大匡第十八　　唐司空房玄齡注

大匡第十八 謂以大事匡君　內言一

齊僖公生公子諸兒公子糺公子小白使鮑叔傅小白鮑叔辭稱疾不出管仲與召忽往見之曰何故不出鮑叔曰先人有言曰知子莫若父知臣莫若君今君知臣之不肖也是以使賤臣傅小白也 鮑叔以小白年幼又不肖而賤故難爲之傅也 賤臣知棄矣召忽曰子固辭無出吾權任子以死亡必免子 任保也君若有疑我當保子以疾困至於死亡此可以免子之身 鮑叔曰子如是何不免之有乎 言必免也 管仲曰不可 以召忽言非 持社稷宗廟者不讓事不廣閒 社稷宗廟至重故不可讓難事而廣求閒安 將有國者未可知也 於三公子未可的知其人 子其出乎召忽曰可吾三人者之於齊國也譬之猶鼎之有足也去一焉則必不立矣 言三人不可異其出處 吾觀

小白必不爲後矣管仲曰不然也夫國人憎惡糾之母以及糾之身而憐小白之無母也諸兒長而賤事未可知也夫所以定齊國者非此二公子者將無已也二公子謂諸兒子糾言二子既不能定齊國而又不立小白即是將更無所用謂小白必得立矣小白之爲人無小智惕而有大慮言雖無小智能惕懼而有大慮非夷吾莫容小白小白既無小智必弃迓於俗人故非夷吾莫能容天不幸降禍加殃于齊糾雖得立事將不濟非子定社稷其將誰也糾既不濟次在小白輔小白而定社稷者非子而誰子謂召忽召忽曰百歲之後吾君卜世犯吾君命而廢吾所立奪吾糾也雖得天下吾不生也吾君卜世謂僖公之子小白等也君命謂僖公之命使立子糾今而奪焉我當致死兄與我齊國之政也受君令而不改奉所立而不濟是吾義也召忽稱管仲爲兄與我齊國之政謂使知政也今受君令而立子糾不改其所奉更有所立不濟而死是爲臣之義也管仲曰夷吾之爲君臣也言己立君臣之義與召忽異將承君命奉社稷以持宗廟豈死一糾哉言當爲宗廟社稷致死不死於一糾夷吾之所死者社稷破宗

廟滅祭祀絕則夷吾死之非此三者則夷吾生夷吾生則齊國利夷吾死則齊國不利鮑叔曰然則奈何管子曰子出奉令則可子出奉令則小白有所依故曰可鮑叔許諾乃出奉令遂傅小白鮑叔謂管仲曰何行問其事君當何所行管仲曰爲人臣者不盡力於君則不親信不爲君親信不親信則言不聽言不聽則社稷不定夫事君者無二心此事君之所行鮑叔許諾僖公之母弟夷仲年生公孫無知有寵於僖公衣服禮秩如適言無知之寵與適子同僖公卒以諸兒長得爲君是爲襄公襄公立后絀無知無知怒公令連稱管至父戍葵丘曰瓜時而往及瓜時而來期戍公問不至請代不許故二人因公孫無知以作亂魯桓公夫人文姜齊女也公將如齊與夫人皆行公謂桓公申俞諫曰不可申俞魯大夫也女有家男有室女有夫之家男有妻之室無相瀆也謂之有禮公不聽遂以文姜會

齊侯於濼文姜通於齊侯桓公聞責文姜文姜告齊侯齊侯怒饗公使公子彭生乘魯侯脅之（乘謂扶力升車拉其脅而殺之）公薨于車豎曼曰（豎曼齊大夫也）賢者死忠以振疑百姓寓焉（振救也賢者死於忠義以救當時之疑故百姓有所託焉寓寄託也）智者究理而長慮身得免焉（智者既盡理而謀慮又長故免於危亡）今彭生二於君（不以正道輔君而從之於昏故曰二）無盡言而諛行以戲我君使我君失親戚之禮命（無盡言謂不忠諫襄公通其妹故曰失親戚之禮命）又力成吾君之禍以構二國之怨（恃其多力拉殺魯君故曰力成吾君之禍）彭生其得免乎禍理屬焉（禍敗之理屬於彭生）夫君以怒遂禍（君怒魯桓彭生則遂成其禍）不畏惡親聞容昏生無醜也（君而通妹是謂惡親不畏此事遠聞而容忍之然此昏愚之生於不識其類故曰昏生無醜醜類也）豈及彭生而能止之哉（及如也禍由彭生則彭生力能之今而成禍故當誅之）魯若有誅必以彭生爲說二月魯人告齊曰寡君畏君之威不敢寧居來脩舊好禮成而不反無所歸死請以彭生除之齊人爲殺彭生以謝于魯五

月襄公田于貝丘見豕彘從者曰公子彭生也公怒曰公子
彭生安敢見射之豕人立而啼公懼墜於車下傷足亡屨反
誅屨於徒人費費不得也誅責鞭之見血費走而出遇賊於門脅
而束之費袒而示之背賊信之使費先入伏公而出鬬死于
門中石之紛如死于階下孟陽代君寢于牀賊殺之曰非君
也不類見公之足于戶下遂殺公而立公孫無知也鮑叔牙
奉公子小白奔莒管夷吾召忽奉公子糾奔魯九年公孫無
知虐於雍廩雍廩殺無知也桓公自莒先入魯人伐齊納公
子糾戰於乾時管仲射桓公中鉤魯師敗績桓公踐位於是
劫魯使魯殺公子糾劫謂興兵脅之桓公問於鮑叔曰將何以定社
稷鮑叔曰得管仲與召忽則社稷定矣公曰夷吾與召忽吾
賊也鮑叔乃告公其故圖故圖謂管仲本使鮑叔傅小白將立之公曰然則可得

乎鮑叔曰若亟召則可得也不亟不可得也夫魯施伯知夷
吾爲人之有慧也其謀必將令魯致政於夷吾夷吾受之則
彼知能弱齊矣夷吾不受彼知其將反於齊也必將殺之既不
受魯政而反於齊恐其將爲魯害故殺之公曰然則夷吾將受魯之政乎其否也鮑
叔對曰不受夫夷吾之不死糾也爲欲定齊國之社稷也今
受魯之政是弱齊也夷吾之事君無二心雖知死必不受也
君謂桓公公曰其於我也曾若是乎曾則也則能無二心如是乎鮑叔對曰非爲
君也爲先君也其於君不如親糾也言管仲親糾多於小白也糾之不死而
況君乎親尚不死疏則可知君若欲定齊之社稷則亟迎之管仲既志在定齊社稷故須急
迎之公曰恐不及奈何鮑叔曰夫施伯之爲人也敏而多畏多畏則念慮深
公若先反恐注怨焉必不殺也若先反管仲而施伯殺之齊必注怨故不敢公曰諾從鮑叔之
言也施伯進對魯君曰管仲有急其事不濟今在魯君其致

魯之政焉 有急難之事與小白爭國其事既不濟故來在魯可因此事而致政 若受之則齊可弱也
若不受則殺之殺之以說於齊也與同怒尚賢於已 施伯恐管仲反齊爲
害欲殺之有若與齊同怒如此猶賢於不殺也 君曰諾魯未及致政而齊之使至曰夷吾
與召忽也寡人之賊也今在魯寡人願生得之若不得也是
君與寡人賊比也魯君問施伯施伯曰君與之臣聞齊君惕
而亟驕雖得賢庸必能用之乎 庸猶何也 及齊君之能用之也管
子之事濟也 及猶就也就令能用之管子之事必濟也 夫管仲天下之大聖也今彼反
齊天下皆鄉之豈獨魯乎今若殺之此鮑叔之友也鮑叔因
此以作難君必不能待也 齊國強鮑叔賢故不能待待猶擬 不如與之魯君乃遂
束縛管仲與召忽管仲謂召忽曰子懼乎召忽曰何懼乎
吾不蚤死將胥有所定也 胥待 今既定矣 謂小白已定齊 令子相齊之
左必令忽相齊之右雖然殺君而用吾身是再辱我也 君謂

（子也）子爲生臣忽爲死臣（生則定社稷死則顯忠義）忽也知得萬乘之政而死
公子糾可謂有死臣矣子生而霸諸侯公子糾可謂有生臣
矣死者成行（死成忠義之行）生者成名（生定社稷之名）名不兩立（既成生名不可又成死名）
行不虛至（必致身受命乃謂之行也）子其勉之死生有分矣乃行入齊境自
刎而死管仲遂入君子聞之曰召忽之死也賢其生也（召忽之生
不能霸諸侯）管仲之生也賢其死也（管仲之死不成九合之功）或曰明年（集書者更聞異說故
言或曰明年襄公立之明年也）襄公逐小白小白走莒三年襄公薨公子糾踐
位國人召小白鮑叔曰胡不行矣小白曰不可夫管仲知召
忽強武雖國人召我我猶不得入也鮑叔曰管仲得行其知
於國國可謂亂乎（管仲得行其智於國國則不亂今亂是不得行其智）召忽強武豈能獨圖
我哉（國人既召小白則不與召忽圖我）小白曰夫雖不得行其知豈且不有焉乎
（直是智不行不得言無智）召忽雖不得衆其反豈不足以圖我哉（召忽雖不得衆若反獨能

圖我鮑叔對曰夫國之亂也智人不得作内事智人作内事則其國理朋友不能相合摎而國乃可圖也摎交入也朋友不能相交合則黨與弱故乃可圖乃命車駕鮑叔御小白乘而出於莒小白曰夫二人者奉君令吾不可以試也二人謂管仲召忽奉君令則致死拒我故不可試也乃將下鮑叔履其足曰事之濟也在此時事若不濟老臣死之公子猶之免也鮑叔言事若不濟則已致死公子猶可得免脱乃行至於邑郊鮑叔令車二十乘先十乘後二十乘先鮑叔欲與之入國十乘後令衛公子鮑叔乃告小白曰夫國之疑二三子莫忍老臣二三子謂從小白者不忍違老臣故相從中心實疑事之未濟也老臣是以塞道以事未濟故以二十乘先行塞道鮑叔乃誓曰事之濟也聽我令事之不濟也免公子者爲上死者爲下吾以五乘之實距路鮑叔於前二十乘更將五乘先行距路不令子糾之黨得及小白鮑叔乃爲前驅遂入國逐公子糾管仲射小白中鉤管仲與公子糾召忽遂走魯桓公踐位魯伐齊納公子糾而不能

桓公二年踐位（入國二年方得踐位）召管仲管仲至公問曰社稷可定乎管仲對曰君霸王社稷定君不霸王社稷不定公曰吾不敢至於此其大也定社稷而已管仲又請君曰不能管仲辭於君曰君免臣於死臣之幸也然臣之不死糺也爲欲定社稷也社稷不定臣祿齊國之政而不死糺也臣不敢（既不死糺室食齊政之祿而不定社稷臣則不敢言將致死）乃走出至門公召管仲管仲反公汗出勿已其勉霸乎（必欲令霸王而不已我將勉力而求霸也）管仲再拜稽首而起曰今日君成霸臣貪承命趨立於相位（君既許霸臣貪於承命故趨立相位）乃令五官行事

異日公告管仲曰欲以諸侯之間無事也小脩兵革管仲曰不可百姓病公先與百姓而藏其兵（百姓困病當先賦與之而兵事且可藏）與其厚於兵不如厚於人（人厚兵自強）齊國之社稷未定公未始於人而始於兵外不親於諸侯內不親於民公曰諾政未能有行

也二年桓公彌亂(不盡行夷吾之言故彌亂)又告管仲曰欲繕兵管仲又曰不可公不聽果為兵桓公與宋夫人飲舡中夫人蕩舡而懼公公怒出之宋受而嫁之蔡侯明年公怒告管仲曰欲伐宋管仲曰不可臣聞內政不脩外舉事不濟公不聽果伐宋諸侯興兵而救宋大敗齊師公怒歸告管仲曰請脩革吾士不練吾兵不實諸侯故敢救吾讎內脩兵管仲曰不可齊國危矣內奪民用士勸於勇外亂之本也(脩兵則用廢故曰奪人用士所勸者唯勇則輕敵故為外亂之本也)外犯諸侯民多怨也(外犯必多殘害故為人所怨)為義之士不入齊國(君為不義故義士不歸也)安得無危鮑叔曰公必用夷吾之言公不聽乃令四封之內脩兵關市之征侈之(侈謂過常也謂重其稅賦)公乃遂用以勇授祿(士勇則與之祿)鮑叔謂管仲曰異日者公許子霸今國彌亂子將何如管仲曰吾君惕其智多誨(智多則可試誨之也)姑少胥其

自及也胥待也待其自能及道 鮑叔曰比其自及也國無闕亡乎管仲曰
未也國中之政夷吾尚微爲焉亂乎尚可以待國政微爲則未至亂可待君自
及外諸侯之佐既無有吾二人者未有敢犯我者諸侯之佐既無有如我二
人故不敢犯我 明年朝之爭祿相刺裚子計而刎頸者不絕裚謂掣斷之也 鮑叔
謂管仲曰國死者衆矣毋乃害乎管仲曰安得已然此皆其
貪民也貪人爭祿自殘亦未能自爲害也 夷吾之所患者諸侯之爲義者莫
肯入齊齊之爲義者莫肯仕此夷吾之所患也有義之士內外不歸亂亡立至
故可患也 若夫死者吾安用而愛之貪人自相殺傷吾何能惜之 公又內脩兵
三年桓公將伐魯曰魯與寡人近謂國相隣 於是其救宋也疾疾謂
先諸侯至 寡人且誅焉管仲曰不可臣聞有土之君不勤於兵不
忌於辱不輔其過則社稷安勤於兵忌於辱輔其過則社
稷危公不聽興師伐魯造於長勺魯莊公興師逆之大敗

之桓公曰吾兵猶尚少吾參圍之安能圍我（吾以三倍之兵圍之則何能圍我）四年脩兵同甲十萬（同甲謂完堅齊等）車五千乘謂管仲曰吾士既練吾兵既多寡人欲服魯管仲喟然嘆曰齊國危矣君不競於德而競於兵（人君當以德義服遠不當競於兵也）天下之國帶甲十萬者不鮮矣吾欲發小兵以服大兵（欲以齊國服諸侯而致霸王故曰以小兵而服大兵也）內失吾衆（謂數搖動之則衆疲而散）諸侯設備（數見侵伐故設備）吾人設詐（力不足則詐以繼之）國欲無危得已乎公不聽果伐魯魯不敢戰去國五十里而爲之關（更立國界而爲之關）魯請比於關內以從于齊齊亦毋復侵魯（魯請從服於齊供其徵求比於齊之關內）桓公許諾魯人請盟曰魯小國也固不帶劍今而帶劍是交兵聞於諸侯君不如已（若以交兵聞於諸侯不如止而不盟也）請去兵桓公曰諾乃令從者毋以兵管仲曰不可諸侯加忌於君君如是以退可（忌怨也諸侯欲以結盟致怨於君今請不盟從此即退可也）君果弱魯君諸侯又加貪於

君若果弱魯諸侯又以貪名加君後有事小國彌堅大國設備既有貪忌之名故皆設備非齊國之利也桓公不聽管仲又諫曰君必不去魯胡不用兵曹劌之爲人也堅強以忌不可以約取也不可以盟取信也桓公不聽果與之遇莊公自懷劒曹劌亦懷劒踐壇莊公抽劒其懷曰魯之境去國五十里亦無不死而已左椹桓公右自承曰均之死也戮死於君前左手舉劒將椹桓公且以右手自承而言曰齊迫魯境亦死今殺君亦死同是死也將殺君次自殺故曰均之死也戮死於君前管仲走君曹劌抽劒當兩階之閒曰二君將改圖無有進者拔劒當階所以拒管仲言魯齊二君將欲改先者之所圖今不當有進者也管仲曰君與地以汶爲竟桓公許諸以汶爲竟而歸桓公歸而脩於政不脩於兵革自圉辟人以過弭師既不脩其兵革故出入自圉辟其人以先者之過故弭息其師五年宋伐杞桓公謂管仲與鮑叔曰夫宋寡人固欲伐之無若諸侯何無若諸侯救宋何夫杞明王之後也杞夏之後今宋伐之予欲救

之其可乎管仲對曰不可臣聞內政之不脩外舉義不信君
將外舉義以行先之（以內行先之）則諸侯可令附桓公曰於此不救
後無以伐宋（令不救杞後無辭以伐宋）管仲曰諸侯之君不貪於土貪於土
必勤於兵勤於兵必病於民民病則多詐夫詐密而後動者
勝（密靜）詐則不信於民夫不信於民則亂內動則危於身是以
古之人聞先王之道者不覺於兵（兵者凶器覺之則危）桓公曰然則奚若
管仲對曰以臣則不（以臣之意則不與君同）而令人以重幣使之（以重幣使宋令罷杞兵）
使之而不可（謂宋不從令）君受而封之（受杞告命而建封之）桓公問鮑叔曰奚若
鮑叔曰公行夷吾之言公乃命曹孫宿使於宋宋不聽果伐
杞（宋果伐杞）桓公築緣陵以封之（緣陵杞城）予車百乘甲一千（謂與杞也）明年
狄人伐邢邢君出致於齊（致命於齊以告急）桓公築夷儀以封之（夷儀邢城）
予車百乘卒千人明年狄人伐衛衛君出致於虛（虛地名詩所謂升彼虛矣）

以望楚矣桓公且封之隰朋賓胥無諫曰不可三國所以亡者絕以小小國之亡理則然矣不當封也今君歡封亡國國盡若何國之車盡於封亡國其若之何桓公問管仲曰奚若管仲曰君有行之名安得有其實既有行封之名則當虛國而爲之安得有其富實乎君其行也公又問鮑叔鮑叔曰君行夷吾之言桓公築楚丘以封之與車三百乘甲五千既以封衛明年桓公問管仲將何行更問以所行之政也管仲對曰公內脩政而勸民可以信於諸侯矣君許諾乃輕稅弛關市之征爲賦祿之制既已謂已行上事管仲又請曰問病臣臣有病者君當慰問之願賞而無罰五年諸侯可令傳行此五年可令諸侯親附公曰諾既行之管仲又請曰諸侯之禮請諸侯交聘之禮令齊以豹皮往小侯以鹿皮報齊以馬往小侯以犬報往重報輕所謂大國善下小國則取小國桓公許諾行之管仲又請賞於國以及諸侯君曰諾行之管仲賞於國中君賞於諸侯諸侯之君有

行事善者以重幣賀之從列士以下有善者衣裳賀之（列士謂齊之列士管仲自以衣裳賀之）凡諸侯之臣有諫其君而善者以璽問之以信其言（謂桓公以璽問之以信驗其所諫之言爲善）公既行之又問管仲曰何行管仲曰隰朋聰明捷給可令爲東國（東國謂自齊東之國令隰朋理之）賓胥無堅強以良可以爲西土（西土齊西之土令胥無之國與士交兵）衛國之教危傅以利（謂其教既高危且相傅以利謂以利成俗）公子開方之爲人也慧以給不能久而樂始可游於衛（其人性輕率不能持久所謂靡不有初鮮克有終故曰樂始使此人游於衛誘動之令歸於齊也）魯邑之教好邇而訓於禮（既訓學於禮禮者所以飾貌故曰好邇邇近也）季友之爲人也恭以精博於糧多小信可游於魯（博於糧謂多委積）楚國之教巧文以利不好立大義而好立小信蒙孫博於教而文巧於辭不好立大義而好結小信可游於楚小侯既服大侯既附（厚往輕報所以服小侯游三人於三國所以附大侯）夫如是則始可以施政矣君曰諾乃游公子開方於衛游季

友於魯游蒙孫於楚五年諸侯附狄人伐謂入伐齊桓公告諸侯
曰請救伐諸侯許諾大侯車二百乘卒二千人小侯車百乘
卒千人諸侯皆許諾齊車千乘卒可致緣陵先者使卒戍緣陵今有狄難故致之
戰於後故敗狄後故地名其車甲與貨小侯受之謂敗狄所得車甲及貨盡與小侯
大侯近者以其縣分之不踐其國近齊之大侯則以齊縣分之終不踐其國以侵之北州
侯莫來謂不來救齊北州謂北之州即幽州營州等桓公遇南州侯於召陵謂伐楚盟於召陵也
曰狄爲無道犯天子令以伐小國小國齊自謂以天子之故敬天之命
令以救伐言諸侯以敬順天命救齊伐狄北州侯莫至上不聽天子令下無禮諸
侯寡人請誅於北州之侯諸侯許諾桓公乃北伐令支令支國名
下鳧之山斬孤竹孤竹國名斬其君遇山戎顧問管仲曰將何行管仲
對曰君教諸侯爲民聚食諸侯之兵不足者君助之發如此
則始可以加政矣既使諸侯足食足兵然後可以加之政也桓公乃告諸侯必足三年

之食安有三年食然後可安以其餘脩兵革兵革不足以引其事告齊
齊助之發諸侯兵之不足當引其事之闕者以告齊齊當發卒以助之也既行之公又問管仲曰何
行管仲對曰君會其君臣父子會謂考合其君臣父子之宜則可以加政矣
公曰會之道奈何曰諸侯無專立妾以爲妻毋專殺大臣無
國勞毋專予祿於國無勞者不得專予祿士庶人毋專棄妻毋曲隄所謂無障
谷也毋貯粟毋禁材山澤之材當與人共之也行此卒歲則始可以罰矣行之終歲
而有不從者可以加刑罰君乃布之於諸侯諸侯許諾受而行之卒歲吳人
伐穀穀齊之下都後以封管仲桓公告諸侯未徧諸侯之師竭至以待桓公
竭至言其盡來桓公以車千乘會諸侯於竟都師未至吳人逃齊都之師尚未至而
吳人逃也諸侯皆罷桓公歸問管仲曰將何行管仲曰可以加政
矣諸侯服從如此故可以加之政曰從今以往二年適子不聞孝不聞愛其弟不
聞敬老國良其老者國之賢良也三者無一焉可誅也無一尚可誅況無三乎諸侯之

臣及國事三年不聞善可罰也（及國事預知國政三年不聞善則不賢也故可罰）君有過大夫不諫士庶人有善而大夫不進可罰也士庶人聞之吏賢孝悌可賞也（士庶人有賢孝悌聞之於吏則可賞也）桓公受而行之近侯莫不請事（近齊之諸侯皆請齊徵賦之事）兵車之會六（兵車之會謂興兵有所伐）乘車之會三（乘車之會謂結好息人之會也）饗國四十有二年桓公踐位十九年弛關市之征（征賦也）五十而取一（取其貨賄五十之一）賦祿以粟案田而稅（案知其壤墳而稅之）二歲而稅一（率二歲而一稅之）上年什取三中年什取二下年什取一歲飢不稅（歲飢謂時歲總飢故不稅）歲飢弛而稅（此歲飢謂有飢者有不飢者故弛飢而稅不飢）桓公使鮑叔識（音志）君臣之有善者晏子識不仕與耕者之有善者（不仕謂餘子未仕者）高子識工賈之有善者國子爲李（李獄官也）隰朋爲東國賓胥無爲西土弗鄭爲宅（爲宅掌脩除宫室）凡仕者近公（仕者有公事職務故近公）不仕與耕者近門（不仕與耕者當出入田野故近於外門）工賈近市三十里

置遽委焉有司職之（遽今之郵驛也委謂當有儲擬以供過者立官以主之）從諸侯欲通（謂從諸侯欲通於齊）吏從行者令一人爲負以車（其吏從行而來者遽之有司當令一人以車爲負載其行裝）若宿者令人養其馬食其委（其客若宿即以所委食之）客與有司別契（別契謂分別其契以知眞僞也）至國八契（自郊至國八契則二百五十里之郊地相距爲五百里此周之大國也）費義數而不當有罪（義謂供客之禮徒費義數而於事不當者罪之）凡庶人欲通鄉吏不通七日囚（庶人有所陳訴通於君鄉吏抑而不通事經七日者則囚其吏鞠劾其所以也）出欲通吏不通五日囚（出謂欲適他國）貴人子欲通吏不通三日囚凡縣吏進諸侯士而有善觀其能之大小以爲之賞有過無罪（賞雖過能亦不罪也）令鮑叔進大夫勸國家（升進大夫令之勉勞國家之事）得之成而不悔爲上舉（得此大夫故有成功終然允當無有可悔如此者舉善之上）從政治爲次（所進大夫從政而能理者次上成功也）野爲原又多不發起訟不驕次之（所進大夫有能勸勉農人開闢荒野皆爲原田又教之和通不相告發雖有起而訟者莫不恭恪不爲驕傲此又其次也）勸國家得之成而悔從政雖治而不能野原又多發起訟

驕行此三者爲下令晏子進貴人之子（晏子平仲之先）出不仕（不仕則樂道深）處不華（不華則無過失）而友有少長（友有少長則遵禮經）爲上舉（全此三者故爲上）得二爲次（得二三之二也）得一爲下士處靖（靖卑敬皃）敬老與貴（敬老敬貴近於親）交不失禮行此三者爲上舉得二爲次得一爲下耕者農農用力（勤而不惰）應於父兄（孝且義）事賢多（擇善而從故能多）行此三者爲上舉得二爲次得一爲下令高子進工賈應於父兄事長養老承事敬（承奉君敬而從之也）行此三者爲上舉得二者爲次得一者爲下令國子以情斷獄（定罪罰者貴得其情）三大夫既已選舉使縣行之（三大夫謂鮑叔晏子高子）管仲進而舉言上而見之於君（見三大夫所選舉者此言選舉者國子主斷獄故不在三大夫之數）以卒年君舉（卒年謂終年如此管仲所進者君舉用之也）管仲告鮑叔曰勸國家不得成而悔從政不治不能野原又多而發（言相告發）訟驕（既訟而驕）凡三者有罪無赦告晏子曰貴人子處華下（處華屋之下則淫泆）交好飲食

重交好則挾朋黨嗜飲食則道情薄行此三者有罪無赦士出入無常不敬老而
營富行此三者有罪無赦耕者出入不應於父兄用力不農
不事賢行此三者有罪無赦告國子曰工賈出入不應父兄
承事不敬而違老治危危傾險也行此三者有罪無赦凡於父兄
無過州里稱之吏進之君用之無過於父兄見稱於州里吏進此人君必用之有善無賞
有過無罰吏不進廉意有善不能賞有過不能罰吏則苟免而已故不進廉意也於父兄無過
於州里莫稱吏進之君用之善爲上賞不善吏有罰雖無過於父兄
而州里不稱吏進此人君承用之其人善則吏受上賞不善則吏當罰君謂國子凡貴賤之義入與父
俱父貴而子賤也出與師俱師貴而資賤也上與君俱君貴而臣賤凡三者遇賊不
死不知賊則無赦言人於此三者所在當致死所謂在三如一今賊將害此三者遇之而不能死有賊而又不知則不臣不子也
故無赦也斷獄情與義易義與祿易凡斷獄者所以止罪邪止罪邪所以興禮義今犯罪者非以乘
辟易義則以姦僞易祿也易祿可無斂有可無赦姦僞易祿者既當罰其罪可無斂其祿然今所有罪必無赦之也

管子卷第七

管子卷第八　　　唐司空房　玄齡　注

中匡第十九　　小匡第二十

王言第二十一　　內言二

中匡第十九

管仲會國用三分二在賓客（二以供賓客）其一在國管仲懼而復之（復白也以賓客之費太半故白之）公曰吾子猶如是乎（以吾子爲賢當以供賓之義爲急務尚懼而白之乎）四鄰賓客入者說出者譽（入見禮而悅者出必爲延譽也）光名滿天下入者不說出者不譽汙名滿天下壤可以爲粟（播壤則生粟）木可以爲貨（破木成器則貨）粟盡則有生貨散則有聚君人者名之爲貴財安可有（有財則失名故不可有）

管仲曰此君之明也公曰民辦軍事矣則可乎對曰不可甲兵未足也請薄刑罰以厚甲兵於是死罪不殺刑罪不罰使以甲兵贖（有罪使出甲兵以贖之也）死罪以犀甲一戟刑罰以脅盾一戟（脅盾也既

出盾又令出一戟也過罰以金過誤致罰出金以贖之軍無所計而訟者成以束矢不計於軍事而以私訟者令出束矢以平其罪成平也公曰甲兵既足矣吾欲誅大國之不道者可乎對曰愛四封之內而后可以惡竟外之不善者先施愛於四封之內則士致死故可以惡竟外之不善安卿大夫之家而后可以危救敵之國卿大夫家安則大臣盡力故以危救敵之國賜小國地而后可以誅大國之不道者舉賢良而后可以廢慢法鄙賤之民是故先王必有置也而后必有廢也必有利也而后必有害也桓公曰昔三王者既弒其君今言仁義則必以三王爲法度不識其故何也對曰昔者禹平治天下及桀而亂之湯放桀以定禹功也湯平治天下及紂而亂之武王伐紂以定湯功也且善之伐不善也自古至今未有改之君何疑焉公又問曰古之亡國其何失對曰計得地與寶而不計失諸侯計得財委而不計失百姓計見親而不計

見棄三者之屬一足以削遍而有者亡矣古之隳國家隕社稷者非故且為之也必少有樂焉不知其陷於惡也桓公謂管仲曰請致仲父（仲父者尊老有德之稱桓公欲尊事管仲故以仲父之號致之）公與管仲父而將飲之（行飲酒禮以尊顯之）掘新井而柴焉（新井而又柴蓋之欲以絜清示敬之）十日齋戒召管仲管仲至公執爵夫人執尊觴三行管仲趨出公怒曰寡人齋戒十日而飲仲父寡人自以為脩矣仲父不告寡人而出其故何也（謂不辭而出所以怒）鮑叔隰朋趨而出及管仲於途曰公怒管仲反入倍屏而立公不與言少進中庭公不與言少進傅堂公曰寡人齋戒十日而飲仲父自以為脫於罪矣仲父不告寡人而出未知其故也對曰臣聞之沉於樂者洽於憂（樂過則憂傳）厚於味者薄於行慢於朝者緩於政害於國家者危於社稷臣是以敢出也公遽下堂曰寡人非敢自為脩也仲父年長雖

寡人亦衰矣，吾願一朝安仲父也。言俱至於衰老，故欲一朝樂飲而爲安。對曰：臣聞壯者無怠，老者無偷，順天之道，必以善終者也。三王失之也，非一朝之萃。其所由來者漸矣，非一朝萃集也。君柰何其偷乎？管仲走出，君以賓客之禮再拜送之。明日，管仲朝，公曰：寡人願聞國君之信。對曰：民愛之，鄰國親之，天下信之，此國君之信。公曰：善。請問信安始而可？對曰：始於爲身，中於爲國，成於爲天下。公曰：請問爲身。對曰：道血氣以求長年、長心、長德。長心謂謀慮遠也，長德謂恩施廣也。此爲身也。公曰：請問爲國。對曰：遠舉賢人，慈愛百姓，外存亡國，繼絕世，起諸孤。孤謂死王事者子孫。薄稅斂，輕刑罰，此爲國之大禮也。法行而不苛，刑廉而不赦，有司寬而不淩。不虐惸獨。菀濁困滯，皆法度不亡也。鬱濁謂穢塞不絜清者也，困滯謂疲羸微隱者也。有如此者，皆以法度加之，不令有所失亡也。往行不來，而民游世矣。其行法度者，但往行而進，不却來而退，而人以此自得行於世也。此爲天下也。

小匡第二十　　內言三

桓公自莒反于齊使鮑叔牙爲宰鮑叔辭曰臣君之庸臣也君有加惠於其臣使臣不凍飢則是君之賜也若必治國家則非臣之所能也其唯管夷吾乎臣之所不如管夷吾者五寬惠愛民臣不如也治國不失秉臣不如也秉柄也柄所操以作事國柄者賞罰之紀要也忠信可結於諸侯臣不如也制禮義可法於四方臣不如也介胄執枹立於軍門使百姓皆加勇臣不如也枹擊鼓槌夫管仲民之父母也將欲治其子不可棄其父母公曰管夷吾親射寡人中鉤殆於死今乃用之可乎鮑叔曰彼爲其君動也君若宥而反之其爲君亦猶是也公曰然則爲之柰何鮑叔曰君使人請之魯公曰施伯魯之謀臣也彼知吾將用之必不吾予也鮑叔曰君詔使者曰寡君有不令之臣在君之國願

請之以戮羣臣戮以徇羣臣魯君必諾且施伯之知夷吾之才必將致魯之政既知其材故授以國政夷吾受之則魯能弱齊矣夷吾不受彼知其將反於齊必殺之公曰然則夷吾受乎鮑叔曰不受也夷吾事君無二心公曰其於寡人猶如是乎對曰非爲君也爲先君與社稷之故君若欲定宗廟則亟請之不然無及也公乃使鮑叔行成成平也與魯平曰公子糾親也請君討之魯人爲殺公子糾又曰管仲讎也請受而甘心焉魯君許諾施伯謂魯侯曰勿予非戮之也將用其政也用之使知政管仲者天下之賢人也大器也在楚則楚得意於天下在晉則晉得意於天下在狄則狄得意於天下今齊求而得之則必長爲魯國憂君何不殺而受之其屍魯君曰諾將殺管仲鮑叔進曰殺之齊是戮齊也言戮以徇齊也殺之魯是戮魯也以誅羣臣弊邑寡君願生得之以

徇於國爲羣臣僇戮之以誡羣臣若不生得是君與寡君賊比也言親吾賊非弊邑之君所謂也使臣不能受命於是魯君乃不殺遂生束縛而柙以予齊柙檻鮑叔受而哭之三舉三舉其聲僞哀其將死也施伯從而笑之笑其僞也謂大夫曰管仲必不死夫鮑叔之忍不僇賢人言多所容忍必不僇賢人其智稱賢以自成也稱舉也鮑叔相公子小白先入得國得國人心管仲召忽奉公子糾後入與魯以戰能使魯敗與魯師與齊戰能使魯敗而齊克也功足以得天與失天其人事一也管仲本圖將立小白令能敗魯而勝齊是其功也故於齊爲得天於魯爲失天至於能成人事則一令魯懼殺公子糾召忽囚管仲以予齊鮑叔知無後事既得管仲則知後無禍難之事也必將勤管仲以勞其君必採管仲本敗魯勝齊之意以成其功勤而慰勞其君也願以顯其功衆必予之願君試用管仲以顯其定齊之功如此衆必與之與許也有得力死之功猶尚可加也顯生之功將何如是假令管仲力死成功但一時之事耳猶尚可加況不恥垢辱忍而生全齊將得之而霸以顯其本謀之功何善如之乎言不可加也昭德以貳君也言昭管仲之德以爲

君之副貳鮑叔之知不是失也（以鮑叔之智能及此圖必不失也）至於堂阜之上（堂阜地名）鮑叔祓而浴之三（祓謂除其凶邪之氣）桓公親迎之郊管仲詘纓捷衽（示將就戮）使人操斧而立其後（操斧者將受斧鉞之誅也）公辭斧三然後退之（退操斧者）公曰垂纓下衽寡人將見管仲再拜稽首曰應公之賜殺之黃泉死且不朽（言君賜之死尚感恩不朽況生之乎）公遂與歸禮之於廟三酌而問爲政焉曰昔先君襄公高臺廣池湛樂飲酒田獵畢弋不聽國政卑聖侮士唯女是崇九妃六嬪（九妃謂諸侯所娶九女天子九嬪諸侯六也）陳妾數千食必粱肉衣必文繡而戎士凍飢戎馬待游車之弊（游車弊然後以爲戎車）戎士待陳妾之餘（陳妾食餘然後以食戎士）倡優侏儒在前而賢大夫在後是以國家不日益不月長吾恐宗廟之不掃除社稷之不血食敢問爲之柰何管子對曰昔吾先王周昭王穆王世法文武之遠迹以成其名合羣國比校民之有道者設象以

爲民紀校誠其人有道者與之設法象而爲人紀式美以相應比綴以書原本窮末其所用美事必令始終相應然後次比緝綴書之簡策故能原其本窮其末無不錯綜也勸之以慶賞糾之以刑罰糞除其顛旄顛謂高之項人或不墾闢旄者所以誓勸兵士言能務農息兵故糞其顛而除其旄賜予以鎮撫之以爲民終始公曰爲之柰何管子對曰昔者聖王之治其民也參其國而伍其鄙定民之居成民之事以爲民紀謹用其六秉如是而民情可得而百姓可御桓公曰六秉者何也管子曰殺生貴賤貧富此六秉也桓公曰參國柰何管子對曰制國以爲二十一鄉商工之鄉六士農之鄉十五公帥十一鄉高子帥五鄉國子帥五鄉參國故爲三軍公立三官之臣謂三軍之官也市立三鄉工立三族澤立三虞山立三衡自三鄉已下毎皆置其官制五家爲軌軌有長十軌爲里里有司四里爲連連有長十連爲鄉鄉有良人三鄉一帥桓公曰五鄙柰何管子對曰制五

家爲軌軌有長六軌爲邑邑有司十邑爲率率有長十率爲鄉鄉有良人三鄉爲屬屬有帥五屬一大夫武政聽屬（以武爲政者聽於屬）文政聽鄉各保而聽（鄉屬之聽各自保之）毋有淫泆者桓公曰定民之居成民之事奈何管子對曰士農工商四民者國之石民也（四者國之本猶柱之石也故曰石也）不可使雜處雜處則其言哤其事亂（哤亂也）是故聖王之處士必於間燕（處士間燕則謀議審）處農必就田壄處工必就官府處商必就市井（立市必四方若造井之制故曰市井）今夫士羣萃而州處間燕（每州之士羣萃共處間燕謂學校之處）則父與父言義子與子言孝其事君者言敬長者言愛幼者言弟且昔從事於此（且昔猶朝夕也）以教其子弟少而習焉其心安焉不見異物而遷焉（異物謂異事非其所當習者）是故其父兄之教不肅而成其子弟之學不勞而能夫是故士之子常爲士今夫農羣萃而州處審其四時權節（於四時中又權量其節之早晚）具備其械器用

械器皆謂田器比耒耜穀芨比偶其耒耜及穀芨穀芨小於耒耜一人執之以隨耒耜之後重治其覆遺芨音撻及寒擊槀
除田以待時乃耕冬寒之月即擊去其草之槀者修除其田以待春之耕也深耕均種疾耰耰謂復種
既已均種當疾耰之先雨芸耨以待時雨時雨既至挾其槍刈耨鎛在掖曰挾
槍椿也刈鐮也耨鎡錤也鎛鉏也以旦暮從事於田壄稅衣就功脫其常服以就功役便事而省費
別苗莠列疏遫遫密也謂苗之疏者當均列之首戴苧蒲苧蒻也編苧與蒲以為笠身服襏襫
襏襫謂麤堅之衣可以任苦著者也沾體塗足暴其髮膚盡其四支之力以疾
從事於田野少而習焉其心安焉不見異物而遷焉是故其
父兄之教不肅而成其子弟之學不勞而能是故農之子常
為農樸野而不慝農人之子朴質而野不為姦慝其秀才之能為士者則足賴
也農人之子有秀異之材可為士者即所謂生而知之不習而成者也故其賢足可賴也故以耕則多粟以仕則
多賢是以聖王敬畏戚農有司見之而不以告其罪五有司
已於事而竣以農民能致粟又秀材生焉故聖王敬畏農而戚近之令夫工羣萃而州處相

良材審其四時辨其功苦（功謂堅美苦謂濫惡）權節其用論比計制斷器尚完利（裁斷爲器貴於完利）相語以事相示以功相陳以巧相高以知事（以其能知器用之事相高）旦昔從事於此以教其子弟少而習焉其心安焉不見異物而遷焉是故其父兄之教不肅而成其子弟之學不勞而能夫是故工之子常爲工令夫商羣萃而州處觀凶飢審國變察其四時而監其鄉之貨（監視也）以知其市之賈負任擔荷服牛輅馬以周四方料多少計貴賤以其所有易其所無買賤鬻貴是以羽旄不求而至竹箭有餘於國奇怪時來珍異物聚旦昔從事於此以教其子弟相語以利相示以時相陳以知賈（賈知物價相與陳說）少而習焉其心安焉不見異物而遷焉是故其父兄之教不肅而成其子弟之學不勞而能夫是故商之子常爲商相地而衰其政則民不移矣（相地沃瘠以差其政則人安其）

（沃墝而不移衰差也音楚危反）正旅舊則民不惰（國之軍旅正之以從舊貫則稟令而不惰）山澤各以其時至則民不苟（苟謂非時入山澤也）陵陸丘井田疇均則民不惑無奪民時則百姓富犧牲不勞則牛馬育（汪過用謂之勞）桓公又問曰寡人欲脩政以干時於天下其可乎（干求也時時見曰會欲求天下諸侯脩時見之會）管子對曰可公曰安始而可管子對曰始於愛民公曰愛民之道奈何管子對曰公修公族家修家族使相連以事相及以祿則民相親矣（相連以事則人慣狎相及以祿則恩情生故有親也）放舊罪修舊宗立無後則民殖矣（放舊罪則全人命修舊宗則收散親立無後則繼絕世故人殖殖生也）省刑罰薄賦斂則民富矣鄉建賢士使教於國則民有禮矣出令不改則民正矣此愛民之道也公曰民富而以親則可以使之乎管子對曰舉財長工以止民用（工能積財舉而長之民則慕而不費用矣）陳力尚賢以勸民知（賢能陳力而崇上之民則勸而學智矣）加刑無苛以濟百姓行之無私則足以容衆矣出言必

信則令不窮矣此使民之道也桓公曰民居定矣事已成矣吾欲從事於天下諸侯其可乎（欲從會事）管子對曰未可民心未吾安公曰安之柰何管子對曰脩舊法擇其善者舉而嚴用之慈於民予無財（貧無財者當施與之）寬政役敬百姓則國富而民安矣公曰民安矣其可乎管仲對曰未可君若欲正卒伍修甲兵則大國亦將正卒伍修甲兵君有征戰之事則小國諸侯之臣有守圉之備矣然則難以速得意於天下公欲速得意於天下諸侯則事有所隱而政有所寓（不顯習其兵事故曰事有所隱軍政寓之田獵故曰政有所寓）公曰爲之柰何管子對曰作內政而寓軍令焉爲高子之里爲國子之里爲公里三分齊國以爲三軍擇其賢民使爲里君（每里皆使賢者爲君）鄉有行伍卒長則其制令且以田獵因以賞罰（因田獵之功過行賞罰）則百姓通於軍事矣桓公曰善於是乎管子乃制五家

以爲軌軌爲之長十軌爲里里有司四里爲連連爲之長十連爲鄉鄉有良人以爲軍令是故五家爲軌五人爲伍軌長率之十軌爲里故五十人爲小戎里有司率之四里爲連故二百人爲卒連長率之十連爲鄉故二千人爲旅鄉良人率之五鄉一師故萬人一軍五鄉之師率之三軍故有中軍之鼓（中軍則公之里卒也）有高子之鼓有國子之鼓春以田曰蒐振旅（因寓軍政而且整旅）秋以田曰獮治兵（順殺氣因治兵）是故卒伍政定於里軍旅政定於郊内教既成令不得遷徙故卒伍之人人與人相保家與家相愛少相居長相游祭祀相福死喪相恤禍福相憂居處相樂行作相和哭泣相哀是故夜戰其聲相聞足以無亂晝戰其目相見足以相識驩欣足以相死是故以守則固以戰則勝君有此教士三萬人以横行於天下（教士謂先教習之士）誅無道以定周

室天下大國之君莫之能圍也正月之朝鄉長復事復白公也親問焉曰於子之鄉有居處爲義好學聰明質仁慈孝於父母長弟聞於鄉里者有則以告有而不以告謂之蔽賢其罪五謂其罪當入於五刑而定其罰有司已於事而竣旣畢於上事而竣退公又問焉曰於子之鄉有拳勇股肱之力筋骨秀出於衆者有則以告有而不以告謂之蔽才其罪五有司已於事而竣公又問焉曰於子之鄉有不慈孝於父母不長弟於鄉里驕躁淫暴不用上令者有則以告有而不以告謂之下比下與有罪者比而掩蓋之其罪五有司已於事而竣於是乎鄉長退而脩德進賢明公親見之遂使役之官謂授之官而役之所以歷試其材能公令官長期而書伐以告伐功也且令選官之賢者而復之曰有人居我官有功休德維順端愨以待時使以愨善待時待可用之時也使民恭敬以勸其稱秉言則足以補

官之不善政（謂此人所稱柄之言可以補不善之政）公宣問其鄉里而有考驗（宣遍也遍
問其鄉里之人以考其所行皆有事驗）乃召而與之坐省相其質以參其成功成事
（既有考驗召而與坐更省視其質體以參驗其所成功之事也）可立而時設問國家之患而不肉（其人
既可將立之又時設問國家之患以知智謀之深淺不直相其骨肉而已肉者所謂皮相也）退而察問其鄉里以觀其
所能而無大過登以爲上卿之佐（爲鄉大夫之佐）名之曰三選（名此人曰三大夫所選）
高子國子退而脩鄉（朝事既畢二大夫又如前退脩於鄉鮑叔在朝故不言）鄉退而脩連連退
而脩里里退而脩軌軌退而脩家是故匹夫有善故可得而
舉也匹夫有不善可得而誅也政既成鄉不越長朝不越爵
罷士無伍（罷謂乏於德義者周禮所謂罷人不義之衆恥以爲伍也）罷女無家（罷女猶罷士衆恥娶之故無家）士三
出妻逐於境外（三出妻所謂士也冈極二三其德爲政者之所忌故逐於境外也）女三嫁入於舂穀（
三見出而嫁是不貞順者也故入於舂穀）是故民皆勉爲善士與其爲善於鄉不如爲
善於里與其爲善於里不如爲善於家（家善則鄉善矣所謂居家治理可移於官）是

故士莫敢言一朝之便皆有終歲之計莫敢以終歲爲議皆有終身之功（脩政則人無苟且）正月之朝五屬大夫復事於公擇其寡功者而譙之曰列地分民者若一何故獨寡功何以不及人教訓不善政事其不治一再則宥三則不赦公又問焉曰於子之屬有居處爲義好學聰明賢仁慈孝於父母長弟聞於鄉里者有則以告有而不以告謂之蔽賢其罪五有司已事而竣公又問焉曰於子之屬有拳勇股肱之力秀出於衆者有則以告有而不以告謂之蔽才其罪五有司已事而竣公又問焉曰於子之屬有不慈孝於父母不長弟於鄉里驕躁淫暴不用上令者有則以告有而不以告者謂之下比其罪五有司已事而竣於是乎五屬大夫退而脩屬屬退而脩連連退而脩鄉鄉退而脩卒卒退而脩邑邑退而脩家是

故匹夫有善可得而舉匹夫有不善可得而誅政成國安以守則固以戰則彊封内治百姓親可以出征四方立一霸王矣（可謂一霸王之功也）

桓公曰卒伍定矣事已成矣吾欲從事於諸侯其可乎管子對曰未可若軍令則吾旣寄諸内政矣夫齊國寡甲兵吾欲輕重罪而移之於甲兵公曰爲之柰何管子對曰制重罪入以兵甲犀脅二戟輕罪入蘭盾鞈革二戟（蘭即所謂蘭錡兵架也鞈革重革當心著之所以禦矢）小罪入以金鈞（三十斤曰鈞）分宥薄罪入以半鈞（分宥謂從坐者分其首犯而寛宥之）無坐抑而訟獄者正三禁之而不直則入一束矢以罰之（謂其人自無所坐而被抑屈爲訟者正當禁之三日得其不直者則令入束矢也）美金以鑄戈劍矛戟試諸狗馬惡金以鑄斤斧鉏夷鋸欘試諸木土（夷鋤類也鋸欘钁類也）桓公曰甲兵大足矣吾欲從事於諸侯可乎管仲對曰未可治内者未

具也爲外者未備也故使鮑叔牙爲大諫（所以諫正君）王子城父爲將弦子旗爲理（理獄官）甯戚爲田（教以農事自此已上理內也下理外）隰朋爲行（行謂行人也所以通使諸侯）曹宿孫處楚商容處宋季勞處魯徐開封處衛匽尚處燕審友處晉（令此諸賢各處諸侯之國者所以諷動之令歸齊也）又游士八千人奉之以車馬衣裘多其資粮財幣足之使出周游於四方以號召收求天下之賢士飾玩好使出周游於四方鬻之諸侯以觀其上下之所貴好擇其沈亂者而先政之（以政正也）公曰外內定矣可乎管子對曰未可鄰國未吾親也公曰親之奈何管子對曰審吾疆場反其侵地正其封界毋受其貨財而美爲皮幣以極聘覜於諸侯（覜見也）以安四鄰則鄰國親我矣桓公曰甲兵大足矣吾欲南伐何主（謂以何國爲征伐之主也）管子對曰以魯爲主反其侵地常潛（常潛地名）使海於有弊（或遇水灾教令出於海使有弊盡也）渠彌於

有陼（復教之穿渠彌亘於河渚）綱山於有牢（教之立國城必依山以爲綱紀而有牢固）桓公曰吾欲西伐何主管子對曰以衞爲主反其侵地吉臺原姑與柒里（皆地名）使海於有弊渠彌於有陼綱山於有牢桓公曰吾欲北伐何主管子對曰以燕爲主反其侵地柴夫吠狗（亦地名也）使海於有弊渠彌於有陼綱山於有牢四鄰大親既反其侵地正其封疆地南至于岱陰（謂岱山之北）西至於濟北至於海東至于紀隨（紀隨地名）地方三百六十里三歲治定四歲教成五歲兵出有教士三萬人革車八百乘諸侯多沈亂不服於天子於是乎桓公東救徐州分吴半（分吴地之半）存魯蔡陵（蔡陵地名）割越地南據宋鄭（既割越地又據宋鄭之國以爲親援也）征伐楚濟汝水（伐楚時渡汝水）踰方地（謂方城之地）望文山（楚山也）使貢絲于周室（使貢楚絲即所謂纁縑者也堪爲琴瑟絃）成周反胙於隆嶽（周室有事歸胙於齊齊太嶽之後故言隆嶽）荆州諸侯莫不來服中救晉公禽狄王敗

胡貉破屠何（屠何東胡之先也）而騎寇始服（北狄以騎為寇）北伐山戎制泠支
斬孤竹而九夷始聽海濱諸侯莫不來服西征攘白狄之地
遂至于西河（謂龍門之西河）方舟投柎乘浮濟河至于石沈（石沈地名）縣
車束馬踰大行與卑耳之貉拘秦夏（與卑耳之貉共拘秦夏之不服者）西服流
沙西虞（西虞國名）而秦戎始從故兵一出而大功十二（自救徐州已下有十二也）
故東夷西戎南蠻北狄中國諸侯莫不賓服與諸侯飾牲為載
書（書謂要盟之辭載之於策）以誓要于上下薦神（謂以上下之神祇為盟誓言又以其牲薦之於神）然後率
天下定周室大朝諸侯於陽穀故兵車之會六乘車之會三
九合諸侯一匡天下甲不解壘兵不解翳（翳所以蔽兵謂脅盾之屬不解甲於壘不
解兵於翳言不用也）弢無弓服無矢（弢弓衣也無弓無矢亦言不用也）寢武事行文道以朝天
子葵丘之會天子使大夫宰孔致胙於桓公曰余一人之命
有事於文武（有祭事於文王武王之廟也）使宰孔致胙且有後命曰以爾自

卑勞以余自卑而勞弊實謂爾伯舅毋下拜桓公召管仲而謀管仲對曰爲君不君君命臣無下拜是不君也爲臣不臣臣承命而不讓是不臣也亂之本也桓公曰余乘車之會三兵車之會六九合諸侯一匡天下北至於孤竹山戎穢貉拘秦夏西至流沙西虞南至吳越巴牂柯䑢不庾雕題黒齒皆南夷之國號也荆夷之國莫違寡人之命而中國卑我中國之人不尊崇樂推使居臣位是卑我也昔三代之受命者其異於此乎管子對曰夫鳳皇鸞鳥不降而鷹隼鴟梟豐庶神不格庶神不至則未敵其祭享守龜不兆守龜國之守龜不兆謂不以信誠告之握粟而筮者屢中長者不告而短者告是德之不至傳曰龜長筮短詩曰握粟出卜時雨甘露不降飄風暴雨數臻五穀不蕃六畜不育而蓬蒿藜藋徒弔反竝興夫鳳皇之文前德義後曰昌前包德義後有日昌明先德義乃可以日昌也昔人之受命者龍龜假假至也河出圖雒出書地出乘黃乘黃神馬也坤利牝馬之貞故從地出若漢之渥洼神馬之比今三祥未

見有者（三祥謂龜龍圖書乘黃也）雖曰受命無乃失諸乎桓公懼出見客曰天威不違顏咫尺小白承天子之命而毋不拜恐顛蹶於下以爲天子羞遂下拜登受賞服大路龍旗九游渠門赤旂（渠門旗名）天子致胙於桓公而不受天下諸侯稱順焉

桓公憂天下諸侯魯有夫人慶父之亂而二君弑死（慶父通莊公夫人姜氏弑子般又弑閔公）國絕無後桓公聞之使高子存之男女不淫（淫亂雜也）馬牛選具（選擇其善者以成具凡欲以貢齊也）執五以見請爲關內之侯（請爲齊關內之侯）而桓公不使也狄人攻邢桓公築夷儀以封之男女不淫馬牛選具執玉以見請爲關內之侯而桓公不使也狄人攻衞衞人出旅於曹（旅客也客居曹也）桓公城楚丘封之其畜以散亡故桓公予之繫馬三百匹（謂馬在閑廄繫養之言其良也）天下諸侯稱仁焉於是天下之諸侯知桓公之爲己勤也是以諸侯之歸之也譬若市

卑勞（以余自卑而勞弊）實謂爾伯舅毋下拜桓公召管仲而謀管仲對曰爲君不君（君命臣無下拜是不君也）爲臣不臣（臣承命而不讓是不臣也）亂之本也桓公曰余乘車之會三兵車之會六九合諸侯一匡天下北至於孤竹山戎穢貉拘秦夏西至流沙西虞南至吳越巴牂柯脹不庾雕題黑齒（皆南夷之國號也）荆夷之國莫違寡人之命而中國卑我（中國之人不尊崇樂推使居臣位是卑我也）昔三代之受命者其異於此乎管子對曰夫鳳皇鸞鳥不降而鷹隼鴟梟豐庶神不格（庶神不至則未歆其祭享）守龜不兆（守龜國之守龜不兆謂不以信誠告之）握粟而筮者屢中（長者不告而短者告是德之不至傳曰龜長筮短詩曰握粟出卜）時雨甘露不降飄風暴雨數臻五穀不蕃六畜不育而蓬蒿藜藋（徒弔反）並興夫鳳皇之文前德義後日昌（前包德義後有日昌明先德義乃可以日昌也）昔人之受命者龍龜假（假至也）河出圖雒出書地出乘黃（乘黃神馬也坤利牝馬之貞故從地出若漢之渥洼神馬之比）今三祥未

征作正宜王稅王不而　垣　可　墉

見有者（三祥謂龜龍圖書乘黃也）雖曰受命無乃失諸乎桓公懼出見客曰天威不違顏咫尺小白承天子之命而毋不拜恐顚蹶於下以爲天子羞遂下拜登受賞服大路龍旗九游渠門赤旂（渠門旗名）天子致胙於桓公而不受天下諸侯稱順焉

桓公憂天下諸侯魯有夫人慶父之亂而二君弑死（慶父通莊公夫人姜氏弑子般又弑閔公）國絕無後桓公聞之使高子存之男女不淫（淫亂雜也）馬牛選具（選擇其善者以成具凡欲以貢齊也）執五以見請爲關內之侯（請爲齊關內之侯）而桓公不使也狄人攻邢桓公築夷儀以封之男女不淫馬牛選具執玉以見請爲關內之侯而桓公不使也狄人攻衞衞人出旅於曹（旅客也客居曹也）桓公城楚丘封之其畜以散亡故桓公予之繫馬三百匹（謂馬在閑廄繫養之言其良也）天下諸侯稱仁焉於是天下之諸侯知桓公之爲己勤也是以諸侯之歸之也譬若市

人桓公知諸侯之歸己也故使輕其幣而重其禮故使天下諸侯以疲馬犬羊爲幣（疲謂瘦也）齊以良馬報諸侯以縷帛布鹿皮四分以爲幣（謂四分其鹿皮）齊以文錦虎豹皮報諸侯之使垂櫜而入稛（稛丘粉反）載而歸（垂櫜言其空也稛收拾也）故鈞之以愛致之以利結之以信示之以武是故天下小國諸侯既服桓公莫敢之倍而歸之喜其愛而貪其利信其仁而畏其武桓公知天下小國諸侯之多與已也於是又大施忠焉可爲憂者爲之憂可爲謀者爲之謀可爲動者爲之動伐譚萊而不有也諸侯稱仁焉通齊國之魚鹽東萊（自東萊通魚鹽於諸侯）使關市幾而不正壥而不稅（幾察也察其姦非而不王稅）以爲諸侯之利諸侯稱寬焉築蔡鄢陵培夏靈父丘（皆邑名）以衛戎狄之地所以禁暴於諸侯也築五鹿中牟鄴蓋與社丘以衛諸夏之地所以示勸於中國也教大成

是故天下之於桓公遠國之民望如父母近國之民從如流水故行地茲遠得人彌衆是何也懷其文而畏其武故殺無道定周室天下莫之能圍武事立也定三革（車馬人皆有革甲曰三革）偃五兵朝服以濟河而無怵惕焉（謂乘車之會朝服濟河以與西諸侯盟也）文事勝也是故大國之君慙媿小國諸侯附比是故大國之君事如臣僕小國諸侯驩如父母夫然故大國之君不尊（不以國大加其尊禮）小國諸侯不卑（不以國小而卑其節）是故大國之君不驕小國諸侯不懾於是列廣地以益狹地損有財以與無財周其君子不失成功（周給君子得其力用故不失成功也）周其小人不失成命（周給小人懷德而歸故不失成命也）夫如是居處則順出則有成功不稱動甲兵之事以遂文武之迹於天下（既以朝服濟河故不稱甲兵文德成也大國畏威事如臣僕武功立也）桓公能假其羣臣之謀以益其智也其相曰夷吾大夫曰甯戚隰朋賓胥無鮑叔牙用此五

子者何功言何功而不成度義光德繼法紹終以遺後嗣貽孝昭穆大霸天下名聲廣裕不可掩也則唯有明君在上察相在下也

初桓公郊迎管子而問焉管仲辭讓然後對以參國伍鄙立五鄉以崇化建五屬以厲武寄兵於政因罰備器械加兵無道諸侯以事周室桓公大說於是齋戒十日將相管仲管仲曰斧鉞之人也幸以獲生以屬其胥領屬綴連也臣之祿也若知國政非臣之任也公曰子大夫受政寡人勝任言子受政而輔我我則勝君之任也子大夫不受政寡人恐崩管仲許諾再拜而受相三日公曰寡人有大邪三其猶尚可以為國乎對曰臣未得聞公曰寡人不幸而好田晦夜而至禽側言夙興晦夜之時已至禽之側畔也田莫不見禽而後反其田必見禽多獲而後反諸侯使者無致百官有司無所復既專於田故使者不

得致命有司不得白事對曰惡則惡矣然非其急者也公曰寡人不幸而好酒日夜相繼諸侯使者無所致百官有司無所復對曰惡則惡矣然非其急者也公曰寡人有汙行不幸而好色而姑姊有不嫁者對曰惡則惡矣然非其急者也公作色曰此三者且可則惡有不可者矣此三者尚以爲可豈更有不可於此者對曰人君唯優與不敢爲不可優謂優隨不斷優則亡衆不敢不及事公曰善吾子就舍異日請與吾子圖之對曰時可將與夷吾何待異日乎可言之時正與夷吾不可待他日公曰柰何對曰公子舉爲人博聞而知禮好學而辭遜請使游於魯以結交焉公子開方爲人巧轉而兌利請使游於衛以結交焉曹孫宿其爲人也小廉而苛忕音逝苛窑忕習也言多所慣習也足恭而辭結其辭能與正荊之則也言此人立行正與荊俗同使之游荊必得其歡心上二人亦然請使往游以結交焉遂立行三使者而後退使三使行

（出然後退）相三月請論百官公曰諾管仲曰升降揖讓進退閑習辨辭之剛柔臣不如隰朋請立爲大行（大行大使之官）墾草入邑辟土聚粟多衆盡地之利臣不如甯戚請立爲大司田平原廣牧（廣遠可牧之地）車不結轍士不旋踵鼓之而三軍之士視死如歸臣不如王子城父請立爲大司馬決獄折中不殺不辜不誣無罪臣不如賓胥無請立爲大司理犯君顏色進諫必忠不辟死亡不撓富貴臣不如東郭牙請立以爲大諫之官此五子者夷吾一不如（於五子各不如其一）然而以易夷吾夷吾不爲也（以五子之能易夷吾之德則夷吾所不能）君若欲治國彊兵則五子者存矣若欲霸王夷吾在此桓公曰善

王言第二十一　內言四

管子卷第八

鞈華甲反 擉陟六反